# 当我们谈论
# 死亡时

## *The Death*
## *Talker*

*by Molly Carlile*

[澳] 莫莉·卡莱尔 ◎著

刘志火 ◎译

# 我们
# 在谈论什么

湖南人民出版社

# 前　言

　　我朋友莫莉根据她多年来对垂死者和悲伤者的照护经历，专门针对他们的需求，编写了这本常识书。本书是身患重疾者、垂死亲人照护者，或试图承受沉重丧亲痛苦者的"入门"指南。本书包含了无数实用的建议和资源，在人们确诊患有重疾或丧亲时可以给他们提供支持。

　　总有一天，我们每个人都会经历我们所爱之人的死亡，而且，我们最终也会面对自己的死亡。对我们大多数人来说，死亡这种事情本身就让人难以理解，更别说让我们一起讨论了。死亡是人生旅程的自然组成部分，也是我们每个人都要经历的一次重大转变。

　　本书中，莫莉讲述了许多引人入胜的个人故事。利用这些故事，可以很好地帮助我们理解生活和死亡的丰富内涵和意义。在每一章的末尾，她还对切实可行的建议进行了概括。这些精彩的故事，选材得当，向我们展示了不同的人在生活中的不同丧亲经历，教我们如何在阅读这些故事中找到适合自己的成长方法，如何从丧亲的痛苦中解脱出来，并继续生活下去。

奥莉维亚·纽顿-约翰

# 题 词

谨将此书献给所有曾经爱过的、遭受过痛苦和悲伤的人。我之所以写这本书，就是希望此书能够验证，无论人们如何回应亲人的死亡这一经历，我们都不应该将其视作"怪异之人"，相反，他们都是有资格"以自己的方式"感受悲伤的独特个体。谨将此书献给每一个对死亡有知情权的人，让他们在知情后可以与他们所爱之人就"重要的东西"进行有意义的对话，而且还可以根据他们他们自己的价值观做出个人选择，而不是由他人强行决断或给予关心。

我希望，随着越来越多的人掌握这方面的知识和技能，当他们走向生命的尽头时，他们会更加自信地支持他们所关心的人。正是在分享这些技能、知识和经验的过程中，我们将真正建立起富有同情心的社会。通过建立这样一个社会，我们就可以让弱势群体的需求得到其家庭、社交圈和更广泛网络的认可，并得到满足。

最后，我将此书献给我们的下一代，希望他们不要把死亡视为"敌人"或医学上的失败，而是人类生存的正常顶点。希望他们在悲痛中互相支持和关爱，重塑对他们有意义的仪式，找到缅怀已故亲人的个人方式。我希望年轻人能沉浸在他们自己充实的生活中，期待着在时机成熟的时候经历一次亲人体面的死亡，他们每个人都相信自己有知情权，有权做出自己的选择，而且还有权掌控自己的一切。

# 目 录

# 介　绍

　　对大多数人来说，要想在当地书店的书架上找到一本讲述死亡的书，并非易事。讲述死亡的书可不是那种能立马让人联想到是一份完美的生日礼物的书籍。我们对死亡的恐惧已经渗透我们生活的方方面面。在现代西方文化中，死亡已经变得几乎无影无踪——完全被隐藏了起来。现在已经很少有人再讨论死亡，但同时，死亡似乎也困扰着我们的潜意识。然而，从出生的那一刻起，我们每一个人都离最终的死亡越来越近，我们大多数人几乎没有花时间思考这个不可避免的结局对我们的生活意味着什么。

　　如果我们愿意探索死亡，思考我们的希望和对死亡的恐惧，了解对我们来说"重要的东西"，就可以确保我们所过的生活是一种有意识的生活，一种由我们的个人价值观、个人优先考虑事项和与他人的关系所定义的生活。思考死亡，确定我们的个人优先事项，了解自己，可以将我们从世代对死亡的恐惧中解放出来，让我们自由地过上自己所选择的生活，而不是陷入一个我们认为"真正重要的东西"总是可以推迟到另一天的陷阱——因为我们最终不会再有那么一天。

　　此外，需要强调的一点是，我采用了西方盎格鲁-凯尔特人的观点编写此书，因为这是我的实际经历。文化、语言和生活经历影响着我们每个人对死亡的理解和处理方式。许多土著文化设法在现代世俗世界中保留它们的历史习俗。

我不会假装自己是经验丰富的体现文化多样性的死亡风俗习惯方面的专家。然而，我一生都在照顾和护理来自不同背景的人，因此我逐渐明白，除了文化、语言和风俗习惯的影响，还有他们个人的需求、价值观和经历。尽管我们的祖先可能会影响我们，但我们也不能假设由于某个人属于某个特定的文化群体，他们的需求就会与来自相似背景的其他人保持一致。

虽然我们生活在一个多元文化的社会当中，但我们每个人的内心都有着独特的东西。如果我们要真正满足自己和周围人的个人需求和价值观，那我们就必须接受这种独特性。同样，我们还需要注意，对于不同的人，"家人"的含义也完全不同。无论在哪里使用"家人"这个词，不一定是指亲戚，而是这个人认为是其家庭的人，那些与他最亲近的人，那些他所爱及所信任的人。

本书每一章讲述的故事都是基于真实的人。他们都是我护理过的人，我听说过的人，多年来与我分享他们的想法、恐惧、希望和梦想的人，他们直面死亡，为他们的余生做好了准备，他们所关注的重点还经常发生根本性的变化。

我相信，如果我们能够揭秘我们对死亡的恐惧，与我们所爱的人开诚布公地谈论死亡，我们就能建立一个人人有知情权、赋能的且富有同情心的社会。在我们生活的这个社会，只有人人有了同情心，才会在我们最脆弱的时候，在我们悲伤的时候，支持和安慰我们，帮助我们拥抱未来，让我们永远铭记先辈们留给我们的印记。

第一章

我们是怎么到这里的？

1928 年 1 月 12 日那天，杰米的诺拉姨妈过世了。杰米还清楚地记得农场电话铃声响起的那个时刻。农场的电话机是一年前才安装的，平时很少有人打这个电话。不过，一旦有电话打来，通常都不是什么好消息。那天电话打过来的时候，杰米穿着内衣躺在那年夏初他们才拖到阳台上的露营床上，身旁躺着熟睡的弟弟。那年夏天是他年轻时代经历过的最热的一个夏天。

杰米抬头看向窗外。放眼望去，家庭围场远处的羊群，努力地挤在几棵残存的小桉树所提供的一点树荫下。杰米眯起眼睛，试图透过蚊帐，把外面的场景看得更清楚些。起初的时候，蚊帐模糊了他的视线，渐渐地，他就看到阳台之外的一切，看上去像被分割成了一个一个的小方块。他尽可能安静地躺着，竭力想听清楚父亲在电话里说了些什么。不过，他什么也没听到，只听到父亲低沉的隆隆说话声，然后就听到父亲把听筒放回听筒座时发出的"咯嗒"声。杰米目光呆滞地僵在那里，若有所思。他虽然心里想知道到底发生了什么，但他更希望什么都没有发生。

父亲接了电话后，杰米的家人就忙开了。杰米的母亲心神不安，不时地出现在杰米的视线中，又不时地消失在他的视线中。母亲的手里，始终拽着揉成一团的手绢，她的眼睛红肿，眼角闪烁着泪花。虽然他们是一个大家庭，但还有很多事情要做，就连杰米的弟弟帕特也被安排去帮父亲刷鞋。不过，杰米知道，让帕特去给父亲刷鞋，只是为了让他也忙碌起来，这样他就没有时间去打扰家里其他人做事了。

整个屋子，显得异常安静，只有厨房里不时传来各种声响。厨房里，他的母亲和姐妹们正忙得不可开交。她们在厨房里都没有说话，只是在有条不紊地准备着食材。食材准备好后，她们将其混合搅拌在一起，烘烤成食物，再将烤好的食物装进圆形罐头里。晚上去农场时，他们会随身带着这些食物。

杰米最后一次用梳子把他自己那乱糟糟的头发梳理了一下。此时天边的太阳已经开始滑向地平线，家人们都已经在门外，只等他了。杰米穿过门廊，瞥了一眼镜子，想看看自己的装束打扮，免得打扮得不好被母亲责骂。不过，照不了镜子了，因为镜子上覆盖着传统的黑布，什么也照不了。每当家里有人去世时，镜子上都会覆盖黑布。他不知道家里为什么这样做，他从来没想过要问为什么。

一家人坐在福特老式汽车的后座上，经过一路颠簸，到达了因弗内斯——杰米的约翰尼姨父和诺拉姨妈家的农场所在地。他们抵达农场时，9个孩子的脸上都蒙上了一层薄薄的灰尘。杰米从汽车后座跳了下来，随后扶他的姐妹们下了车。今天，在姨妈家，孩子们不能嬉戏、不能捉迷藏，也不能随便打架。一家人排成长队，很安静地走向农场前门，杰米走在队伍的最后。走到前门时，杰米紧张了起来，每个年长的孩子都提着罐头和大包的食物。平时来姨妈家，他们都是走后门进去的，因为跟姨妈毕竟是一家人，但今天可不行。

约翰尼姨父没来开门，开门迎接他们的是镇上来的麦金蒂夫人。麦金蒂夫人把杰米一家迎进了屋。刚进屋，麦金蒂夫人便伸出手指放在嘴唇前，做出"嘘"的手势。当孩子们从她面前鱼贯走过时，她用那犀利的目光盯着每个孩子，似乎在告诫他们今天要"守规矩点"。大一点的孩子径直穿过前厅和大厅，去了房子后面的厨房。厨房里挤满了女人，大家都穿着黑色的衣服。

那些妇女从孩子们递过去的手上接下了罐头和包裹，然后低声叮嘱大家，让大家快点离开厨房。她们说话的声音很小，跟蜜蜂发出的嗡嗡声似的，其间还时不时夹带着罐头等金属物品碰撞发出的叮当声。

杰米步履缓慢地回到走廊上，兄弟姐妹们早已散各自玩去了，只有他孤孤独独的一个人，还留在这空荡荡的走廊里，此时周围的一切显得那么安静。

虽然周围很安静，但杰米还是听到了有人说话的声音，只不过声音很小，不是杰米过去在这所房子中经常听到的那种喧闹声和大笑声。随后，杰米便朝着那声音走去。穿过走廊，经过又大又旧的老爷钟时，杰米注意到老爷钟也很安静，它停摆了。老爷钟的指针停在了六点十七分的位置，杰米知道这是诺拉姨妈去世的时间。杰米也知道老爷钟会一直这样停摆着，直到姨妈的遗体被安葬在圣约瑟夫教堂旁边的小公墓里。只有到那时，经过了足够的时间沉淀后，约翰尼姨父才会让老爷钟再一次摆动起来，才会让那令人欣慰的显得有点低沉的"滴答"声充满整个走廊，抚平所有的寂静。

就在这会，杰米突然被人重重地撞了一下，差点被撞倒在地。没等杰米反应过来是怎么回事，就听到耳边传来低语声："我们到后面玩去，看能不能抓住约翰尼叔叔的脏猫，嗯？"原来是汤姆表弟跳到他的身上，附在他耳边说的这话。此时的汤姆，双手正紧紧地缠在他的脖子上，缠得他都快窒息了。

杰米气不打一处来，"砰"的一声把他甩到了地板上。"滚开！"他低声怒道。被甩在地上的汤姆，号哭起来，像是被用棍子打了一样。突然，汤姆停止了哭喊，原来是一只穿着黑色衣服的手抓住了他的耳朵，把他从地板上揪了起来。"听着，你们两个捣蛋鬼，"姨父罗伯特粗暴地说，"今天不许胡闹，知道吗？"

罗伯特是汤姆的父亲，他以前总是爱开这样的玩笑。不过，今天他的眼神不像往常那样炯炯有神。很显然，今天，他不是在开玩笑。

"对不起，姨父。"杰米不好意思地说。汤姆只是低下了头，没说话。

"那就跟我来吧，去见见你们的约翰尼姨父。他刚才还一直在问你们俩去哪里了。"

没给杰米和汤姆任何反驳的机会，罗伯特就把他们两个带到了走廊上，然后轻轻地把他们推进了客厅。客厅里似乎挤满了人，大部分都是男人。人真的是太多了，杰米甚至都找不到他的约翰尼姨父在哪。他看见罗斯姨妈和纽厄尔太太坐在同一把椅子上。地板上但凡有空隙的地方，都坐着孩子。有两个表兄弟坐在客厅角落的地板上，他们两人试图偷偷摸摸地玩一些弹珠。大人们都站着，三五成群地围作一圈，有些在小声地交谈着，而有些则递过来几杯啤酒和威士忌。

杰米环顾四周，到处找都没找着母亲。就在这时，他听到了父亲那坚定的召唤声："杰米，过来，这边！"顺着喊声望去，他很快就在人群中找到了父亲。

杰米本想带着汤姆一起过去，但他早已不见了踪影，杰米极不情愿地四处查看了一圈，也没见着他。"那就我一个人过去吧。"杰米一边想，一边穿过拥挤的人群，走向父亲那边。父亲此时正靠在约翰尼姨父坐的大扶手椅上，抬头凝视着前方，像是在想着事情。杰米不知道该怎么办，他只好端端正正地站在姨父面前，静静地等待着。

突然，姨父似乎注意到了一直静静地站在自己面前的这个身材瘦长的 11 岁男孩。

"啊，杰米小伙子，你来啦。"姨父拍了拍椅子的扶手，长长地叹了口气。杰米靠在椅子的扶手上，望着姨父的眼睛。扶手摸上去有些柔软，不过上面的皮革已经磨损得破旧不堪。

"小伙子，你见过诺拉姨妈了吗？"他问道。杰米咽了咽口水，吸了口气。还没等他回答，姨父就打断了他的思绪："我想，你肯定还没有见过。因为这个时候姨妈们还跟她在一起，她们在给她整理妆容，让她变得更加漂亮。你想她吗？"他拍了拍杰米的大腿，叹了口气问道。

"是的，我会想死她的。"杰米脱口而出，接着又补充道，"我会非常想她的。"

"杰米！"父亲厉声说道，"好好说话！"

"姨父，我是说，我真的会想念她的。她一直以来对我都很好。"杰米俯下身，附在姨父的耳边低声说道，"在你们家，姨妈允许我做很多事情，而这些事情，在我们家是不允许我做的。我喜欢和你们待在一起。"突然间，杰米觉得心头一酸，眼泪涌了出来，充满了眼眶，随时都会掉下来，于是，他用手掌根擦了擦眼角。

"是啊，小伙子，她爱你……她总是这样跟我说，比如你最近犯了什么错，哪些方面做得不好，她都会告诉我。哪怕你犯了错，她也爱着你，因为她是最爱你的！"姨父用他那做农活的粗糙的大手挠了挠杰米的头发，然后继续说道，"杰米，等姨妈们给诺拉姨妈整理好妆容后，你愿意跟我一起进去跟她见最后一面吗？"杰米僵坐在椅子的扶手上，好久都没吭声。虽然，一想到姨妈现在正全身冰冷、静静地躺在那里，杰米打心眼里并不想去看她，但是看着约翰尼姨父投来的恳求的目光，他还是答应了下来。

"当然，姨父。您要我去的时候，记得喊我。"杰米回答道。

"好吧，小伙子，你现在可以去玩了，我去的时候会叫你的。"听到这些，杰米挪动了下身子，放松下来。

这时，杰米看见母亲和另外四位姨妈出现在了门口。除了当地的护士麦奎尔夫人，其他几位的眼睛都是红红的。直到与母亲四目相遇时，杰米才意识到母亲刚才是在给她的小妹洗澡穿衣，为下葬做准备。杰米很想知道，如果自己不得不为自己的一个弟弟或妹妹做同样的事情，他会有什么感觉。他无法想象那会有多难。

麦奎尔夫人站在门口，向屋内的约翰尼姨父点点头，示意了一番。随后，姨父便心情沉重地从房间角落里的扶手座椅上缓缓站了起来。杰米一动不动地站在拥挤的人群中，直到有只粗糙而坚定的手紧紧抓住了他的手。

"小伙子，你准备好了吗？"约翰尼姨父问道。杰米点了点头。大家不约而同地看了过来，随即为他们让出了一条道，好让他们通过。接着，大家又心照不宣地在他们身后排成了长长的一列队伍。

姨父抓着杰米的一只手，两人一起走向门口。待他们走到门口时，母亲便伸出手抓起杰米的另一只手，随后三人一起缓缓地朝前厅走去，后面跟着各人随意排成的队伍。来到前厅门口，大家暂时停下了脚步。杰米抬头望去，看到前厅里摆放着一张餐桌，餐桌上有个大木盒子。前厅的窗帘都拉上了，里面没有阳光，显得很暗，只有蜡烛的光芒照亮着屋内的每个角落。杰米昂首环顾，发现大木盒子头部位置，奥凯利神父站在那里，他手里拿着一个碗，正在向躺在木盒子里的姨妈的身上洒圣水。

"约翰尼，现在进来吧。"神父说道。约翰尼姨父慢慢地走到放木盒子的地方，靠着木盒子边沿，伸出手去抚摸死去妻子的脸。姨父和姨妈没有生育孩子，他们夫妻间有着浓厚的感情，不过现在，他们之间的这种感情永远断绝了。杰米看见约翰尼姨父将头探进了大木盒子里，亲吻了诺拉姨妈那冰冷而又平静的身体。

杰米以前见过死人。在他短暂的 11 年时间里，他曾多次目睹过这样的场景。比如去世的邻居、他的祖父母和两个装在小盒子里的小婴儿——他的两个弟弟，一个在出生几周后去世，另一个名叫安格斯，去世时才 2 岁。

这两个弟弟去世后，杰米的母亲又生下了最小的弟弟帕特。

杰米紧紧拽着母亲的手，拉着母亲向前挪动了几步。他心里并不害怕，只是很难过。他踮起脚尖，将头探进木盒子里。

他很想吻吻姨妈，可是他够不着，所以只好先吻了吻自己的手，然后将手轻轻地放在姨妈的额头上。杰米能够感觉得出，姨妈的皮肤冰冷，皮肤的颜色与角落里燃烧着的蜡烛一样。

"姨妈，您安息吧！"他嘴里喃喃地说道，然后将身子挪到一边，好让母亲替他吻吻姨妈。

所有的家人和邻居都缓慢地从大木盒子旁走过，向这位在本地区及其大家族中备受欢迎和尊重的女士道别。随后，大家各自找了个位置，肩并肩跪在硬木板上，并从口袋里掏出了念珠。约翰尼姨父坐在木盒子后面的高背椅子上，低着头，手里拿着念珠在揉动。奥凯利神父见大家都准备好了，便开始了念珠祈祷。

念珠祈祷仪式终于完成了，灵堂里，每个人都从地板上站了起来，跟着奥凯利神父走出了门。只有约翰尼姨父没有跟来，他像雕像一样坐在高背椅子上，低着头，双手紧紧地握着缠绕在手指上的粉红色念珠。

杰米看到姨父脸颊上流下了泪珠。他没有片刻多想，就从诺拉姨妈躺着的棺木旁径直通过，来到姨父身边，轻轻地把手放在了这个老人的肩膀上。灵堂里，除了杰米和姨父，空无一人，大家都回客厅填饱肚子去了。毕竟，这一天过得有点漫长。

杰米一直陪伴在姨父身旁，根本没有注意到时间的流逝。可是，当父亲走进灵堂，来替换他们守夜时，杰米才发现自己的脚不知不觉都麻了。他只好跺了跺脚，让脚上的血液充分循环起来。父亲没有出声，只是朝门口点了点头，示意他们离开。于是杰米和姨父静悄悄地离开了灵堂。

"杰米，你是个懂事的好孩子。"约翰尼姨父拍着他的头说。

"你自己去找点吃的吧。如果我让你挨饿，你诺拉姨妈会把我活剥了的。"在杰米看来，姨父这样说，是在强装笑颜。不过，当肚子咕噜咕噜作响时，杰米也没想那么多了，便自顾向厨房跑去，先去填饱肚子再说。待邻居们都走了以后，已经很晚了。杰米独自一人，蜷缩在客厅的角落里，不知不觉地睡着了，蒙眬中又被父亲叫了起来。

"杰米，跟汤姆一起出去把被褥带进来，好吗？"

虽然杰米知道罗伯特姨父和罗斯姨妈要带小一点的孩子们去隔壁房间过夜，但是父亲告诉他，父亲、母亲、杰克哥哥和他要留下来帮助约翰尼姨父一起给姨妈守夜。

"汤姆也留下来守夜吗？"杰米问道，他希望有玩伴作陪。

"不，他要和罗伯特姨父一起回家。这不是什么社交场合，杰米。"父亲回答道。

第二天，大家忙得一团糟。到了晚上，轮到杰米和父亲坐在诺拉姨妈灵柩旁守夜时，他已经是筋疲力尽了。不过，守夜之后，他也跟家里其他人一样，早早就起了床，做些洗洗刷刷的工作，为葬礼做准备。第三天一大早，殡仪员就把棺盖钉在了诺拉姨妈那普通木质棺材上。不过在钉棺盖之前，他们都给了诺拉姨妈最后一个吻别。约翰尼姨父把粉红色的念珠缠绕在姨妈的手指上，然后用剪刀剪了她的一绺头发，留作纪念。

杰米对剪下姨妈的一绺头发这件事情并不感到惊讶，因为他以前见过这种事情。母亲目前仍然保留着几绺漂亮的婴儿头发和金色的卷发，那是杰米去世的弟弟们的小棺材被钉上棺盖之前，母亲从他们的头上剪下来的。母亲保留的这些小物件，似乎给了她些许的安慰。

葬礼很简单。大家都跟着殡仪员的卡车，以家庭小组的方式驱车前往小镇的郊区，诺拉姨妈的棺材被绑在卡车的后面。到了镇上街口，大家把车停了下来，下了车，三三两两地排在黑色福特皮卡车后面。

殡仪员将杰米母亲那天早上摘的一束小巧玲珑的鲜花放在了棺盖上。那是母亲好不容易在花园里搜寻到的炎炎夏日下仍能存活的几朵可怜的鲜花。

然后，殡仪员戴上他的大礼帽，开着载有珍贵"货物"的卡车，在大家的跟随下，以步行的速度穿过小镇。送葬车队沿着主要街道慢慢向圣约瑟夫教堂驶去，而镇上那些不太了解诺拉姨妈或约翰尼姨父的人，都站在他们的商店和房子的外面，目送着送葬队伍从面前经过。送葬队伍来到教堂门口，奥凯利神父为大家推开了门。随后，约翰尼姨父、罗伯特姨父、杰米的父亲、杰克哥哥、杰米自己和他的表弟汤姆六个人一起扛着这个沉重的盒子，把它抬进了教堂，放在了祭坛旁边。

安魂曲《弥撒》似乎播放了很长时间，因为上午的天气都已经热起来了，又变成了一个酷热的夏日。杰米知道，这就是要如此匆忙地给诺拉姨妈下葬的原因。诺拉姨妈要是在冬天去世，她就可能在家多待几天，不可能这么快就被下葬。但是，盛夏的酷暑无情，只能让她早早地入土为安，一天也不能耽搁。

《弥撒》终于播放完了，家里的男人们（杰米现在认为自己就是其中的一员）一起动手，把棺材抬到了教堂旁边的小墓地。在墓地，奥凯利神父又做了更多的祈祷。做完祈祷后，他用一个看起来像金汤匙的器具，往棺材上洒圣水。

女人们放声恸哭着，不停地用手帕擦拭着眼泪。男人们也很伤心，不停地擤着鼻涕。约翰尼姨父只是呆呆地站在那里，目视着罗伯特姨父和杰米的父亲把棺材放入墓穴。就在棺材到达墓穴底部的时刻，约翰尼姨父终于忍不住哭了起来。

看到自己深爱着的如此善良和温柔的男人，此刻是如此伤心，杰米心里很难过。他来到姨父身边，轻轻地摸了摸他的手。约翰尼姨父看到杰米的小手，于是反过手来，紧紧地握住了杰米的手。

随即，姨父弯下腰，捡起一块干燥的红色泥土，扔进墓穴里。土块落到墓穴中时，发出"砰"的一声。姨父说了一句："嗯，杰米，她现在可以进入这个小窝了。"说完，他便转过身去，放开杰米的手就走开了。

到20世纪初期，西方文化仍然认为人类的死亡是人类日常生活的一种正常活动。它以单调的规律发生着，没有人能幸免。婴幼儿常死于诸如单纯性发烧、耳部感染或扁桃体炎等疾病。像麻疹、水痘和猩红热这样的传染病，我们现在认为很容易治疗或避免，但在当时对人类来说，往往是致命的。妇女经常死于分娩时出血过多，或者死于分娩后的细菌感染。年龄较大的儿童同样面临着随时可能死亡的危险，有的常常在几天内就死于我们现在可以用短疗程抗生素成功治愈的疾病。即便是被沾有锈斑的指甲抓出一个小小的抓痕，也可能引发破伤风，从而导致人的快速而痛苦的死亡，因为当时还没有医治破伤风的药物。

当流行性感冒等这类普通传染病成为流行病，于是乎，危及人类种群的生命，给人类的健康系统撕开了一个大口子。在20世纪早期，肺结核、白喉、百日咳和脊髓灰质炎像野火一样在各家庭和家族社区中蔓延。对这些流行病，当时仅限于对感染者进行慰问和安抚，并通过隔离感染者来限制传播。这类疾病有可能摧毁整个家庭，而且它们确实也经常如此。

当然，那时和现在一样，婴幼儿、病人和体弱多病者由于整体健康状况和营养状况不佳而面临更大的风险。

对于像杰米这样生活在 20 世纪初期的人来说，死亡是一件很常见的事情。大多数孩子到他们十多岁的时候，至少会经历一次或者有可能经历多次自己直系亲属重要人物的死亡事件。不管是意料之中还是意料之外，大多数死亡都发生在家里。对于生活在农村环境中的人来说，离他们最近的医院可能要好几个小时的路程，而离得最近的医生往往也路途遥远。

即便在人口密集的市中心地区，人们的生活也并没有得到多大的改善。普遍存在失业率高、住房和卫生条件差以及缺乏新鲜营养的食物等问题。家附近可能会有医院或医生，但大多数人付不起这些医疗服务的费用。所以，这样的条件很容易让他们感染上疾病。一旦感染了疾病，他们就只能等死，因为这些疾病是无法用药物治愈的。

死亡是如此平常，以至于专门围绕死亡的情况，发展演化出了各种死亡仪式仪规。这些有关死亡的仪式仪规给人们提供了各个方面的指导，包括人们应该如何规范自己的行为，该说些什么话，该做些什么事情，等等。那个时候，大多数人死在家里、死在自己的床上。有时，如果有老人因癌症（是的，他们过去确实患过癌症）、心脏病或老年痴呆症等慢性疾病而将要慢慢死去时，他们睡的床就会被搬到房子的主房间里。这样一来，尽管他们生病了，但是他们仍然可以成为家庭生活的一部分。在某些文化习俗中，死亡仍然是一种个人的家庭经历，人们始终保持着这一习俗。不过，在大多数西方文化中，人们已经远离了这种成为常态的习俗传统。

除了死亡仪式之外，大多数西方文化对死亡过程有着极度的崇信，他们的这种崇信既源自前人的神话传说，也受到犹太教和基督教传统的影响。例如，在凯尔特人的传统里，如果某个家庭的家人即将去世，会有报丧女妖在这个家庭门外不断地哀叫，暗示这个家庭会有家人即将去世。据说，报丧女妖的这种哀叫声就是这个家庭的女人在日后葬礼上发出的哭泣声。不过，也有人说，报丧女妖的哀叫声也是一种祝福，因为它给了这家人足够的时间去召唤一位牧师，这样牧师就有时间给这位逝者做祷告，让逝者的灵魂得到净化。

在杰米的故事中，杰米姨妈去世的那一刻，家人让家里所有的钟表都停了摆，用黑布将家里所有的镜子都遮盖了起来，以确保他姨妈的灵魂不会被困在尘世，可以自由地飞到天堂。这只是前人传说如何影响死亡仪式的其中一个例子，所有文化都有其对家庭和宗教传统传承的重要性的理解，以便家人们在死者去世时及去世后能够最好地照顾死者并料理死者的后事。

在20世纪初叶，大多数家庭在他们所爱的家人去世后，会给死者洗个澡，并给死者穿好寿衣。在某些文化中，这些事情通常都是由家庭中的女性来完成。而在其他一些文化中，还是有男女区别的。男性死者的这些事情，通常由家中的男性成员负责，而女性死者的这些事情，通常由女性成员负责。这种习俗还会一直延续下去。

家人会给死者穿上特殊的服装，就是我们平时说的寿衣。一般男性死者穿西装，女性死者穿婚纱或其最漂亮的衣服。穿着得体的死者遗体，供家人和朋友来参拜瞻仰。就像杰米故事里说的那样，大家到遗体摆放房排队瞻仰遗体，然后再离开。死者棺材被抬出家门后，送葬队伍会跟在死者灵车后一起前行。这种情况下，无须送葬队伍指挥者等这样的角色，因为送葬者大多都非常自觉，无须有人指挥，大家都知道该怎么做。葬礼通常由殡仪员负责，他会根据具体情况，将死者遗体运送到教堂。

死者去世时和去世后的照料和遗物整理等事情，通常由死者家人负责。这类事情大多数在家里完成，即便死者并没有死在家里，但是，只要有可能，家人们也会想办法把他们运回家中，然后再完成上述事情。有了可以严格遵循的仪式和风俗习惯，家人们就可以在家族的支持下完成家族习俗规定的一系列葬礼活动。比如在规定的时间内穿上丧服或戴上黑色臂章、帽带，在前门系上黑丝带，在报纸上刊登死者去世的消息。这些都是有人去世时的风俗习惯，向整个家族或种群表明死者家属对死者的悲痛心情。通过这些活动，能够使他们在悲痛中得到家族的扶助、支持和照顾。

## 情况是如何变化的？

当我们进入 20 世纪 20 年代时，情况已经发生了很大的变化。变化如此之大，以至于我们可以原谅自己完全没有意识到我们到底失去了什么。在现代社会、西方世界、科技领域及由消费驱动的社会里，人的死亡已经成为引起人类恐惧和忧虑的根源。在过去 50 年里，形成了一种完全回避死亡和悲伤的文化。之所以会形成这样一种文化，主要归因于现代公共卫生体系的改善和现代医学在根除许多疾病方面的成功。而在 70 年前，这些疾病对人类来说是致命的，几乎无法治愈。

20 世纪 30 年代，人类开始对细菌进行甄别和研究。研究结果使人们逐步认识到，人类需要干净的水资源以及更好的卫生设施，这样才能确保人类免于疾病所造成的死亡。西方的城市得到重建，对城市中那些贯穿每条城区中心街道的废旧污染水道和排水沟进行了改造，消除了微生物赖以生存的环境，从而减少人类与其的接触，降低了微生物给人类带来的疾病风险。城市里，人们开始建设多处公园和花园，为城市提供新鲜和干净的开阔空间，给城市居民提供氧吧。

到 20 世纪 60 年代后期，通过对细菌的研究，深入地了解细菌，为人类制订城镇的公共卫生倡议计划提供了详细的信息资料。同时，研究细菌后，进行了病毒疫苗的研发工作，进而进行病毒的研究，最后为水痘、麻疹、风疹和脊髓灰质炎等常见儿童疾病生产出了病毒疫苗。疫苗投放市场后，儿童期疾病的死亡率就开始下降了。

与此同时，人类发现了青霉素，并就其作为许多细菌感染的有效治疗药物进行了后续研发。到了 20 世纪中叶，这些研发成就使得感染病治愈率大幅提高。随后，人类研发出了各种抗生素、治疗真菌和病毒感染以及疟疾等寄生虫病的药物。在 21 世纪初叶，不断涌现出了人类基因组图谱、DNA 重组技术以及其他新技术，这些技术不仅可以避免和治疗疾病，而且还可以探索某个人在将来某个时候是否具有患上某种疾病的遗传倾向。

……哇，太厉害了！

自 20 世纪中叶以来，针对慢性疾病和其他疾病的特殊治疗也发生了巨大变化。现在，如果有人肾脏出现问题，可以通过肾脏透析来维持生命。器官出现衰竭的人，可以通过手术移植新的心脏、肺、肾或肝脏等器官，让其继续过健康人的生活。对癌症的治疗，已经从以前经常能加速人们死亡的根治性手术演变为了多种治疗模式。通过多种治疗模式，可以让人们在接受激素治疗或其他正在进行的治疗的同时治愈癌症或延长生命。在西方国家，艾滋病已经成为一种可治疗的疾病，而在 20 世纪 80 年代，它实际上是一种给人判了死刑的疾病。不过很遗憾的是，在一些发展中国家，目前的形势仍然很严峻。这是因为，这些国家没有先进的医疗设备和技术，艾滋病仍然难以治愈。

利用现代技术，给其提供像子宫一样的生长环境，可以让在母体中生长 20 周后出生的婴儿，在新生儿重症监护室中继续存活，直至他们达到安全出生的时间为止。患有严重心脏病的人，可以进行开胸手术，更换其破裂的心脏瓣膜，清理动脉并植入支架。手术后住上几天院，病人就可以回家。人类的膝关节、髋关节和肩关节可以用人造关节替换。通过进行手术更换，可以让那些在没有明显疼痛感时不能走路的人，完全恢复其行走功能并且缓解其行走时的疼痛感。这些都还只是我们在医学方面取得的一部分成就。

但是，并非所有的进展都是一帆风顺的，很大一部分研究都要付出代价。我们陷入了一种虚假的安全感。我们总认为，不论我们身体有什么毛病，我们都可以通过手术、治疗或吃药得到治愈。于是，我们开始相信铺天盖地的广告炒作。我们加入了"从癌症到痴呆症等病无大小均可以治愈的战斗"中。我们坚信，只要能够治愈所有的疾病，我们就能永生。

然而，事实是，尽管在过去的 60 年里，公共卫生和医学有了很大的进步，但人们还是会死去。可悲的是，第三世界国家仍有太多的人死于营养不良、疾病和战争。之所以会出现这种情况，是因为他们很难获得西方国家那样的淡水资源、卫生设施和体面的住房。尽管他们所患的疾病在西方国家几乎已被根除，但是，他们负担不起疫苗或治疗药物的高昂费用，他们获得医疗保健服务的机会少得可怜，所以，他们仍然要面临这类疾病的困扰。

生活在现代西方社会的人仍然会死亡，但他们主要死于慢性病，而不是急性疾病或创伤。


## 避免使用"死"字

我们的现代文化已经变成了一种回避死亡的文化。我们已经不再将死亡视为我们生存的正常终点，所以，我们开始相信，如果某种疾病不能治愈，那是由于这种疾病在治疗方面的失败——现代医学的失败、医疗保健系统的失败或者有时是医生的失败，而并非是这种疾病真正不能被治愈。

我们期望，不管我们有多大岁数，也不管我们因衰老而患有多少种慢性病，我们都应该尝试治疗一下。这种期望给医疗保健专业人员带来了压力，不管他们知道治疗是多么无效，也不管治疗会对人们的生活质量产生多大影响，他们始终都要"继续做一些事情"。

我们不再把垂死的家人留在家里。我们把他们送到医院或老年人健康护理机构。我们不会在家庭或社交圈里谈论死亡，因为我们已经开始相信"只有老年人才会死"。即使如此，这种事情仍然令人震惊。

在与人谈论有关人的死亡时，碰到"死"这个字，我们通常会使用委婉语和行话。我们不再说人死了，相反，我们会说他们"去世"了或"过世"了，或者说我们"失去"了他们。当谈到疾病，尤其是癌症时，我们总是说病毒与我们的身体器官发生了冲突。癌症患者不是在接受治疗，他们是在与病魔做"斗争"。如果他们接受了自己可能不想要的治疗后还是死了，我们就说他们没能在与癌症的斗争中"坚持下来"。换句话说，他们被病魔打败了——他们没有足够的毅力继续坚持下去，否则，他们一定会"战胜"病魔。

很多曾经的同事告诉我，对他们来说，掌握好这门语言艺术真的是太难了。因为他们不想让家人失望，所以他们只好勉强同意让家人再进行一轮化疗、一次手术或一次未经验证的临床试验，这样他们就可以说他们一直都在坚持，一直都没有"放弃"患者。事实上，如果我们谈论的东西，对每个人来说都很重要的话，我们就可以避免让患者觉得他们自己有义务接受某种治疗，而患者早就知道，这种治疗根本无法治好他们的病。如果接受了此类治疗，最糟糕的情况可能就是，降低他们有生之年的生活质量，大大加重他们的病情。

我们的回避文化意味着我们赞美自己年轻漂亮，我们会花大量的时间、精力和金钱试图延缓自己衰老，因为我们都相信自己老了就会死去。我们不会与身边的人谈论我们对死亡的想法和恐惧。我们不允许自己去思考生活中的重要事情，比如我们的生活意义、目标、价值观或者我们希望留给亲人和整个社会的遗产。

从文化的角度来看，因为我们试图忽略人必定死亡这一现实。

所以，当我们身边的某个人去世时，我们没有能力与周围的人分享我们的想法和感受。随着远离结构化的宗教传统，抛弃了古老而有意义的习俗仪式，我们至今还没有为更加世俗的社会确立有意义的习俗仪式。

当有家人去世时，我们心里会乱成一团麻，坐立不安，根本不知道自己该干些什么。于是乎，我们只好把一切都交给一个我们可能从未谋面的葬礼负责人，让他来负责死者的一切事情。当来了悲伤的朋友和亲戚时，我们也不知道该对他们说些什么或做些什么，于是，我们干脆什么也不做，让悲伤的人独自在那里悲伤。我们从不与自己的孩子谈论有关死亡的事情。当他们问我们这类问题时，我们通常不会坐下来与他们促膝长谈，相反，我们通常会用一句不屑一顾的安慰话来打发他们，比如"你不用担心，我还不会死！"。

我们通过说些安慰的话来打发孩子，将自己对谈及死亡的恐惧和焦虑延续到了孩子身上。从他们的角度来看，如果他们信任的成年人都害怕谈论人死的事情，那么，不用说，人死亡这种事情肯定是很可怕的，所以他们以后也会避而不谈。不过，让我们觉得可悲的是，我们回避谈论这个话题，实际上是想保护我们的孩子。而从另一个角度来说，如果我们真的想保护他们，那就应该告诉他们真实的情况，而不是刻意地隐瞒。

这种回避文化意味着那些因失去亲人而悲伤的人受到了社会的冷落。这种情况同样也发生在老年人、体弱者和病人身上。亲人去世后，我们这些健康的人出于恐惧和焦虑等原因，自身都变得不知所措起来，根本就没有心思顾得上安抚那些老年人、体弱者和病人。

在过去的半个世纪里，我们虽然从现代西方社会获得了众多的知识、技术和财富，提高了生活质量，但是同时也失去了许多使我们充满爱心和同情心的东西。为了找回我们失去的东西，我们需要明白，总有一天我们会面对自己的死亡和亲人的死亡。

再过 150 年，今天地球上活着的每个人可能都会死去。这就是人类的宿命。我们可以选择痛苦地死去，因为我们还没有准备好。当然，我们也可以直面自己的恐惧，接受生命短暂这一事实，与我们所爱之人谈论自己的想法和感受，记录我们的愿望，然后继续过着我们平淡的生活。我们也知道，每天都有机会，让我们能为自己的亲人、家族和整个社会有所作为。

选择权在我们自己。

第二章

『重要的东西』

在一处装饰豪华的私人大住宅里，查尔斯正躺在他那张昂贵的双人床上，他在这里已经住了 6 个月了。他感到很愤怒。他之所以愤怒，是因为自己正值壮年就患上了一种慢性神经疾病，对他的生命构成了威胁。更要命的是，他到目前为止还不知道自己到底得了什么病，根本说不出疾病的名称。他之所以愤怒，是因为自己数百万美元的银行存款并不能改变自己即将死去的这一事实。他之所以愤怒，还因为自己多年辛辛苦苦攒下来的所有财富，现在竟然成了自己的成年子女们相互争吵和反目为仇的原因。

并不是说他没有机会参与争论或者发表自己的意见，而是他从来就没有机会见到自己的孩子们。因为，有任何事情，孩子们都是通过他们的律师与自己的律师进行沟通，所以他根本没有机会与他们见面。除了几个月前公司董事会主席来让他签署辞职文书之外，来这处住宅的都是律师，根本没有任何其他人。这一切都让他感到很愤怒。而且，最重要的是，他对这个世界感到愤怒。

查尔斯结第一次婚之前就赚了他的第一个 100 万。当时，有一天，他"突发奇想"创办了一家公司。查尔斯白手起家，业务从无到有，后来公司逐渐发展扩大，员工也越来越多。在公司这个独立王国里，他就是国王，容不下别人，他喜欢这样。

查尔斯知道，有许多员工觉得他在某些方面做得不够"公平"，不过他觉得在这些方面自己需要"强硬，但又不失公平"。如果有员工来找他申诉或抱怨这种不公平，他总会不耐烦地以"这是我的公司——如果你不喜欢我做事的方式，你可以去别的地方"等话语来堵住他们的嘴。当然，后来他们当中确实也有很多人因此离开了他的公司，去了别的公司。这些年来，他设法清除了所有闹事的家伙，只留下了那些言听计从的好员工。他觉得就应该这样，因为是他自己创办的公司，所以员工们就应该听他的，对他的管理不得说三道四。

在开始从事特许经营时，查尔斯赚了1000万。在此期间，他不仅向潜在的特许经营者收取高昂的特许经营费，而且在给他们提供最少资源和支持的同时，还大幅削减他们的利润，充实自己的口袋。"这种商业惯例很不错。"他总是这样自我辩解。

并不是说他不努力，相反，他工作很努力。他没日没夜地工作，一周7天从不休息。他还不停地跟妻子丽莎说，如果她想过自己喜欢的生活，就必须花时间努力工作。5年后，丽莎离开了他，还带走了他们的2个孩子。查尔斯似乎早就预料到她会离开。不过，让他没想到的是，她居然还把自己告上了法庭，并且还分走了他一半的家产。事后，查尔斯耿耿于怀，心里从未原谅过她。

"她到底有啥本事呀？她嫁给我时就是一个穷鬼。"他心中愤愤不平，不断提醒自己。

丽莎一离开，查尔斯就开展了一项新的特许经营业务，并很快就赚回了丽莎从他那里"偷走"的所有钱。这一次，他决心不再落入同样的陷阱。查尔斯让自己的律师理查德绘制了一份复杂的子公司架构图。通过成立多家海外子公司，他就可以悄悄地把钱分散转移到海外的"避税天堂"。有了海外子公司的掩护，他的资产就可以秘密增长，不会影响到自己必须支付给丽莎的子女赡养费。

"这是我的血汗钱。"他一边在契约上签名，一边自言自语道。签好名后，查尔斯便把契约交给了理查德保管。

与第二任妻子金伯利结婚之前，查尔斯坚持要签订一纸婚前协议，这样做的目的，不仅是为了保护他的钱，还要保护他在港口的房子、伦敦的公寓以及纽约的公寓。金伯利还不知道，他在南太平洋的一个小岛上还有一处度假村，因为这个度假村是他以一家空壳公司的名义购买的。

查尔斯和金伯利在一起的前 6 个月里，他们生活得很甜蜜。金伯利非常漂亮，走在街上时回头率很高。每当她挽着查尔斯的胳膊走进镇上最好的餐馆就餐时，人们都会不约而同地回过头来，看着他们从面前走过。查尔斯觉得金伯利是自己这个既老练又成功的商人的终极陪衬品。在他第一次名列"百强富豪榜"的那年，全球顶级杂志的社交版上还刊登了他们夫妇俩的合影。

然而，好景不长，不久之后，金伯利便开始对他变得不耐烦起来。她不断地要求这个、要求那个，要给她买名贵的衣服和珠宝，买新车，还要求提高她的白金信用卡的上限额度，最后还要求在私人诊所给她进行一系列的整容手术。

"查克，你在我身上从来都舍不得花钱！你让我怎么打发时间啊？"她不断抱怨。

当初她叫自己"查克"时，查尔斯还觉得很亢奋。现在只要她一叫这个名字，他就会大发雷霆，破口大骂。

"我叫查尔斯，不是该死的查克——你别给我张冠李戴。"

金伯利离开他 6 个月后，查尔斯收到了另一位律师的来信，要求他给金伯利上个月刚出生的小女孩支付抚养费。查尔斯对金伯利事先怀孕的事情根本一无所知，而且他还确信这个孩子不是他的。因此，他下定了决心，不管用什么方法，这次决不能让金伯利的阴谋得逞。

毕竟，如果他最终不得不付钱给另一个前妻的话，那么双方签订的婚前协议又有什么用呢？

查尔斯雇了一名私家侦探，专门调查金伯利的私生活。随后，查尔斯派人编造了一个报道，说金伯利在他外出努力工作为她赚钱养家糊口的时候，竟举办疯狂的私人派对。报道一见光，金伯利便找到查尔斯，要求私了此事，并从法院撤回了诉状。处理了金伯利的事情后，查尔斯独自一人来到了欧洲，给自己放放假。同时，他刚好借此机会拜访了一些成功的企业名人。通过这些安排，回去的时候，他就可以说这是一次商务旅行。而就在这次的度假期间，查尔斯在意大利遇到了阿拉贝拉。

查尔斯觉得女人应该有的东西，阿拉贝拉身上都有。

她有教养，有古典女性的魅力，而且人还特别聪明。查尔斯心里默默发誓，自己不会再重复过去的错误，决不会重蹈覆辙。考虑到这一点，他决定退居二线，将公司交给律师理查德打理，让理查德承担更多的责任。

毕竟，这 20 多年来，理查德一直是他的心腹和可信赖的员工。虽然查尔斯经常提到想让理查德成为公司的合伙人，但他心里知道根本就没有办法做到这一点。不过，为确保理查德仍然忠诚，查尔斯给他提供了丰厚的报酬，而且还在自己的保险箱里存放了一些理查德肯定不想公开的重要文件。

待在意大利的这6个月，是查尔斯一生中最快乐的时光。回想到自己第一次付出对阿拉贝拉的真爱时，他嘴角露出了一丝微笑。其间，他们游遍意大利，住在意大利最好的酒店。他们还与富人和名人一起聚会。查尔斯开始相信自己终于找到了幸福。就在他们周游至佛罗伦萨的某天，查尔斯突然接到了大儿子威廉打来的电话。现在，威廉已经成年了，已不再是当年的那个小毛孩。

虽然查尔斯曾经很想挤出点时间去寄宿学校看望威廉和他的妹妹阿米莉亚，告诉他们自己要和金伯利结婚的事情，但是他一直没有时间去见他们。

"我们至少有7年没见面了。"他一边想，一边试图在电话另一端低沉的声音中找到当年那个少年的印迹。

"我一直在到处找你。"威廉厉声说道。

"你有我的号码，威廉。你再怎么努力找我也不为过。"查尔斯反驳道。不过，他随即就意识到自己可能太严厉了。

"儿子，找我有什么事情吗？"他补充道，尽量让对方听起来感兴趣。

"不要叫我儿子。我叫威廉。"

"好吧，好吧，你打电话给我显然不只是为了跟我讨论道德伦理吧。我能为你做什么？"查尔斯回应道，尽量不发脾气。因为威廉很少给他打电话，所以还是心平气和点的比较好。事实上，就在他思绪不定，努力回忆这是过去几年来他第三次还是第四次和儿子说话时，他错过了威廉所说的话。

"对不起，威廉，我没听清楚你说什么。"

电话那头的年轻人声音有些颤抖："我是说，是妈妈，她病了。你要回来。"

"我现在还不能回来，我这里还有事要处理。我月底才能回来，然后我就赶紧过去你们那里。"查尔斯回答。

"那已经太晚了，你这个自私的……"对方话还没说完，就听"咯嗒"一声，电话中断了。查尔斯不知道是自己的电话线路出了问题，还是儿子挂断了电话。

"怎么了？"当查尔斯漫步走进卧室时，阿拉贝拉问道。此时，阿拉贝拉正坐在梳妆台前梳头。查尔斯弯下腰，附在她耳边低语道："没什么，我的爱人。准备好出去吃晚饭了吗？"

就在那晚的晚餐上，查尔斯做了一件他认为自己再也不会做的事情——他向阿拉贝求婚了。

两个月后，他们在法国南部的一个酒庄城堡举办了婚礼。婚礼仪式既简单又高雅。恰逢欧洲时装秀和国际电影节之间的间歇，所以，阿拉贝拉的朋友们都有时间来参加他俩的婚礼。婚礼上的音乐由世界著名的古典四重奏家演奏，这些演奏家都是阿拉贝拉的朋友。

查尔斯虽然邀请了一些生意上的伙伴，但没来几个人。

婚礼仪式结束后，查尔斯独自一人在前院踱着步，嘴角露出一丝微笑，想着自己能走多远。他是一个成功的商人，拥有多家大公司，名列全球财富五百强。他只需通过精心的操纵和计划，与一个小董事会斗智斗勇，就可以轻松控制所有董事或股东成员。现在，他美丽的新婚妻子又把他介绍给了上流社会和娱乐精英。这样的生活真是再好不过了。

婚礼两周后，查尔斯和阿拉贝拉飞回了家。查尔斯仍然沉浸在过去几个月纯粹的放纵之中，他带着阿拉贝拉来到自己的乡村大别墅。刚进门，他就告诉管家，给他们带回来了许多香槟。阿拉贝拉进屋后，将鞋子往地板上一扔，像一只满足的猫一样躺在了沙发上。查尔斯朝她笑了笑，她懒洋洋地把胳膊伸过头顶，面朝查尔斯，微笑着回应他。

"我马上就下来，等我，别没等我下来你就开始了。"他朝阿拉贝拉会意地眨了眨眼，随即快速上楼去了他的书房。进入书房后，查尔斯踢掉自己的鞋子，打开电视，不停地切换频道。随后，他震惊地发现，在一天之内，自己的人生就崩溃了。

全球金融危机似乎永远不会结束。就在他以为自己的股票不会再贬值时，股票却又进一步下跌了。理查德一直告诉他会"平安渡过难关"，说这只不过是股票市场中的一个"技术问题"。然而，让他没想到的是，债权人已经越来越多。现在阿拉贝拉身怀六甲，他怎么能把这件事告诉她呢？

自从上次之后，查尔斯就再也没有听到威廉的消息了，这都已经过去几个月了。这段时间，他一直都忙于商务会议、董事会的紧急讨论和私下交易，试图将全球金融危机对自己商业帝国的损害降到最低。

这次的全球金融危机似乎直接针对着查尔斯。为了降低这种日益增长的风险，查尔斯潜心钻研着市场。他每天都要翻阅大量报纸，让多台电脑不断地监控市场，甚至会对着电视机破口大骂。有时，他还是会和理查德坐下来，一起喝喝威士忌。他每天都会忙到凌晨，然后摇摇晃晃地上床睡觉。刚躺上床不到 2 个小时，他又会爬起来，再次潜心钻研起市场来。

一天早上，查尔斯洗完澡，关掉淋浴后，突然发现了身材像气球一样圆鼓鼓的阿拉贝拉。她一丝不挂地站在镜子前，注视着镜子里她自己的身材。

"你看起来很美。"他喃喃自语道，不过对她挺着的大肚子仍然感到很震惊。他怎么到现在都没有发现孕妇体型变化得这么快？

"如果我看起来如此美，你为什么不再来床上睡觉了呢？即便你来床上睡觉，也总是一身的威士忌臭味。而且，有的时候我刚要睡觉，却又起床走了。为什么，查理？"她泪流满面地问道。

查尔斯伸手抓住她，把她搂进了怀里。

"是生意上的事，亲爱的。只是生意上的一些琐事。"

阿拉贝拉挣扎着推开了他。"你认为我很蠢，我不知道，是吗？现在新闻上到处都是。大家都打电话问我，问我们有没有事。你说我该怎么回答他们呢？"

"难道你要我说，我不知道？他不肯告诉我？"

她双手叉腰站着，美丽的嘴唇因沮丧而扭曲着。

"对，我现在是怀孕了，没那么聪明，但我也并不傻！我知道我们有麻烦了，但是你却把我当成外人。你有事也不跟我讲。查理，你把我当 3 岁小孩看啊！"

说完，她便从浴室门后解下蓬松的白色睡袍，裹在身上，哭着冲出了浴室。

眼前发生的一切，仿佛就是一部生活电影，而查尔斯正以一个公正的观察者视角在观看着这部电影。就在他躺在床上还在想那些情景时，突然被人打断了思绪。有人摇了摇他的肩膀。"戈德沃西先生，你还好吗？"

"我当然很好。"他对站在床边的年轻漂亮的护士厉声说道。此时，这名护士正用一种他认为是可怜巴巴的眼光望着他，然后，坐了下来。

"对不起，我只是想……"

"我付钱给你不是让你想什么，而是让你离我远点，让我自己单独待会。"他再次厉声说道。突然，他感到一种完全陌生的感觉战胜了自己——一种内疚感。随后，他就想着如何去补救自己的这种蛮横无理。

"我向你道歉，我知道你也是在做你自己的工作，只是我……"他停下来，不再说话。他不确定自己在做什么。他在做梦吗？他是在回忆还是别的什么？

查尔斯注视着坐在床边椅子上的年轻女子。她并没有真正安下心来。相反，她有些坐立不安，仿佛会在没有任何警告的情况下随时起身，迅速逃离这个房间，就等着看查尔斯是怎样的反应。

"我肯定没她想的那么可怕吧？"他心里这么想着。

"你刚才说？"年轻的女孩皱起眉头问道。

"我真的不知道自己刚才在做什么。"查尔斯回答道。不知道为什么，他似乎感到很羞愧。"我当时……"他叹了口气，继续说道，"我想，我当时可能是在回忆我过去的生活。"

"哦……"年轻的护士回答道，"然后呢？"

也不知道为什么，查尔斯突然觉得，眼前的这名年轻女子让他产生了一种信任感。这种信任感是他在过去分分秒秒的疯狂生活中很少体验到的。他有过爱情方面的信任，有过商业关系方面的信任，也有过其他方面的信任，但眼前的这种信任却少之又少。

　　现在，面对死亡时，查尔斯突然想到，自己从来就没有过一个知己，一个可以向其展示自己丑陋的一面，而且还不会因此而对自己作出评判的人，一个想要知道和了解自己且没有任何其他不可告人目的的人。对于面前的这名女子，他有了一种奇怪的认识。于是，他们就这样聊了起来。

　　聊天过程中，这名女子很少谈及她自己的情况。查尔斯只知道她叫加布里埃拉。她会说意大利语和法语，现在在大学里读研究生。

　　许多天来，查尔斯向这位不寻常的倾诉对象吐露了自己的心声。他向她讲述了自己生意上的成功和失败。他向她讲述了自己是如何为了个人利益操纵这个系统的。他还向她讲述了自己以前每次所经历的有意义的恋情都是如何有始无终的，而这些恋情都是因为自己不够重视最终才不欢而散。

　　出于某种原因，他总是更看重自己的生意和事业上的成功。他向她讲述了他对自己所有的妻子都感到不满，因为她们都希望他除了提供稳定的经济来源，还要为家庭生活作出贡献。他还向她讲述了自己一直都不明白女人到底想从男人那里得到什么。

　　加布里埃拉一直都在聚精会神地听着。接着，查尔斯又向她讲起了自己的孩子。上次威廉打电话给自己，那是因为他妈妈快死了。查尔斯对此感到很内疚，他承认当时自己的担心有点反应过度了，根本没有理会自己儿子的求助。后来，他回到家时，发现他的第一任妻子在两个月前就已经下葬了。即便知道了这个事情，他也没有给自己的儿子打个电话，因为他不知道自己该在电话里对儿子说些什么。

他向她讲述了与自己断绝关系的那个孩子的事情，这对他来说很不公平。他向她讲述了有关自己女儿阿米莉亚的事情。当时阿米莉亚给了他一张参加她第一次专业演奏会的邀请函。不过，他没有回应，因为刚好那个时候是金融危机，他一直在努力维持自己的生意，所以就没有去参加她的演奏会。最后，他向她讲述了关于双胞胎玛塞拉和露西娅的事情，她们现在大概14岁了吧！从她们7岁起，他就再也没见过她们。那一年，她们的母亲阿拉贝拉带着她们去了意大利，和娘家人住在一起。

查尔斯告诉加布里埃拉，他以自己的方式爱着他们所有人——他的几任妻子和孩子们，但他从未告诉过他们。他给每个孩子都买了一辆宝马车，作为他们18岁生日的礼物。但是，他从来没有参加过谁的生日聚会。他负担他们的学费，给他们买衣服，而且还给他们的母亲提供资助，以保证孩子们都能得到很好的照顾。尽管如此，但是，他从来没有，也不能，拿起电话，给他们打个电话，跟他们聊天。这些都是他的孩子，他们身上都携带着他的DNA，但他几乎不认识他们。这是他自己的错，不是孩子们的错。

就在这时，查尔斯突然明白了为什么孩子们现在都不愿意见他，而是通过律师与自己进行沟通交流。这就是原因，这就是他们一生与自己交流的方式。对他来说，这种认识是一种启示。

在接下来的几周时间里，加布里埃拉一直在查尔斯病房陪护，听他讲着故事，直到有一天他说："你为什么要听我这些废话？这对你有什么意义吗？"

她笑了笑，说道："啊，戈德沃西先生，你是老师，我是学生。"

"哦，天哪……加布里埃拉，你可千万别跟我犯同样的错误呀。否则，你最终也会像我一样，变得疲惫、愤怒和孤独！"

加布里埃拉又笑了。"我知道，"她柔声说道，"你不是在教我什么该做，什么不该做嘛！"

查尔斯两眼盯着她，很想过去扇她一巴掌，不过，很快他就意识到她说得没错。他的这一生确实过得稀里糊涂，把自己的生活搞得一团糟。要是能够重头再来过，那该多好。但是，现在说什么，都已经晚了。或许，给这个年轻女子分享下自己的回忆，能够防止她犯同样的错误，这也不错！查尔斯心里这么想着。

突然，他做了一件很久没有做过的事情，他笑了。随后，加布里埃拉也跟着笑了。

我们现在生活在一个以经济为主导的快节奏的消费型社会里。在这个社会，衡量某人是否成功的标准是他的财富和名望。在我们所选择的领域，为了获得财富和名望，我们成为技术的奴隶。我们通过社交媒体进行交流。我们大部分时间都在使用手机。我们当中的一些人甚至在餐馆吃饭的时候，还不断地查看手机，生怕错过虚拟世界中正在发生的事情。实际上，这样做的结果就是，我们错过了与另一个人分享一顿饭的美好时光。

我们的经济是消费型主导的经济。无论我们是否需要，只要我们想开上最好的汽车，住上最好街道旁最好的房子，穿上最新的时尚潮流服饰，用上最新的科技设备，我们就会有压力。设备坏了，我们不会拿去修理，相反，我们会把它扔掉。我们通常会买一些我们一开始并不真正需要的东西，买它们的最新款。现在，不仅是中产阶级要面对这一挑战，我们所有人都要不同程度地面对这一挑战。

尽管我们都想努力控制自己的生活，但人们所期望的工作生活方式再也不是20世纪初期和中期那样一天8小时、一周5天的方式。随着20世纪最后几十年全球劳动力市场放松管制，那些有足够时间的技术工人和专业人士似乎很少再按每天朝九晚五的工作制度工作。领导们都希望我们大多数人能继续工作，直到做完工作，当然，工作永远也做不完。领导们都希望我们在离开工作场所后，继续从事研究工作、阅读文件、回复电子邮件和给同事发短信等。对于那些从事"非技术"工作的工人来说，条件也同样苛刻。由于大多数人都是以合同工或临时工的身份在工作，他们没有什么工作保障。因此，如果他们想续签工作合同，他们就必须更加努力地工作，生产出更多的产品。这就意味着，他们的工作时间需要更长。

我们一天24小时都在全力以赴。我们生活在持续的刺激、持续的运动、持续的工作、持续的焦虑、持续的压力和紧张之中。我们竭尽全力，想着如何掌控好那些无法控制的事情。

工作没有保障，个人债务持续不断地增加，此外，我们还得为家庭提供食物、安全、教育和医疗保健。这些压力让我们几乎没有时间静下心来，仔细想想：相对于我们的社会关系或生活质量，到底什么对我们最重要？如果我们要想维持自己的身体健康，生活得还很舒服、很惬意，那么，我们就要为之付出代价。我们通常会推迟在情感、心理、社会、精神和文化福祉方面的金钱投入，而有的人，他们甚至根本就不会往这些方面投入金钱。

我们是要像查尔斯那样，在面临死亡时才意识到我们对身体舒适的痴迷所付出的代价呢，还是要挑战自我并探索自我的其他方面，以便了解我们所重视的事物，从而改变我们优先生活的方式呢？

## 整体观念及其对我们生活方式的影响

人是一个整体的存在，也就是说，构成我们人类的不同要素或自我部分都是相互关联的，都是同等重要的，没有哪一种要素可以孤立存在。这种简单的概念检验了心、体、灵的综合系统，并且检验了这个整体系统如何影响我们的健康和幸福感。整体论适用于包括宇宙本身在内的所有生物，但就我们的目的而言，我们只关注影响我们生活方式的整体自我的要素。

假如我们把自己看作是一个6层的蛋糕，那么每一层的重量、厚度和大小都必须相似，只有这样，蛋糕的结构才算合理，使其看起来像一个整体。作为一个整体来说，这些对我们同样重要。如果自我这个整体的其中一个组成部分或要素出现了发展失衡或被忽略，那么它就会影响到我们这个整体的健康和幸福感。

除此之外，我们还需要明白，没有一个要素比另一个要素更重要或者更不重要。如果要探索是什么赋予了我们生活的意义和目的，我们就必须更深入地了解自己。我们必须探索出那些对我们的生活有积极贡献的因素以及那些阻碍我们前进的因素。只有通过不断的探索和学习，我们才能够吃一堑长一智，不断地成长和成熟。

只有理解了自我整体，我们才能够更进一步，并将自我整体的每一个独立部分与我们作为一个整体保持健康所必须满足的需求范围联系起来。请记住，自我的每一部分都同等重要。因此，如果忽略了其中一部分而支持另一部分，就会造成整体的失衡。如果出现了整体的失衡，就会导致忧虑、焦虑和压力，甚至还会对我们的整体自我产生负面影响，包括疾病。

| 要素 | 定义与作用 | 保持健康的需求要素 |
|------|-----------|-----------------|
| 身体自我 | 具体是指我们的所有身体系统及其运行功能 | 人类生存的生理需求,如空气、食物、淡水、住所和生活保障（包括经济保障） |
| 心理自我或智力自我 | 具体是指我们的意识和潜意识,以及我们的想法 | 智力刺激的需求,接受创造性思维的挑战,以及找到日常问题的解决方法 |
| 情感自我 | 具体是指我们的情感,我们识别、理解和调节情绪的能力 | 情感需求包括归属感、自尊、自由、爱、友谊和亲密感 |
| 精神自我 | 与我们自身的精神要素有关,这些要素使我们独一无二,是我们内心深处没有物质形式的部分。有人称之为灵魂、本质或精神 | 了解自己的潜能并实现它的需求。这种需求就是让你感觉到自己正在改变这个世界,而这个世界又即将是你生活的好去处。关于我们个人生活的意义和目的的问题,关于宇宙和人类的意义和目的的更广泛的问题,我们为什么在这里以及我们死后会发生什么的问题,都是由我们的精神自我探索的 |

续表

| 要素 | 定义与作用 | 保持健康的需求要素 |
|------|-----------|------------------|
| 社会自我 | 是指我们本身与他人互动的部分 | 我们的社会自我由我们的归属感、在人际关系中的自我良好感，以及感觉自己能成为更广泛集体的一部分和贡献者的需求所决定 |
| 文化自我 | 是指我们本身与我们所属文化的传统、仪式、语言和实践相符的部分 | 我们的文化需求包括能够分享对我们有意义的语言、价值观、信仰和传统 |

如果将这一整体自我模型与查尔斯的故事进行比较，我们立马就会发现，他的生活重点首先就是要确保他的身体需求得到满足，尤其是经济需求的保障方面，必须首先得到满足。此外，他还表现出情感上的自恋倾向，尤其是在与他人的关系方面。只要他的个人情感需求得到了满足，他可以对周围人的情感需求视而不见。

我们怎样才能避免与查尔斯陷入相同的陷阱呢？我们当然不想等到自己面临即将到来的死亡、回顾自己的生活时，才意识到自己没有在对我们而言"至关重要的东西"方面进行过任何金钱和精力上的投入。然而，现代生活的压力让我们不得不这样做，那就是我们会毫无意识地优先考虑我们本不该重视的事情；而对于生活中那些至关重要的事情，我们会抱着往后拖一天是一天的态度，毫无意识地将其推迟。

这样的例子实在太多了，不胜枚举。比如："我想，我可以跟孩子们一起玩玩……还是改天吧。""我可以看看书放松一下……还是改天吧。""我可以回去看看我妈妈……还是改天吧。""我可以好好考虑一下我的生活、我的未来，还可以好好考虑如何改变这个世界……还是改天吧。"一旦"我"做了自己必须做的事情，"我"就可以过自己想过的生活，因为"我"已经做完了该做的事情，"我"有了充裕的时间，是吧？

如果我们把这个对话颠倒过来，结果又会怎样呢？假设中了彩票，我们根本不用再担心赚不到足够的钱来养活家人，那么，谁又会愿意改变自己选择从事的职业呢？既然不用担心赚多赚少的问题，谁又会愿意改变自己选择的生活方式？谁又会愿意改变自己与社区、家人已有的交往方式？

我们是否愿意开始思考如何才能在当地乃至全球范围为社会作出贡献？我们是否愿意对自己所吃的食物、购买的衣服以及参与的活动做出不同的决定？我们是否愿意花更多的时间思考自己的生活目的，而不是被推上一条随即发现自己原来早已在上面的隐形"传送带"，随波逐流着？

与当钱不是问题时我们会优先考虑的事情相比，如果现在我们在花时间做的事情，出现了很大的分歧，那么，我们需要扪心自问，为什么钱会对我们的生活方式有如此大的影响力呢？

每个行将死去的人都会告诉你钱是无关紧要的，都是身外之物。用"死不能带走"这句老话来形容钱，可能更贴切。然而，尽管我们知道银行账户里的余额多少不能衡量我们是否富有，但是，迫于现代生活的压力，我们不得不推迟我们在心理、情感、精神和文化等方面的资金投入，而与此同时，我们会倾向于积累我们的金融财富，因为我们希望有朝一日自己可以用到这些积累的财富。

## 快速练习

我请你借此机会做一个非常简短的实验。首先找来一张纸,将其纵向对折,然后在其中一边写下你一生中最重要的三件事,也就是给你最大快乐和满足感的三件事;或者你无法忘却的三件事,也就是让你的生命有价值的三件事。仔细想想。为什么这三件事对你如此重要?当你写下一件事的时候,请注意自己是怎么想的,有什么感受。

现在,把这张纸翻转过来,写下你花费了大量时间才完成的三件事。每记下一个事件,稍微停顿一下,想想自己有什么感受。让自己想想,如果不必做这些事,你又是什么感想。

我们都是自己生活故事的创作者,我们随时可以改变故事情节、故事方向或故事人物。但是,除非我们在故事展开时已经进行了仔细考虑,否则故事情节会朝着我们从未想过的方向发展。如果发生这种情况,我们可能会发现,现在为时已晚,已经无法回头去改变故事情节了。

今天是回顾你人生故事的日子,希望这个故事朝着你预期的方向发展,还有你希望的人陪伴着你。明天可能就来不及了,太晚了。

第三章

谈谈死亡

莉莉刚刚开始上学。一天下午，她牵着妈妈的手，跟妈妈一起走回家。突然，她好奇地问妈妈："嗨，妈咪，宝宝真的是从你的阴道里出来的吗？"

　　"是的。"妈妈一边回答，一边继续沿着人行道走着。她牵着莉莉的手，稍微加快了步伐，希望能赶在行人灯从绿色变成红色之前穿过学校前面的十字路口。

　　莉莉停下了脚步，抬头看着妈妈。"不疼吗？"她问道。

　　妈妈继续牵着莉莉的手往前走着。可是，她们刚到十字路口，行人灯就变红了，妈妈和莉莉只好在人行道上停下来。此时，一直站在路中间的路口行人向导詹妮斯，手里拿着一个又大又圆的停车标示牌，轻快地走过来，站在了她们母女俩旁边。

　　渐渐地，她们周围聚集了不少的妈妈和孩子。"是的。"妈妈终于还是回应了莉莉。在这种情况下，妈妈很不情愿跟她聊这个话题。

　　"你今天过得怎么样，莉莉？"詹妮斯问道。詹妮斯总是一副亲切的笑脸，让人觉得非常和蔼可亲，也正是因为这样，周围的人都很喜欢她，尤其是学校的孩子们。

　　"过得很好。詹妮斯，你知道宝宝是从您的阴道里出来的吗？"莉莉有点兴奋，口无遮拦地问道。

莉莉的妈妈对詹妮斯笑了笑，满脸羞涩，感觉自己脸上隐约泛起了一种熟悉的尴尬红晕。但詹妮斯只是笑了笑，向期待地望着自己的小女孩眨了眨眼。

"是的，莉莉，你说得没错，事情就是这样。"她愉快地回答，没有丝毫的尴尬。

行人灯变成了绿色，发出"滴答、滴答、滴答"的声音，表明行人可以过马路了。随即，詹妮斯轻轻拍了拍莉莉的头，走回到路中间，站在缓慢的车流中吹响哨子，举起停车标示牌，挥舞着手臂，招呼人群过马路。当妈妈和莉莉从詹妮斯身边走过时，妈妈小声对詹妮斯说："我相信，今天下午她肯定不会这么跟您说了！"

詹妮斯只是笑了笑。"不用大惊小怪，莎拉。之前就有人问过我这个问题，不过，我敢肯定，你们今晚的晚餐谈话会非常有趣。"

回家的路上，莉莉像小鸟一样叽叽喳喳，唠叨个没完。她告诉妈妈，自己午饭时没有吃苹果，不过吃了苏丹娜葡萄。然后她又告诉妈妈，一个刻薄的男孩用棍子打了她的手指，打得她疼哭了。

"有些比我大的女孩还带我去见了他的老师。"她解释道，同时把手指举了起来，好让妈妈看到贴在她手指顶部的亮色创可贴。

"她们真好。"妈妈说。

"她们跟我说，要我不要难过。所以我没有难过。我用创可贴把伤口贴好了，妈妈你看，蓝色的创可贴。"

一路上，莉莉一直喋喋不休，而妈妈此刻的思绪却在原来的话题上，她很想知道为什么莉莉突然对宝宝从何而来这个问题产生了浓厚的兴趣。莉莉问这个问题并没有让她感到很吃惊。这是因为，他们家庭的思想非常开放。早在自己怀双胞胎的时候，莎拉和丈夫就已经向莉莉解释了整个过程。时间已经过去3年了，男孩们现在都已经3岁了。她只是想知道为什么莉莉会突然问起了这件事，即便是在学校十字路口这样的公共场所，她也无所顾忌地问了起来。

"孩子们的想法真让人难以捉摸！"她心里这么想着。

莉莉和妈妈刚进家门，爸爸就带着刚从幼儿园接回来的双胞胎弟弟回来了。

"今天回来得早啊。"莎拉站在门内，朝他们招呼道。此时，丈夫克里斯费力地走进来，然后站在门道上，取下肩膀上的背包，摘下帽子并脱下艺术罩衫，而两个调皮的小男孩此时正紧紧地缠在他的大腿上。

"受够了。今天烦死了，时间过得真慢。所以我想，还是早点下班，顺便接孩子们回家。"克里斯边把沉重的背包甩到地板上边回应道。两个小男孩一见到妈妈，立马松开了抱在爸爸腿上的手，飞一般地向她跑来。

"哇，你们这些孩子，怎么这么脏呀！"莎拉惊叫道，还没来得及躲开，双胞胎就已经把他们那几只脏手统统放在了她新买的粉红色裙子上。"快！去洗手间洗一下手。"

"莉莉，你也去洗洗。我马上就去准备晚餐。"莎拉朝莉莉喊道。丈夫在她的脸颊上匆匆吻了一下，然后跟上3个孩子。他们现在都沿着走廊向浴室跑去。莎拉叹了口气，本来想着回家后好好休息几分钟，可是，丈夫和双胞胎提前回来了，她不能再休息了，得赶紧准备晚饭去。莎拉打开冰箱门，站在那里，朝冰箱里看了又看，想着晚饭该做些什么吃。

"晚饭简单点就行了，不用搞得那么复杂。"她心想。她也工作了一整天了，也想好好休息休息。不过，还没等她喘几口气，就听到浴室里传来了大声喊叫。

"毛巾，莎拉……我们有干净的毛巾吗？"听到喊叫声，莎拉关上了冰箱门，快步走到堆满了还没来得及叠的毛巾的篮子旁，从里面抱出一堆凌乱的毛巾，然后走向发出刺耳嘈杂声的浴室。推开浴室门，走进去，就看到男孩们在浴缸里洗澡，她一点也不感到惊讶。因为她知道，你让这么小的男孩子自己洗手，肯定不靠谱，他们会借故互相戏水，弄湿整个地板，而且还会把对方喷得全身湿透，这样才好玩。克里斯跪在垫子上，浑身湿透了。当她瞪眼看着他时，他只是耸了耸肩，一副无可奈何的样子。

"我说的是，让他们洗手！"她抱怨道。

"很抱歉，亲爱的。我觉得把他们放在浴缸里似乎更好些。"

"莉莉在哪里？"莎拉问，心里在想，如果让她招呼这两个小家伙，可能会更好些。

"在她房间里吧。"克里斯一边回答，一边躲开从浴缸里飞来的一块湿透的洗脸毛巾。

"杰克！"莎拉厉声喊道。不过，为时已晚，湿洗脸毛巾已经飞来了——克里斯在笑，男孩们也在笑。

"你们把这里搞得一团糟，等下你们自己收拾，我可不会给你们收拾这个烂摊子！"她发牢骚道，留给他们自己解决。

莎拉走出浴室门，莉莉走过来拉了下她的裙子。"看，妈妈，看。"

"快离开这里，宝贝。我可不想让你也浑身湿透。"

"不是，我是说我已经按您说的洗了手啦。不过，我找到了那本书。"

"哪本书？"莎拉一边问着，一边朝厨房走去，小女孩也跟在她身后走着。

"就是讲述宝宝从哪里出来的那本书，它就在我房间里。"

"那，拿过来给我看看。"莎拉一边催促着，一边重重地坐到大扶手椅上，坐下之后，朝莉莉拍了拍自己的大腿。莉莉一屁股坐在了妈妈的大腿上，然后来回扭了扭屁股，以便坐得更舒服些。坐稳之后，莉莉摊开书本，翻到其中的一页。莎拉记得当时自己怀着双胞胎，费了好大的劲，用了几天时间，才向她解释清楚这一页。"啊，是的。"她说。

"妈妈，我就知道，宝宝是从你的阴道里出来的！"

"莉莉，其实你一直都知道。记得你弟弟们出生之前我们一直在谈论这个。我记得我跟你讲过，他们在我身体里的时候，我感觉他们在踢来踢去，你还记得吗？"她问道。

"好像讲过吧。"莉莉回答道。她用手指轻轻点了点自己的头，若有所思似的。莎拉想知道是什么让莉莉对这个问题这么上心。她们已经有一段时间没有谈论有关婴儿的这个问题了，不过，每当莉莉问她这个问题时，她都会简单明了地回答，而且还总是给出真实的答案，从未撒过谎。

"那有什么问题呢？"她问道。

"麦迪逊说我说的不对。她告诉我说，她妈妈肚子里有一个宝宝，肚子上有一个大拉链，当宝宝成熟了的时候，医生会打开拉链，把宝宝取出来。"莉莉吞咽了一口口水，眼眶里慢慢溢出眼泪。莎拉见此情景，紧紧地把她搂进了怀里。

"你说的是对的，莉莉。"莎拉安慰女儿，然后开始向她解释一些宝宝是如何通过剖宫产剖出来的，而不是通过女人肚子上什么拉链取出来的。宝宝是长在妈妈的子宫里，而不是她们的肚子里。

"我们可以想象一下呀，如果一个宝宝是在妈妈的肚子里。那么每次妈妈吃东西，那些什么土豆、豌豆和胡萝卜啊，不是都溅到可怜的宝宝身上了呀！"说到这里，莎拉笑了，莉莉也笑了。

"那，如果这不是真的，麦迪逊为什么要这么说呢？"莉莉问道。她觉得麦迪逊是个大姑娘，应该知道得比自己多，所以，这让她有些困惑不解。

莎拉接着向莉莉解释说："各个家庭做事情的方式各有不同。在他们家里，他们会使用适当的字眼，但有些家庭不这样做。有些家庭用虚构的词语来描述身体的有些部分，当谈及宝宝是如何生出来的时候，他们会用不同的方式进行解释。"听到这里，莉莉似乎感觉更加困惑了。

"他们为什么要这么做呢？"她问道。

"宝贝，说实话，我也不知道，但我们家不是这么做的。我们总是用正确的词语来说明事情，不是吗？"

"是的，比如就拿'牛'或'鸟'来说吧。"莉莉插嘴道。

"对，有些人喜欢用'哞哞'和'小鸟'等词，"莎拉继续说道，"我们家会用什么词呢？"

"嗯……"莉莉再次用手指轻轻点了点自己的头，想了一会，说道，"我们会说阴茎，不会说'小鸡鸡'。"

"是的。"莎拉回答道。母女俩一直这样聊着，直到他们3个男子从浴室出来，打断了她们的谈话。

莎拉起身去了厨房，准备晚餐去了，而莉莉则依偎在扶手椅里，全神贯注地看着她手上的书。

吃完晚饭后，莎拉洗好碗碟，打扫了厨房卫生，然后，带孩子们上床睡觉。等一切收拾妥当后，莎拉懒洋洋地躺在沙发上眯起了瞌睡，而丈夫克里斯则在冲泡他们传统的睡前茶。就在此时，莎拉手提包里的手机开始振动了起来。

"拜托，都已经10点钟了，谁在这个时候还来电话，不要理它。"克里斯抱怨道，水壶里水煮开了，他开始往茶壶里倒开水。

莎拉伸手从地板上拿起手提包，拉开手提包的拉链，然后在满是东西的包中翻找着，想找到自己的手机。找到手机后，她看见姐姐的头像在手机屏幕上不停地闪烁，这让她感到有些惊讶。

"是克洛伊打来的。可能有什么重要的事情。"莎拉对丈夫说道。她突然紧张了起来。她知道，姐姐也带着年幼的孩子，每天晚上都是早早就上床睡觉的，今天这个时候了还打来电话，肯定有什么事情。

于是，她按下了屏幕上的绿色按钮。"怎么了，克洛伊？"她问道。

克里斯听到妻子喘着粗气，抬起头来望过茶桌。只见莎拉拿着手机在专注地听着对方说话，而她自己一句话也没说。没过一会，她便面带恐惧地看着他。随后听到她说："你需要我过来吗？"然后，房间里又恢复了一片寂静。

克里斯把水壶放在茶桌上，快步走到妻子身边坐下。莎拉开始抽泣起来，很快就泪流满面了。看到这一切，他没出声，只是把妻子紧紧地搂在了怀里。

"是妈妈。"她抽泣着按下了手机上的断开按钮，然后把手机扔到了沙发上。"她去世了，在俱乐部里，突然去世的。"莎拉把脸埋在克里斯的肩膀上，双臂搂紧了他的腰。

"什么？"克里斯不知道如何回应，他简直不敢相信。

莎拉的母亲只有 64 岁，还年轻。她每周打 3 次高尔夫球，她还教瑜伽课程。在他认识的人当中，就数她身体最好。她上个月才在他们家过了周末，她一直都喜欢这种家庭式的"派对生活"。周末的时候，她还在后院跟两个小男孩捉迷藏，和莉莉一起在蹦床上欢快地弹跳。这么健壮的人，怎么会死呢？

"噢，莎拉。"这是他唯一能想到要说的话。克里斯也想哭，但逝者不是自己的母亲，所以他觉得自己没有权利难过。他咽下眼泪，尽可能地靠近自己那心神错乱的妻子。

莎拉突然抬起头，头往后仰了仰，看向克里斯。

随后，她焦虑地盯着他的眼睛，说："我们到底该怎么跟孩子们讲呢？"

谈论家人的死亡是很难的，因为我们都不愿意去考虑接受这样一个现实，即：有一天，我们所爱的人会死去——当然，我们每个人都会死去。到底什么时候提起这件事比较合适呢？难道我们要等到更大的社群中有人死亡时才以此为契机而提出来吗？但是，如果我们身边的人同时死去呢？当我们心碎的时候，我们怎么能客观地谈论死亡呢?

成年人通常不会谈论死亡这件事情，但是，当要和我们的孩子谈论的时候，有时就会觉得太难了，所以我们通常都会选择不谈，留着以后再谈。

"等他们长大了，我再跟他们谈论吧。"我们心里总是这样想着。我们觉得，通过忽视死亡这一现实，避免谈论死亡的话题，就是在保护我们的孩子。但这却与现实相去甚远。

孩子们的好奇心都很强。自打出生起，他们就是知识的海绵。他们的感官敏锐，想了解周围的世界——视觉、听觉、嗅觉、味觉、思想和情感，这些东西让他们逐渐成熟，让他们脱胎换骨，逐渐长大为成年人。

任何有儿童经历的人都会理解这种对知识的渴望。从可以开始说话的时候起，他们就不停地问我们"为什么"，为什么天空是蓝色的？为什么我不能吃棒棒糖？为什么我要洗澡？为什么我要牵着你的手过马路？为什么我必须上床睡觉？为什么？为什么？为什么？

孩子们总是不停地问"为什么"，因为他们一直都想知道自己周围的世界，了解自己在这个世界中的位置。作为成年人，我们完全能够理解他们的这种好奇心。我们小时候得到的答案会影响我们成年后对这个世界的看法。在父母亲害怕老鼠或蜘蛛的家庭里，孩子们在成长过程中或多或少都有过类似的恐惧经验，可以说至少会有一次这样的恐惧经验。因为，在他们最容易接受这类恐惧的时候，他们就已经司空见惯了。当然，他们也知道，自己不能恐惧，恐惧是一种不理智的行为。

如果这个社会不安全，处处有危险，我们该如何保证自己孩子的安全呢？通常，我们会将危险和不安定因素等告诉他们，并且教育他们、监督他们、鼓励他们，让他们主动跟我们谈论他们自己内心的恐惧和焦虑，以便我们会想方设法来保护他的安全。

　　我们都知道水有多么危险。五六厘米深的水，就有可能淹死小孩。那么，我们该如何保证他们的安全呢？

　　我们时刻都在监护着他们，即使在浴室里也是如此。我们保护着他们，不让他们接触到任何未加防护的水体。我们会跟他们讲，很容易出现溺水事故，我们还告诫他们，除非有成人陪伴，否则请远离游泳池、浴室和池塘。我们教他们游泳，然后和他们一起游泳，这样就可以确保他们始终在我们的保护范围之内。我们还会提醒他们，游泳的时候，一定要穿戴好经认可的漂浮设备。

　　我们知道汽车有多么危险，所以，我们会在车上安装儿童座椅，开车的时候给他们系上安全带。过马路时，我们会牵着他们的手，让他们走在人行道的内侧。夏天出门旅行时，我们会给他们备好水，让他们在大热天能够有水喝。我们下车办事时，不管锁没锁车，都不会让他们单独待在车里，总是有人陪着他们。他们渐渐长大，对周围世界充满了好奇心，于是便会开始问"为什么"。对于他们的"为什么"，我们总是知无不答，诚实地回答他们。我们告诉他们不要和陌生人说话，还告诉他们为什么不要跟陌生人说话。我们向他们提供各类信息，解释"为什么"的原因，并对他们进行监督，从而来保护他们。

　　当他们问及宝宝是如何出生的，我们会用适合孩子年龄的语言解释男女性别问题、女人怀孕问题以及宝宝出生的问题，从而让他们能够理解，就像莎拉对莉莉做的那样。哪怕我们的子女们还处在青少年的早期和中期，我们也在不断地为他们提供各类信息，教育他们，并给予他们支持。我们和他们谈论毒品、酒精、精神健康和安全性行为等问题，还跟他们谈论如何选择健康的生活方式。我们会用心倾听他们提出的问题，然后，我们会用清楚的话语、诚实和尊重的态度回答他们。当他们第一次受到挫折时，我们会培养他们如何战胜挫折，会给予他们同情，并向他们保证我们会一直在他们身边支持他们。

我们会保护我们的孩子和后代，给他们灌输各类信息和知识，诚实地回答他们提出的问题，鼓励他们谈论自己的感受。这些都是慈爱的父母、叔叔阿姨、祖父母和可信赖的朋友应该做的事情。

然而，当谈及死亡和悲伤时，我们却犹豫不决。我们通常会回避或转移话题，把自己的恐惧和焦虑藏在心里，并向孩子们表达一个明确的讯息，那就是"我们不谈论这个！"。在儿童成长至其青年时期的这个过程中，他们往往会受到自己在电视或电脑游戏中所看到的东西的影响——电视或电脑游戏中对死亡的暴力和不切实际的描述，使得他们对死亡的看法变得麻木不仁，从而影响他们理解死亡这一现实的能力，包括对死亡理解的持久性。

在这个故事中，莎拉听到母亲意外死亡的消息时，在极度悲痛中首先想到的是如何将这个死讯告诉孩子们。这是人的一种常见反应，即使在那些经常就一系列敏感话题进行全面坦诚对话的家庭中也是如此。

不知何故，我们似乎可以开诚布公地、很轻松地和自己的孩子及年轻一辈谈论有关性、毒品、虐待和家庭破裂等的事情。然而，纵使我们都清楚，人都会死去，这是亘古不变的事实，我们一生会经历无数次亲朋好友的死亡，而且我们自己最终也得面对它。但是，要是让我们谈论亲朋好友的死亡，我们总会有所犹豫和顾虑，我们都不愿意谈论它。这种情况下，孩子们所亲近的成年人有责任将亲人去世的消息告诉他们，给他们解释死亡的概念，并给予支持。只有这样，孩子们才能理解死亡是一种现实，让他们觉得有人支持自己提出问题和谈论自己的感受。

那么，我们如何给他们提供所需的支持呢？首先，我们可以利用日常生活中出现的每一个机会向我们的孩子解释死亡的概念。比方说，我们口头经常用"死了""死人"和"快死了"这样的词，而不是用"去世了""睡着了"或"失去了"这样的委婉语，那么我们潜移默化地把合适的词嵌入孩子的日常词汇当中，让他们有了思想准备。

又比方说，你走在街上，碰巧看到路边死了一只动物。这个时候，与其分散孩子的注意力，让他们快速地走过去，为什么不停下脚步，指着那只动物对孩子们说些诚实而有教益的话，以此来吸引他们的注意力呢？比如，你可以说："哦，是只死猫。"你可以通过这样一个简单的陈述引起孩子的兴趣，让他们关注起那只死猫来，随即激发他们的好奇心，他们便会向你提出问题。这种场合也给你提供了一个解释什么是"死"猫的机会。

一旦孩子好奇地关注猫了，你就可以问他们，他们注意到了猫的什么。他们可能会说"它不动了"或"它停止呼吸了"。这个时候，你可以顺势跟他们解释，某个东西或某个人死了之后，他们的心脏会停止跳动，血液会停止向身体其他部位流动，肺会停止呼吸，他们不会再动了，因为他们已经死了。这就是"死"的含义——与"活"相反。通常，这就是我们所需要的，达到解释的目的。

随着儿童的成长，他们会成为其直系亲属以外的社群团体的一部分，例如幼儿园、托儿所、体育社群或学校社群。他们加入这个更大的社交圈子后，就更有可能听到和看到这个圈子中的人们哀悼其亲人死亡的消息和情况。

我们听到死亡消息时所作出的反应，将引导我们的孩子在听到此类消息时会作出的反应。倘若我们用类似"你们老师告诉我说凯西的爷爷在周末去世了"之类的话来引起他们对死亡的注意，那么，我们会留给孩子一个继续对话的机会："是的，凯西今天真的很难过。据她说，他们把她爷爷放在地下的一个盒子里。妈妈，他们是这样做的吗？"

这样一来，问题像球一样又被踢回给了我们。这个时候，我们可以停下手头的活儿，心平气和地坐下来，给孩子解释某人死后会发生的事情。当然，我们也可以选择回避谈论，因为这个问题让我们感到不舒服。如果我们选择回避这个问题，就可以让孩子觉得这是一个不应该讨论的话题。

倘若我们能够以公开、真诚及富有同情心的态度，正常地谈论家人亡故的话题，那么，我们就可以让孩子了解人固然要死的这个道理，让他们对涉及死亡方面的谈话有个心理准备，从而让他们在谈到死亡的时候未至于感到害怕，给他们造成心理阴影。孩子们对涉及死亡的谈话有了心理准备，将会产生一系列的连锁反应，不仅会影响到我们自己的家庭，也会影响到我们的家族社群。

了解死亡文化与学习阅读、学习数数、谈论感情以及建立人际关系一样重要。首先，我们自己应该充分了解有关死亡的传统文化，然后将我们所理解的信息完整地传达给我们的孩子，让他们对涉及死亡的谈话有所准备，不会感到不自在，而且还能对悲伤的人表现出同情和怜悯之心，只有这样，才能在我们的家族社群中将死亡文化传承下去。

## 一些建议

**该做的事情：**

开诚布公地回答孩子们的问题。如果你不知道答案，你可以告诉他们，你会找到答案，然后再告诉他们。也许你们可以一起探讨这个问题。

根据他们的年龄，使用简单易懂的语言。

停下手中的活儿，集中精力进行交流并回答他们提出的问题。

解释死亡是什么之后，重申一遍你们家的精神信仰。

抓住每一个机会谈论死亡（例如，当你看到一只死鸟或其他死去的动物时，或者有与你家人不亲近的人去世时）。

向孩子们表达自己的悲伤。如果有亲人死了，孩子们看到我们并不悲伤，他们就会认为自己的悲伤有些不正常。如果我们静静地和孩子们坐在一起，告诉他们我们很悲伤，或者告诉他们我们很想念这个逝者，那么，通过这个机会，可以与孩子们分享失去亲人的痛苦和悲伤。对孩子们来说，让他们了解每个人的悲伤方式各不相同也是很重要的。有些人可能会很伤心，不停地哭泣，而有些人可能会很安静，不想说话。所以，需要让孩子们知道，无论他们感觉如何都是正常的。

让孩子们有机会参加葬礼，并通过解释葬礼上发生的事情来准备葬礼。

鼓励孩子们想办法记住已故的自己爱的人。这类方法很多，比如让孩子们给逝者画一幅图像，让孩子们告诉你他们对逝者的印象，或者鼓励他们写下自己的故事，或画出他们的感受。

**不该做的事情：**

当孩子们问起有关死亡的问题时，请不要试图分散他们的注意力或转移话题。比如，他们问到"妈妈，有一天你会死吗"这类问题时，你要如实地回答。如果你没有如实回答，以后你意外死亡了，则可能会让孩子们变得不再相信未来。"妈妈说过，她要等到年纪大了才会死。可是，她现在死了。妈妈告诉过我，她不会死的。"

不要使用委婉语。如果你说"奶奶睡着了，不会醒来了"这样的话，可能会让孩子们担心同样的事情会发生在他们身上。同样，如果我们对孩子们说"我们失去奶奶了"之类的话，也容易让他们感到困惑不解。如果你说得这么委婉，孩子们心里肯定会想：既然只是"失去"，那我们仔细找找，肯定还是能找回来呀。同时，使用"仙逝"或"住在天堂"这样的词语，也容易让孩子们和年轻人感到困惑不解。

如果有就在身边的亲人即将死去，请不要对孩子隐瞒。你应该跟他们讲解这个人快要死了，同时给他们机会探望，并跟他们讲解，为什么这个人看起来和以前不一样。有些人认为，最好让孩子们记住垂死之人患病之前的模样。然而，随着垂死之人的离世，这样做可能会让孩子们更加难以接受他们离世的事实，因为孩子们最后一次见他们时，他们都还是活生生的人，身体都很健壮。和垂死的亲人待在一起，也使孩子们有机会跟他们说"再见"或"我爱你",这对孩子们和垂死之人来说,都是一件好事。

请不要对孩子们隐瞒你的悲伤。如果他们看不到死亡对你有影响,他们可能会认为你不在乎逝者,或者你不像他们那样爱着逝者。

应该让孩子们参与葬礼、丧礼或火葬等仪式。给他们讲解这些仪式中发生的事情和其原因,然后让他们做一些选择,去其糟粕,取其精华。对孩子们来说,看到包括成年人在内的其他人因一个对他们来说很重要的人的去世而悲痛欲绝,可能是一种安慰。让孩子们参与这些仪式,见到有多位深爱逝者的成年人参与的场面,可以强化他们的心灵,让他们正常地融入这种失去亲人的情感当中。

家庭中重要成员的死亡,对无论处于哪个年龄段的儿童都会产生影响。如果我们在他们年轻的时候就以其易理解的方式真诚地告知和教育他们,他们就会对"死亡"的含义有一个基本的理解。这样,当身边的亲人死去的时候,他们就会感受到周围人们共同的悲伤经历。

通过回答问题、分享感受、预测恐惧并消除恐惧等形式,鼓励孩子们将死亡视为生活的正常组成部分。与所有其他人生课程一样,这需要我们跟孩子们不断地进行交流。随着孩子们的成长和成熟,他们的好奇心也会变得越来越强烈,因此,我们必须做好准备,给他们做出更详细的讲解,并回答他们提出的更复杂的问题。

从这个时候起,孩子们会开始问及关于人生意义、目的和来世的问题。所以,作为成年人,我们必须考虑这些事情,考虑怎么回答这些问题,从而帮助我们的年轻人走向成熟。

第四章

发生意外死亡

珍妮急匆匆地驱车来到医院急诊科外的"禁止停车"区域，然后一个急刹车，把车停住。她跳下车，弯腰抓起手提包，砰的一声关上门，然后快速从保安身边跑过，根本没在意他的警告："女士，你不能停在那里。"珍妮一路小跑，来到接待处才停下来。站在接待处外，珍妮看见玻璃屏幕后面的两个女人都在对着耳机说话。

　　"打扰一下。"她敲了下玻璃，脱口而出。其中一个女人抬起了头，扬了扬手，示意她等待。珍妮心里很着急，没耐心等待，于是再次敲了敲玻璃。见她再次敲起了玻璃，那个女人对她怒目而视。没办法，珍妮只好另辟蹊径，几近疯狂地在大厅里上下打量，刚好看到一名护士正走过一扇自动门，门的磨砂玻璃上写着"急诊"字样。珍妮像见到了救命稻草一样，飞快地朝她跑去。

　　"拜托一下，"她对护士说道，"我儿子被带过来了。他出了车祸。我需要进去。"护士伸出手挡住了她的胳膊。

　　"他叫什么名字？"她轻声问道。

　　"托比，托比·格雷厄姆，哦，不是，叫德玛蒂娜。"珍妮说话结结巴巴，忘了几年前丈夫离开时，他们母子俩都把姓改成娘家的姓了。

　　"你先在这儿坐一会儿吧，德玛蒂娜夫人。"护士一边回答，一边小心翼翼地把她安排到一排固定座位尽头的塑料椅子上坐下，这里坐着的大多数人，看上去都和她一样焦虑。

"我等不及了，我需要……"她双手捂住了脸，感觉自己都无法呼吸了。

"我保证马上回来，"护士说道，"我先去找到他在哪，然后你再进去，好吗？我保证，等我一分钟。"她对着自动门，刷了一下挂在口袋上的卡片，然后就消失在自动门里。

珍妮知道着急也没有用，只好顺从地坐了下来，耐心地等待着。如果情况很糟的话，护士肯定会知道他的名字，她心里这么想着。她脑海里飞快地回想起早上儿子出门时的情景。他像往常一样，很晚才从后门出发，头上戴着头盔，背包里装着书和笔记本电脑，嘴里叼着两片刚做好的烤面包，一脸的微笑。儿子出门前几分钟，她吻了他，还跟他说过，吃早餐的时候不要骑自行车，那样很危险。

托比紧紧咬着烤面包，只是露齿笑了笑，咕哝着："这叫多任务处理，妈妈！"

"德玛蒂娜夫人。"就在这时，一个声音打断了她的思绪。她抬起头来，看见刚才那名护士向她走了过来，然后拉下她旁边的塑料座椅，坐在了她旁边。

护士说："我叫艾伯尼。"但珍妮并不在乎她叫什么名字，她只想知道自己儿子怎么样了。不过，让她百思不得其解的是，护士为什么要在自己身边坐下来。

"我叫珍妮。"她不假思索地回答，心里急得不行，希望护士不要再浪费时间，尽快带她穿过那些大玻璃门去见自己的托比。

艾伯尼认真地看着她。"珍妮，我们现在还不能进去。"她低声说道。珍妮站了起来，准备闯进那扇自动门，不管护士会不会跟着她进去。

"珍妮，求你了。请再坐一会。"艾伯尼恳求道，随即快速起身引导她坐回到椅子上，脸上充满了担忧和焦虑。

"我们需要先谈谈。"

"我只想去看看我的儿子。"珍妮大声说道。突然，她发现，坐在旁边座位上的人都注视着她们。

"我知道，但是你现在还不能见他。医生们还在抢救他。"

"你什么意思？"珍妮尖叫了起来。此刻，她感觉自己非常激动，觉得自己都快要吐了。"看在上帝的分上，快告诉我，到底发生了什么事？"

珍妮狠狠地瞪着坐在自己身旁的护士。她原本以为艾伯尼是个女孩子，但近距离接触后，才发现她的眼睛和嘴巴周围布满了皱纹，心想，这个女人到底有多大了啊。不过，没过一会，她就摇了摇头，把这个愚蠢的想法抛之脑后了，因为此时此刻，她根本不在乎艾伯尼到底有多大，她只在乎自己的儿子。

"我上班的时候，你们这里有人给我打电话，说我儿子骑自行车被人撞了，"她轻声结巴了起来，"他们说，不用太担心……"

"是的，托比骑车被撞了。"艾伯尼心平气和地回答道，希望自己保持镇定的同时，珍妮也能冷静下来，这样至少能给医生们多留出一点时间来救治她的儿子。

艾伯尼知道她现在还不能带托比的母亲进入科室。今天真是太恐怖了，"安静的房间"里已经有另外两个家庭的家属了，现在里面根本没有空地方，所以不能把这位心烦意乱的母亲带到里面的混乱中去。艾伯尼也知道所有的医生现在都在忙着救托比的命，所以没人能向珍妮解释他的伤势到底有多严重。艾伯尼心里忍不住想，即使经过了这么多年，她的这份工作有的时候还是太辛苦了。

艾伯尼还没有来得及说什么，就见资深医生马尔科把头探出了玻璃门。马尔科看到艾伯尼后，朝她点了点头，并向空中竖起两个手指，表示其中一个"安静的房间"现在空了。应该是其中一个死者的家属心情悲痛地收拾东西从后门走了，回家安排葬礼去了。

"啊，是马尔科。"艾伯尼边说，边站起来朝他挥了挥手，让他知道自己明白了这个信息。"走吧，珍妮，我们现在可以进去了。"

珍妮从地板上捡起她的手提包。她不知道自己到底想不想跨越那些门。当她跟着艾伯尼进入内室时，胃有一种下沉的感觉。

马尔科站在门内等着她们，然后指引她们往护士站走去。科室内医护人员四处奔忙，把设备从靠墙的地方搬到一排排用帘子隔开的隔间里，他们各自忙碌着，很难分辨谁是谁。开放式办公室里的所有人，都穿着素色棉质长裤和各种颜色的上衣。

珍妮听到有人在笑，接着听到个打电话的老女人对那个发笑人发出了"嘘"的声音。这里面好像到处都是人，都一心想着从一个地方跑去另一个地方，但又似乎不是很着急的样子。

这里还有许多普通百姓，应该是病人家属，珍妮猜想。这些人有的忧心忡忡，有的心烦意乱，还有的如释重负。他们有的站在隔着帘布的小隔间外面，有的坐在散布在巨大空地上的椅子上。

有些人很不舒服地靠在隔间里的手推车栏杆上，由于没有窗帘，所以，他们的痛苦，外面的人可以一览无遗。珍妮一边走着，一边环顾四周，只想知道托比在哪里。还没等她开口问，艾伯尼就把她引进了一个阴冷的小房间。艾伯尼把椅子摆成一圈，坐了下来，然后，马尔科也跟着她们走了进来，顺带关上了门。

"德玛蒂娜夫人，我叫马尔科·卡斯特拉纳，"穿着蓝色上衣和裤子的黑发中年男人开腔了，"我是一直在照顾你儿子的医生。"

"发生什么事了？我什么时候能见到他？"珍妮问道，她想表现得自信点，但没有成功。

马尔科伸出手，按在珍妮的胳膊上，想安慰安慰她。但是珍妮却把他的手甩开了，然后用手紧紧地抱着自己的胸口，希望能让自己的心脏不要跳得这么快。

"我们需要先谈谈，"他坐回到椅子上回答，"恐怕这不是个好消息。"

珍妮瞪着他。"你什么意思？"

马尔科医生再次向她靠过来，不过，这次他没有伸出手。他深深地望着她那棕色的眼睛，注意到她眼角有了泪痕。他很讨厌这种谈话，但又无法回避，他必须将事实告诉家属，这是他的职责。他很想让谈话变得轻松，让她不那么紧张，但是他知道，根本没有办法减轻他将要带给这个可怜女人的痛苦打击。

"德玛蒂娜夫人，托比受了重伤。他被带进来以后，我们一直在全力抢救他，但是，恐怕我们已经无能为力了。他受了重伤，多处骨折，大量内出血，还有头部受了重创。"

"还能治好吗？进重症监护室怎么样……"珍妮知道自己是在抓

救命稻草，这从医生眼中显露出来的怜悯就可以看出来。"请看在上帝的分上，救救他吧！我相信，你肯定还有别的办法，对不对？"她眨了眨眼，泪水开始顺着脸颊滚落下来。

"事实是，他的大脑已经被撞坏了，治不好了……"马尔科小心翼翼地回答道，希望她在听到儿子身体残缺的消息时不至于那么痛苦。"他之所以现在还能呼吸，是因为我们给他连上了能保持心脏跳动和肺部扩张的机器。"

"不，不……不！"珍妮控制不住自己，号啕大哭起来。她随即站起身来，在房间里走来走去，双臂紧紧地搂住自己，试图止住压在胸口的疼痛。艾伯尼试图引导她回到椅子上，但是被她推开。珍妮退到了角落里，看起来像一只野兽盯着迎面而来的汽车的前灯。

"带我去见他！我不相信你！"她尖叫了起来，"他那么年轻，又那么健康——你只需要稍微努点力，他就会好起来的！"

"求你了，珍妮，"艾伯尼恳求道，"请先坐一会儿，我向你保证，我们待会就带你去见他。"

"为什么？为什么你们现在不能带我去？"珍妮有些结结巴巴。她很不情愿地回到椅子前，重重地坐在座位上，无意识地来回摇晃着，试图寻找些许的安慰。

马尔科深吸了一口气。接下来，他需要问她一些事情，不过，他心里很清楚，问这些事情可不是件容易的事。

"德玛蒂娜夫人，我想知道托比以前有没有和你谈过捐赠器官的事？"

珍妮从座位上跳了起来，俯身怒视着医生。"你不能碰他！"她朝医生脸上啐了一口口水。

"我知道这对你很难。"他温和地回答，尽力表现出他能展现的每一寸同情心，但时间已不多了。如果他们要获得托比的器官，他们需要迅速采取行动。

马尔科还没来得及继续说下去，珍妮就打断了他。"你怎么会知道？"

艾伯尼最担心出现在眼前的这种情形，于是，她站起来，用胳膊搂住了珍妮，试图让她平静下来，或许，至少应该不再让她发怒。在自己共事过的所有医生中，马尔科是最善良的一个。如果让这种状况继续发展下去，珍妮可能会情绪失控，根本无法继续谈下去，最终她可能会对马尔科拳打脚踢。但是，就在艾伯尼准备喊人来帮忙时，这个心烦意乱的母亲瘫倒在了她怀里，控制不住地哭泣起来。

不久之后，珍妮的情绪稳定了下来。随后，她跟在载着她儿子的手推车一旁，跟着儿子一路穿过显得异常凄凉的白色走廊，一起走向手术室。如今，听着儿子身上的呼吸机不断地发出嘟嘟声，她感到了些许的安慰。在他们继续前行的过程中，她至少还有一种幻想，那就是，他还活着。

托比所在的隔间里，摆满了为他续命的各种医疗设备。托比一动不动地躺在床上，脸色苍白，头部全裹着绷带。她紧紧握住托比左手的小手指，这个小手指似乎是他身上唯一保存完整的部分。从她进入托比隔间的那一刻起，她就一直握着托比的那根手指。现在，珍妮轻快地走着，尽量与手推车周围的医生和护士保持步调一致。这些医生和护士有的手里拿着设备，有的推着手推车的护栏往前走。此时，珍妮不禁觉得这就像是在教堂的过道上推着一具棺材往前走。

就在刚才，珍妮做出了捐献儿子器官的决定。在这件事上她别无选择。让人觉得奇怪的是，托比曾经跟她聊过，这就是他想要的结果，他愿意捐赠自己的器官。有那么一天，她和托比坐在了一起聊天，聊到了她的临终愿望。而后，过了几天，托比跟她说了这个事情。托比起初似乎不太愿意聊这个话题，但是他也明白为什么他妈妈想聊这个话题。

珍妮母亲去世时，她的家人都不知道母亲的遗愿。因为此前，她的兄弟姐妹之间一直有隔阂，彼此之间的关系处理得不好，对母亲的事情也过问得少。鉴于自己母亲的前车之鉴，珍妮下定决心，不让托比重蹈她的覆辙。她的兄弟姐妹彼此很难相处，她不希望自己温柔的儿子被迫做她与她兄弟姐妹们都不想做的事情。有鉴于此，她准备了一份《预先嘱托》，在托比 18 岁那年，即任命他为自己的法定医疗决策者，以便自己生病后不能为自己做出选择时，托比可以为她做出医疗方面的决定。

"托比，如果我得了可怕的疾病，不要让我接受一大堆没有任何区别的治疗，好吗？"

"好的，妈妈，"他说，"但你为什么现在就告诉我这些呢？"

"托比，你知道，这个家里只有你和我。总有一天我会死去，所以，我想让你知道我想要的是什么样子。"

"好吧，妈妈。"他说道。此后，母子俩整个下午都在聊各种各样的事情，包括从生病后的痛苦和治疗到如果不是病得太重不需要托比管的话，她宁愿死在家里这类事情。后来，他们又聊到了她想在自己葬礼上播放的歌曲。

她从来没有想到自己会代表帅气的儿子做出这些决定。孩子们不应该先于父母死去。"这不正常，也不公平。"她心里这么想着。

手推车突然停在了另一组不透明的玻璃门前，把她拉回了现实。此时，马尔科转过身来，看着她。

"是时候了，德玛蒂娜夫人。"他平静地说。艾伯尼慢慢放下手推车的护栏，好让珍妮能够最后一次拥抱她儿子冰冷的尸体。珍妮用手捧起儿子伤痕累累、缠着绷带的脸。此时的她已经没有其他感觉，只有不时的麻木和不时的痛苦。

她轻轻地吻了吻儿子苍白的脸颊，然后俯身拥抱了他。托比，她唯一的孩子，她勇敢的儿子，她逐渐依赖的男人，她的生命之光，现在再也不会结婚，再也不会生孩子了。她的心好像快要碎了。她真的舍不得让他走。随后，她感觉到有只手放在她肩膀上。

"我们现在需要带托比进去了，珍妮。"艾伯尼沙哑地低声说，自己都快哭了。

"托比，不管你去哪里，答应我，你会等着我，好吗？"珍妮附在他耳边低语道。她最后一次抚摸了他的脸，很不情愿地往后退了一步。护士装好手推车护栏后，便推着手推车快速地穿过了玻璃门，随即玻璃门在他们身后几乎悄无声息地关上了，留下的，只是一种无穷无尽的痛苦。

珍妮扶着墙滑了下来，蹲在地板上，双手抱头，伤心地哭了起来。

在繁忙的日常生活中，关于"善终或安详和乐的死亡"对我们来说会是什么样子的问题，我们想都不会去想，更不用说进行讨论了。

随着年龄的增长，人们越来越意识到有必要记录自己想要的东西，不过，人们记录的重点通常都是财务方面的，也有的是有关葬礼的。

对许多人来说，甚至都没有制订这类计划。事实上，在澳大利亚，只有不到50%的人拥有遗愿和遗嘱，这意味着，其他人如果发生死亡，就没有任何东西可以证明他们对其尘世财产处置的意愿。由于缺乏证明类文件，碰到这类事情时，经常会引发家庭成员相互之间的争吵，意见发生分歧，甚至在某些极端情况下还会出现家庭关系的破裂，造成无法挽回的局面。

鉴于西方国家的富裕程度以及先进的科学创新和医学发展水平，大多数人都有望活到晚年。出于这个原因，我们也可以预期，随着年龄的增长，我们大多数人会经历一系列身体退化的状况，这些状况会影响我们的独立性、灵活性和认知功能。我们可以预见，在我们不断衰老的过程中，会出现各种各样的慢性疾病，让我们生活在持续的疼痛和其他症状中，而这些疼痛和症状很可能会影响我们舒适生活的能力，直至我们生命的终结。

对每个人来说，如果可以选择的话，都应该好好考虑考虑自己期望的死亡方式。如果可以考虑自己的死亡方式，那我们就需要承认自己会死去，需要探索自己怎样死去，同时，还需要考虑对我们来说无法忍受的那种死法，而不是我们认为可以接受的简单死法。

对从未经历过重大疾病或伤害的人来说，很难想象病情恶化的过程会是什么样的一种感受。如果你没有经验可以借鉴，痛苦和恐惧只不过是一些非常抽象的概念而已。

你对"善终（安详和乐的死法）"或"惨死（糟糕的死法）"的

看法，看起来似乎还会受到你过去经历的他人死亡的影响。例如，如果你目睹了父母亲因突发的疾病很快就去世了，他们去世时没有痛苦，很安详、有尊严，那么，这可能就是你自己希望的那种死法。如果像珍妮一样，你的至亲因遭受重创而让人感到震惊地突然去世，那么，你可能会认为这是一种"糟糕的"死法，因为你连跟这位至亲说"再见"的机会都没有。

对我们所有人来说，大家对死亡的看法各不相同。有些人认为突然死亡更好，因为他们相信这会减轻逝者的痛苦。还有些人认为，人们更容易接受绝症引起的死亡，因为得了绝症后，他们有机会在自己生命的最后几周和几天里，去做他们想做的事情，说他们想说的话，并且平平淡淡地度过最后的这段时光。因为他们知道自己即将死去，所以，他们可以按照自己的意愿行事，跟自己的至亲说再见，跟他们谈心，或者改善之前的不友好关系。

然而，想象我们首选的死法会是什么样子，我们想要的护理类型和范围，我们的价值观，偏好和生活目标，这些仅仅是一个开始。如果我们不与身边的人谈论这些想法，记录下我们的愿望，就有可能失去控制我们认为重要的死亡因素的能力。

我们需要和身边的亲人聊聊这些方面的事情，因为我们的生活充满了变数，不断有事情发生。我们在身体健康时对"善终"的看法，可能会与被诊断出患有重疾时对它的看法大相径庭。

这并不是表示，在我们年轻时，身体健康和强壮时，就不能聊有关"预定临终照顾计划"方面的事情。事实上，我们应该定期在家庭成员之间聊聊这些话题，尤其是在我们的近亲和社交圈中。即使某个亲人的遗愿没有用文字记录下来，在发生危及生命的意外事件时，我们也可以通过以前聊过的内容，了解到这个垂危之人将会做出的决定（如果可能的话），而且还可以提议由具体的哪个医疗团队来对他进行救治。

记录我们临终愿望的文件有多种名称，因国家或地区而异，即便在各市、各县，它们也会各不相同。这类文件的法律约束力也可能大相径庭。有的命名为"预定临终照顾计划"，也有的命名为"预先嘱托""情感遗嘱或临终遗嘱"或"拒绝治疗声明"等。尽管这些文件的名称各不相同，但是，它们的主旨都是帮助人们清楚地记录在特定情况下他们想要的医疗照顾类型，并说明在治疗对个人或其家庭造成过重负担时，他们拒绝治疗的愿望。

在许多西方国家，还有一种很常见的法律文件。这种法律文件规定，任何一个人可以指定他们信任的人作为自己的"替代决策者"，在他们出现意外时，将由这个人为自己做决定。同样，这种文件也有多种名称，比如"持久医疗授权书""医疗护理委托书"或"持久授权书"。

给自己指定一个替代决策者，可以让你觉得更安心。在你不能自己做决定时，你指定的人也会做出与你能力相同的决定。有些人选择家庭成员，有些人选择朋友或可信任的同事作为他们的替代决策者，还有一些人甚至指定一名法定代表人代表自己履行这一职能。

## 你为什么要亲力亲为呢?

制订"预定临终照顾计划"的目的,其实就是让你提前想好那些有助于提高自己生活质量的事情,将尽可能多的控制权交给某个人。当然,并不是说,这些事情对我们所有人都一样。比如,有些人可能觉得保持自己的独立性,比时间还要重要。而有些人可能会觉得,只要不是特别剧烈的疼痛,一定程度的身体痛苦他们可能还是承受得了。可能还有其他一些人,他们并不介意自己的身体是否虚弱,他们只在乎自己能否保持良好的心智和沟通能力,他们认为这些才是最重要的。

如果事先没有做好"预定临终照顾计划"或"预先嘱托"(不管叫什么名称),那么,发生危机时,患者就会立即沉浸于急性自救,即不惜一切代价保护自己的生命。

患者的这种盲目自救反应,可能会让一个常年身体虚弱、患有多种慢性疾病,甚至老年痴呆症的老年人最终被送进重症监护室。在重症监护室里,患者身上会被接上各种用于复杂治疗的机器。每次心脏停止跳动时,患者都会被医生通过心肺复苏抢救过来。虽然患者知道自己已时日不多,但是他还是希望在家人和朋友的陪伴下平静地死去。

尽管这种情况看起来不可思议,但是它却一直在发生。只要去任何一家大医院的急诊部或重症监护室,你就能看到,那里的床位基本上都被那些在治疗计划中没有选择权的老人所占据,因为没有人知道他们心里所想的"重要的东西"到底是什么。

在明知病人无法康复的情况下,治疗小组仍然会向其家属请示该如何处理。即使是这样，许多家庭仍然会很自然地说："你们一定要尽力抢救。"为什么？因为他们爱这个人，他们不想他就这样死去。不过，这也正好是我们要问的问题："生命的时数难道比生活质量更重要吗？"然而，对遭受创伤的家庭来说，现在还不是问这个问题的合适时机。

正如这个故事中，面对托比的突然离世，珍妮伤心欲绝，根本无法做出捐赠器官的决定，但是她曾经和儿子聊过这个话题，她知道儿子怎么想的，所以她不需要做决定，因为托比早就已经给自己做好了决定。

尽管这对珍妮来说是一次令人痛苦的经历，但是，她可以完全沉浸在悲痛之中，沉浸在与儿子告别的可怕现实中，而不必为是否捐献他的器官做出复杂而又情绪化的选择。对我们大多数人来说，虽然这似乎是一个合乎逻辑的决定，但是，有关器官捐赠的问题，非常复杂，不是那么轻易就能做出决定的。对此，需要进行对话，做出决定并记录在案，以便在家人最无力应对的时候减轻他们的额外负担。

"预定临终照顾计划"（不管叫什么名称）并不神奇。它们不可能记录下发生在我们身上的每一个可能的场景或者每一个可能的治疗选项，尤其是在人还年轻且身体状况良好时就已经制订好这些临终照顾计划的情况下。因此，我们需要提供尽可能多的有关我们生活中所珍视的东西的信息，这一点很重要。只有这样，在发生健康危机的意外时，我们的家人、朋友和医疗团队才能对我们整个人的价值观有所了解，他们才能够根据我们的价值观做出相关的决定。

## 我们应该探讨的问题

对每个人来说，虽然需要讨论的问题会有所不同，但是，如果我们用下面列出的这些问题作为指导，从我们整个自我的角度来考虑它们（如第二章所讨论的），那么，我们将构建一幅包含我们生活中的身体、心理、情感、社会、精神和文化因素的图画，而这些因素能够使得我们成为我们自己这样的个体。由此，我们可以开始探索赋予我们生活意义和目的的东西，以及我们能够容忍的和我们不能容忍的东西：

你一生的梦想是什么？

你一生中最看重的是什么？

对你来说，重要的信念是什么？

哪些文化习俗对你很重要？

生活质量对你意味着什么？

你个人情况的哪些变化会让你无法忍受？

在你的独立性、机动性和控制力方面，哪些变化是你无法忍受的？

你从事自己喜欢的活动的能力发生哪些变化是你不可接受的？

你认为哪些类型的治疗或医疗干预过于繁重（如太过痛苦）？

你是否会拒绝任何类型的治疗或医疗干预？在什么情况下会拒绝？

你觉得在什么情况下生活不值得继续下去呢？

如在家中死去，你是否还有对自己至关重要的特定愿望、要求或条件？

你是否有特别想得到他人尊重的嗜好（比如每天刮胡子，尽管你自己刮不了胡子）？

你是否有特别想要他人代你实现的愿望？

谁是你生命中最重要的人？

如果你需要有人照顾，你希望谁照顾你？

谁是你最信任的能代表你做出决定的人？

你愿意捐赠器官或组织吗？

好好考虑下这些问题，然后以公认的法律格式（例如"预先医疗指令"）把你的个人观点和喜好写下来，当然，这还只是一个开始。下次你与身边亲人在一起时，何不考虑利用这一个机会讨论你对这些问题的回答，然后再邀请他们也这样做呢？

跟亲人聊这些问题，与制作完成"临终照顾计划"等文件同样重要，甚至比它们更重要。因为，如果你突然发生了危及生命的事情，你的亲人将会是第一个到达医院的人。除非你随身携带着正式的临终照顾计划类文件，否则，在紧急情况下，医治小组会向你的亲人询问你对自己医治方面的照顾愿望或遗愿。

第五章

绝症与无效治疗

哈基姆决定提前退休。虽然他现在还不到 60 岁，但是他觉得自己已经累了，再也没有精力管事了。哈基姆一直在培养儿子约瑟夫接管自己的公司，他觉得时机已经成熟，可以放手让儿子管理公司了。退休后，他想在花园里种种花、养养草什么的，然后陪陪孙子孙女们。"生活比工作更重要。"他这样提醒自己。

他发现自己脖子上有个肿块，于是想着去看看医生。哈基姆没有把这件事告诉他的妻子埃斯拉，主要是担心她反应过度。平日里，她太喜欢这样了，即使是芝麻大点的小事，她也会大哭大闹。他当然没有告诉他的成年子女。索菲亚和玛雅会想陪他一起去，但她们都有年幼的小孩和忙碌的丈夫要照顾，所以，他不想麻烦她们。儿子约瑟夫回过黎巴嫩的老家，探望了那个大家庭后，便开始了自己的全职工作。所以他没告诉任何人。

他把这件事藏在心里，然后去见了当地的医生卡拉姆。自从他和自己年轻的妻子从黎巴嫩移民过来，这 30 年来，他们一直都在卡拉姆那里看病。尽管，他希望诊断结果只是一个简单的"切除"病例，但是，内心深处还是有些焦虑。那是在 18 个月前。

哈基姆又一次来到医院嘈杂的候诊室里，坐在椅子上，等待着医生叫自己的号。叫到他后，他可以跟专科医生在咨询室里好好地聊上

10分钟。医生通常给每位病人诊断看病的时间为 10 分钟左右。埃斯拉现在和他在一起，从他第一次告诉埃斯拉自己得了癌症后，她就一直陪在他身边；这是某种淋巴瘤，不过，他对这种淋巴瘤的情况一点也不了解。

让他觉得有点奇怪的是，埃斯拉这次并没有像他想象的那样大哭大闹。她今天早上有点怪，让人觉得很不对劲。她把整个房子打扫了一遍，刚打扫完，她又从头开始打扫了起来。埃斯拉今天的举动，简直让他受不了。于是，他要她别再扫了，停下来休息一会。埃斯拉根本闲不下来，还没坐一会，她又开始忙起了饭菜。她为一大家子人做了一桌子的饭菜，做好后，还不停地唠叨着要他快点吃。

"多吃点，哈基姆。吃东西会使你强壮。"她说。不过，事实并非如此。他一点也不强壮。他手臂上经过多年艰苦的体力劳动积累起来的肌肉，现在已经完全没有了，只剩下一层松散的皮，包裹在手臂的骨头上面。有时候，他都觉得自己的双腿再也支撑不住自己的躯体了，因为它们太细了。上周的时候，有次他试图系腰带，结果摔倒在浴室里，不过，他没将此事告诉妻子。

哈基姆抬头看了看挂在通往咨询室的走廊上方的显示屏。显示屏上显示着一个方形的红色数字——32。他再次低头看了看手里的纸片，上面打印的数字是 48。他叹了口气，闭上眼睛，听着埃斯拉坐在他旁边为索菲亚下个月要出生的孩子做一件小夹克时发出的令人安慰的"咔嗒咔嗒"的响声。

"如果我还能坚持到那个时候，"他心想，"我会很开心。"

那天晚上，一家人过来吃晚饭。女儿们在厨房里给埃斯拉打下手，女婿们努力地和哈基姆聊了一会天。不过，他们最终还是放弃了，没能坚持聊下去，于是，来到花园，给里面的蔬菜浇浇水，看孩子们互相扔着水果。

哈基姆知道自己不适合陪女婿们一起去花园，因为那些人不知道该跟自己聊些什么，而且他也懒得继续跟他们闲聊。每当他们注意到他瘦了很多或者看到他越来越秃的头顶时，他们眼中对他充满的怜悯之情让他感到很痛苦。索菲亚的丈夫有很重的口音，虽然哈基姆很喜欢他，但是，他大部分时间都要努力理解对方说话的意思。

不管怎样，他现在说话都感觉很困难了。他的嘴和喉咙感觉好像有一团火在燃烧，唯一能让他减轻这种灼伤感的，只有吸吮埃斯拉专门为他制作的玫瑰水冰棒。虽然他品尝不出什么味道，但冰的寒冷能让他暂时松一口气。

哈基姆闭着眼睛坐着，听着从厨房里传来的那熟悉的烹饪声和聊天声。埃斯拉在非常努力地烹制着有强烈辛辣味道的食品，她心里想着，到时候希望哈基姆能多吃一口。其实，他已经试过了，很想努力多吃点。他没有告诉她，不管吃什么进去，他都闻不到什么味道，吃起东西来，就像吃金属一样。他只是在尽自己最大的努力让她开心，不想辜负她的心意。

现在，他只想坐在壁炉旁他最喜欢的椅子上眯会瞌睡，不过，此时他的思绪却一直徘徊在那天下午在医院与专家的谈话中。他不知道自己是否还能再接受一轮化疗。尽管医生告诉他这可能会对他的治疗有好处，但是，他知道自己的感受，他已经受够了。

在哈基姆看来，医生让他接受更多的化疗，其实只是医生自己觉得在为病人做些什么。可是，让他感到奇怪的是，医生在长篇大论地解释淋巴瘤已经扩散并且现在已经到了他的肝脏和肺部之后（那样的长篇大论，哈基姆当时就已经听不下去了）才提出这个化疗建议。然而，现在才提这样的建议，还有什么用呢？

过去18个月的时间里，自己不断上医院看病、住进癌症病房并接受从未停止过的化疗，还经常疲惫不堪地接受各类放射治疗，甚至有次在家中因肠出血而昏倒时被救护车匆忙送去医院。回想起这一切，都还历历在目。

他本以为这一切都结束了，他的死期就快到了。但是，在病房里，医生仿佛又想到了什么办法，在病床边的杆子上挂了袋子，通过他胳膊给他静脉注射了一种看起来有些苍白的液体，随后，他的病情又好了起来。他现在还记得那种感觉，当时因为发烧和出汗全身没有一点劲，吃的东西都呕吐了出来，尿都尿在瓶子里。他根本没有一点力气，甚至不能从床上爬起来，更别说去上厕所了。他再也不能经历那一切了。

"父亲。"身边传来一个柔和的声音，打断了他的思绪。

"嗯。"他回应道。他不愿睁开双眼，因为他不愿看到自己最疼爱的女儿索菲亚怀着身孕还在为自己担忧的那张大脸。而此时的她，正靠在他的椅子扶手上。她怀着孩子本来就已经够受罪的了，现在还要为自己担心，他有些于心不忍。

他不想再给她增加负担。一直以来，他最疼爱的就是这个女儿了，不过，他从未跟人提起过，他也不想让人知道。他们之间，由于某种原因，一直保持着一种特殊的默契。日常生活中，索菲亚既恬静又体贴，在这个混乱、吵闹又情绪化的家庭里，她从不打扰其他人的生活，她始终保持着自己的那份恬静。索菲亚似乎总是知道他什么时候需要陪伴，什么时候需要独处，甚至连埃斯拉都没有她的这种禀赋。

索菲亚把手放在了他的手臂上，此时，他能感觉到她指尖的柔软。索菲亚放得小心翼翼，生怕碰触到了瘀伤处和贴在皮肤上的纱布。最近他的皮肤像薄纸一样，只要轻轻一碰，就有可能被撕破似的。

"父亲，您有什么心事吗？"她问道。

他一直觉得索菲亚能看穿他的内心，揭开隐藏他内心的保护层。她总能找到他的烦恼、他的脆弱，而后，她又会以一种温柔和恭敬的态度拥抱这些烦恼和脆弱，直到他能与之分享。今天，他得注意点，不能让她看穿自己的心思。

他慢慢睁开眼睛，集中精力想让自己的情绪平复下来，把自己内心的想法掩饰好。否则，只要他表现出任何的情绪，她就能很容易地发现。

"你为什么这么问，哈比比？"他抬头看着她的脸问道。

"啊，父亲，您骗不了我！"她说道，语气跟以前一样。此时的她，撒起了娇来，仿佛又回到了儿时记忆中黎巴嫩式的那般亲昵。

这种古老而又熟悉的传统文化，总能给人带来一些慰藉。虽然索菲亚出生在这里，但她的祖先却在遥远的国度——黎巴嫩。从小时候起，她就接受了自己祖先留下来的传统文化的熏陶。在自己焦虑和紧张的时候，她也喜欢从这些传统文化的老方法中找到安慰。

"我只是在想我的母亲，"哈基姆撒谎道，把头扭向别处，希望能够岔开话题，"你知道，她是个非常坚强的女人。"

"您以前跟我说过。我希望我认识过她。"索菲亚回答道。

"嗯，是的，她既坚强又温柔，但也很固执。"一想到自己的母亲，哈基姆就想起了她的去世。她曾经有那么一段时间，得过一种使人虚弱的疾病，不过她一直没跟家人提起过，直到有一天她心脏病发作，被紧急送往医院。哈基姆仍然记得，当时医生试图说服他，让他说服母亲做手术，但被母亲果断拒绝了，并要求回家。他是长子，做不做手术，选择权在他手上。

最终，哈基姆拗不过母亲的犟脾气，带她回了家。回家后，哈基姆和埃斯拉一起照顾她，直到她安静地死去，就像她希望的那样。母亲去世后，哈基姆决定离开黎巴嫩。他很孝顺母亲，几个兄弟姐妹中就他与母亲最亲近。他觉得母亲走了，他也就没什么可留恋的了。于是，下定决心之后，他便收拾好行李，带上新婚妻子和年幼的儿子，开始了漫长而又危险的海上之旅。

"父亲，那吉达呢？"索菲亚问道。

哈基姆转过身，看着女儿的眼睛，不再掩饰自己的情绪。

"她做出了自己的选择——直到最后。"他小声说，生怕被别人听到。

就在这个时候，哈基姆听到有人在摆餐桌，厨房里也没有传出那吵闹声了。看来是饭菜已经摆上桌，等着大家围坐过去吃饭了。每次吃晚饭的时候，他又得经历一次折磨：他不得不努力吃点东西，吃的时候还得看起来很享受的样子。埃斯拉费了很大劲，才做好了一桌饭菜，所以，他不想让她失望。

"您想告诉我什么？父亲，告诉我吧。"索菲亚知道接下来会发生什么，所以，她做好了准备，等着他回答。

"我已经说得够多了，你这个小机灵。"他说。既然自己已经大声说出来了，那就接受现实吧。

索菲亚捏了捏他的胳膊，低声回答："父亲，我了解您，我早就知道您在想什么了。"

哈基姆感觉到有种默默的伤感，他眼睛湿润了起来，不过，他决心不哭出来。

他早就应该意识到索菲亚会理解的，但是，他没想到她会如此快地接受自己的决定。这个决定自己早已做出，只不过是拿到现在才提出来而已。

从医院回来的路上，焦虑的妻子在车里唠叨个不停，哈基姆都假装听着，其实他一直在想医生刚才所说的话。埃斯拉坚持认为"这一次会更容易"，她"知道"化疗会成功，而且为了确定自己说的，她最后还补充了一句"愿上帝保佑"。

哈基姆确信约瑟夫和玛雅都会支持他们的母亲，要他继续坚持与病魔"做斗争"，而不是"放弃"。他现在脑海里都能想象得到他们说服自己继续接受治疗的情形。其实，最简单的办法，就是自己遂他们的愿，接受更多痛苦的治疗。只要自己继续接受治疗，不与他们争吵，埃斯拉、约瑟夫和玛雅都会很开心，医生们也会很高兴。除了自己，他们每个人都会很高兴。

但是，现在伪装也没有必要了。他已经做出了决定，索菲亚也明白了他的意思。在接下来的日子里，他只需要让自己变得坚强起来，多与大家和睦相处。

想到这里，哈基姆的思绪又一次回到了母亲身上。"坚强，勇敢。"

他喃喃自语。

索菲亚把头靠在他的肩膀上，他感觉到索菲亚的手握在他的手里，她的头发在他的耳朵上拂过。这种情形，就跟她小时候一样。索菲亚挺着硕大无比的腹部，有块小肉坨挤压着他的手臂。

"是一只小脚？"他心里这么想着。随后，他又很想知道，女儿身体内的这个小家伙，到底是个男孩还是个女孩，虽然已经问自己这个问题很多遍了。索菲亚已经有两个女儿了，自从她告诉自己她又怀孕了，他就一直在祈祷，这次一定是个男孩。他感觉有一滴眼泪溅到了自己的脖子上，刚好就滴在最初发现肿瘤的那个地方。哈基姆伸出另一只手，抚摸着女儿闪亮的黑发。

哈基姆轻声说："我只是不知道该如何跟你母亲说。"

"父亲，我会告诉她的。"索菲亚的声音有些沙哑。她抬起头，看着他的眼睛。"不过，您能答应我一件事吗？"

"什么事情都行。"

"不管别人怎么说，哪怕是母亲，您都要坚持自己的原则，想做什么就做什么，好吗？"

"我保证。我已经做出了决定，"他停下来喘了口气，"不过，我这样做，他们会不高兴的。"

"不管怎样，他们都不会高兴。不过话说回来，父亲，您只有这样，我才放心。"

索菲亚在椅子的扶手上费劲地挪了挪身子。她往后弓了弓背，巨大的腹部向内缩了一点，靠在破旧的皮革上，好让自己放松下来，而后，她把头靠在了他的旁边。

哈基姆很难想象，如果身体内有个巨大的肉坨一直在移动，那会有多么不舒服。过去的几天里，他开始感觉到自己肚子里传来的那种压迫感。这种压迫感，让他觉得很不舒服，所以，他费尽心思，一心想消除掉。

"疼吗？"他问她。

"什么？孩子？"

"我是说压迫感和胎动。"他解释道。

"嗯，是的，目前有点不舒服。里面已经没有多少空间了。"传统上有些男人不与女人谈论的事情，他们父女俩可以在一起聊聊，索菲亚很喜欢这种聊天。如今，他们生活在一个与旧社会不同的新社会，所以，几乎没有什么是她不能和父亲聊的。她觉得自己很幸运。然而，还没过一会，她突然就意识到，如果父亲不在了，自己会有多么想念他。

"您呢，父亲？"她试探性地问道。一想到他遭的罪，她就很伤心。

"我也差不多，只是有点点不舒服。主要是嘴巴和喉咙，这两个地方最不舒服，有些痛。"说完，他便伸出另一只手，从旁边的桌子上拿起彩色玻璃杯，喝了一小口自制的甜饮料。吞咽下去时，他不禁皱眉蹙额。他平时最喜欢喝柠檬汁了，但是，现在柠檬汁却灼伤了他那张生涩的嘴，吞咽东西时，会让他很痛苦。埃斯拉知道后，就改用玫瑰水和蜂蜜制作饮料，让他喝起来没那么痛苦。

"最起码，只要我不再接受更多的治疗，我的嘴巴的情况可能就不会那么糟糕，吞咽东西也不会那么痛苦。"

"他们告诉我，辐射会造成烧伤，但我认为化疗更糟糕。我现在只想能吃点不至于伤到我的东西。"他耸了耸肩，心里在想，自己多么希望能品尝到生病前能吃到的简单食物。

"我很想跟你说，我有多渴望能品尝一些像样的咖啡啊。"他补充道。

听到索菲亚大笑起来，他抬起了头。

"好笑吗？"哈基姆皱起眉头，困惑地问道。

"哦，父亲，我不该笑，但是我现在迫不及待地想吃一些像样的奶酪还有其他一些东西了，比如说一大块意大利香肠。"她咯咯地笑道，"就我现在这种情况，有很多人都叫我不要吃太多东西了。"

"别让你母亲知道意大利香肠。"他笑道。她不喜欢意大利香肠。

"好吧，父亲，我们生活在两个完全不同的世界里。"

索菲亚后悔提到意大利香肠了。遵照古老的文化传统，她的母亲当然不喜欢她吃猪肉啦。可是，她嫁了一个意大利人，这个意大利丈夫已经改变了她的生活习俗。她生活在现代文化的大熔炉里，尽管自己的父母仍然还在遵循着那些古老的文化传统，但她现在已经是一个西方国家的现代女性了。

就在索菲亚还在冥思苦想着生活为什么这么复杂多变时，厨房传来了喊吃饭的招呼声。埃斯拉在大声张罗着叫大家快去吃饭。索菲亚焦虑地望着父亲，皱起眉头，问起了刚才那个令他欲言又止的问题。

哈基姆轻声回答："今晚不行，我的小姑娘——我还要养足精气神，迎接明天的痛苦。"

从被诊断患有癌症、慢性心脏病、肺病或肾病，甚至老年痴呆症等晚期病症的那一刻起，人们便开始考虑自己的死亡，哪怕他们正在接受旨在治愈他们的治疗。这是很自然的事情，因为他们知道自己很有可能死得会比预期的时间还要早。

所有类型的慢性病都倾向于遵循类似的缓慢恶化模式。随着时间的推移，患者的症状会变得更糟，他们正常行事的能力会降低，身体也会变得越来越虚弱。随之，健康状况会不断恶化。在这个过程中，人们可能会在某些特定时间点上做出下一步的决定。

这就是"预定临终照顾计划"如此重要的原因。医疗小组可能会建议病人接受让他们感觉更糟的，或者几乎没有机会改善他们生活质量或延长他们剩余时间的某种治疗方法。不过，如果这个病人事先已经想好了，与他人讨论过他的愿望，并保留了书面记录文件，他就可以做出明智的选择，决定是否将治疗继续进行下去。这样，即便自己生病了无力做决定时，他们的"预定临终照顾计划"可以很好地为他们掌控生活质量，也可以主宰他们的个人需求。

然而，让人觉得可悲的是，人们往往在还没有预先讨论有关临终计划的情况下，就被拖入外科手术、化疗、透析和其他侵入性治疗的泥潭中，他们甚至还没来得及了解这些治疗会不会导致他们失去享受生活的能力，导致他们在生命的最后时刻没有能力去做那些对他们来说很重要的事情。他们也不会问医生什么问题，因为他们不知道该问什么，于是乎，他们就只好对医生的吩咐言听计从，因为他们认为自己的情况只有"医生最清楚"。

第二件需要弄明白的重要事情就是，就像我们所有人一样，患有绝症的人在一步步地走向死亡，不过，事实上，他们并没有死，他们还会生活一段时间！在他们的生命即将行至终点的这段时间里，我们应该鼓励他们多享受美好的生活，这也是他们正在努力做的。我们每个人都会一直努力活到我们死去的那一刻。哪怕面对使人身体日益虚弱的疾病，人们仍然都会努力活着，他们有必要为自己做出明智的选择，在随后的日子里尽可能过得舒适，获得尽可能多的乐趣。

## 急性疾病和慢性疾病的区别

急性疾病发作都很突然，往往出乎人的意料，而且症状通常还很严重。不过，只要治愈了就不会复发。急性疾病或创伤可能会造成死亡。发生严重交通事故的人可能会死亡，患有严重感染或严重心脏病的人也可能会死亡。

严重的急性疾病和创伤属于医疗紧急情况，因此病人需要接受治疗。通常这些症状仅局限于一个人身体的某个部分或某个单一的身体系统。针对这些状况，会探索和采用各种可能的医疗手段和外科手术，都是为了修复损伤和治愈病人。

一旦治疗手段采用得当，急性疾病患者通常就会很快痊愈。

疾病的"急性"与患者可能的突然发作及可能的患病的时间长短有关，而不是病情的严重程度，明白这一点很重要。因此，虽然得了流行性感冒或普通感冒的人通常在没有广泛医疗干预的情况下也可以康复，但是流感或感冒其实也是一种急性疾病。

相反，慢性疾病通常发展得缓慢。不过，随着时间的推移，它会变得越来越严重。慢性疾病患者接受治疗后，病情可能会有所好转，不过，在稳定一段时间后，病情有可能会出现再次恶化。引起慢性疾病的病因层出不穷、复杂多样，包括生活方式、身体健康和精神健康以及家族病史等风险因素。慢性疾病会持续很长一段时间（通常具有永久性），最终会影响人的身体正常的功能。

有的慢性疾病，可能一时半会诊断不出来，因为患者有可能没有注意到自己正在经历的症状，例如逐渐加重的呼吸急促，直到你发现自己走不了多远就变得气喘吁吁时，你才会意识到自己有了这种症状。

慢性疾病会影响整个身体或多个身体系统。以 2 型糖尿病为例，这种慢性疾病发病时可能只影响胰腺（胰腺释放胰岛素以帮助你的身体存储和使用所吃食物中的糖和脂肪）。但是，随着时间的推移，这种疾病会开始慢慢地影响身体的循环系统，从而导致周围血管疾病或心脏病。它也有可能影响人们的视力和肾脏功能，导致人失明和肾功能衰竭，此外，它还可能影响人的手脚神经，破坏它们的活动能力。

慢性疾病是现代西方社会中导致人们患上各种疾病以及导致其残疾的最常见原因。常见的慢性疾病主要包括哮喘、关节炎、慢性疼痛、冠状动脉疾病、慢性肺病、痴呆、帕金森病和癌症，以及一系列精神疾病，如抑郁症。


## 什么是绝症？


所谓绝症，其实就是指某个人患有的疾病无法治愈，其死亡时间可能会比他们原先想象的要早。有的时候，人们称这些疾病为限制生命或危及生命的疾病。不过，随着时间的推移，科学在进步，慢性疾病也在逐渐减少，因为人们可以在相对较早的时间里预测到这些慢性疾病，对它们进行预防。

一方面，取决于疾病的类型、治疗前的病情发展情况以及患者的整体健康状况，人们可能会长期患有慢性疾病。这些慢性疾病，经过日积月累的发展，最终会成为绝症，难以治愈。另一方面，这些慢性疾病可能对治疗有良好的反应，然而，在一段时间之后它们又会复发，而且会复发多次，直至最终恶化，导致患者的死亡。

也可能会出现这样的情景，比如某个人在接受疾病治疗的过程中，因感染、出血或整体健康状况下降等意外引发了并发症，致使病情突然恶化，最终造成患者的迅速死亡。

如果将"晚期"当作疾病的一个阶段，而不是引发疾病的病因，我们就更加容易理解，为什么患有慢性心脏病多年的人，在他们的心脏不再能够有效地泵血时可能就已经进入疾病的晚期了。在这个阶段，其他的身体系统，由于缺氧而开始逐渐衰竭。

我们所说的癌症，其实通常也是一种慢性疾病。一个人患了癌症后，可能会接受手术、放射治疗和其他有效的治疗。不过，可能过了几年之后，又会在身体的其他地方发现癌症。有的时候，有些癌症直到在全身广泛扩散后才会被诊断出来。等到癌症全身扩散后再进行治疗，其实已经失去了治疗的意义。

确定一个人是否处于疾病晚期，常见的提问是："你认为这个人会在接下来的 12 个月内死亡吗？"

# 无效治疗

根据韦氏词典的解释，"futile"一词的意思是"没有任何效果的、没有任何使用意义的"。

在医疗方面，无效治疗的概念在过去几十年中演变成了一种治疗模式，即，这种治疗模式可能对治愈或阻止疾病的发展没有什么好处，但是它很有可能会给患者及其亲近的人带来更多的痛苦和负担。

现代医疗中，无效治疗经常发生，因为治疗病人的团队觉得他们需要对病人做些什么，所以，他们会根据自己毕生所学，想办法给病人尝试不同的治疗方法，在病人身上做实验。

其实，无效治疗也体现在家属或病人自己身上。尽管知道治疗成功的可能性微乎其微，但是在治疗过程中，他们仍然要求"一切都要做"。

随着人口的老龄化，人们不断回避关于价值观和治疗意义的讨论，所以，无效治疗仍然以可悲的规律发生着。特别是患有多种慢性疾病、身体一直虚弱、有时无法代表自己做出决定的老年人群，他们很容易陷入这种无效治疗。

这些人可能会突然中风或心脏病发作。叫来救护车对他们进行临时抢救后，他们可能会被抢救过来，然后再被送进医院的重症监护室。在医院里，医生们还是会在他们身上连接无数的医疗设备，即便这些医疗设备几乎不可能让他们康复。只有等到已经无计可施，明显知道无法让病人起死回生时，医生们才会要求这些老年人的家人允许他们停止对病人维持生命的治疗。

如果大家一开始就开诚布公地对话，并做出了切实可行的决定，那么，我们想问一问，为什么个人和家庭要遭受如此严重的创伤？这个人本可以过得很安逸，无须经历这些痛苦，还可以在家里安详地死去。

故事中，哈基姆深知自己的疾病已经扩散蔓延，根本无法治愈。为了能够让自己好起来，他忍受了无数的痛苦和繁重的治疗。但是，当医生告知他癌症已经扩散蔓延，治愈是不可能的这一现实时，他做出了明智的选择，不再继续进行治疗。这是一个很难做出的决定，没有足够的信息、帮助和思考，根本无法做到。

哈基姆能够和他的女儿索菲亚谈心，他能够告诉她自己的感受，并告诉她什么对他来说至关重要。他心里很清楚，通过新一轮的化疗来成功阻止或减缓他的疾病扩散的可能性非常小。他也不打算再次冒险，承受新一轮化疗带给他的更多的痛苦。他还明白，另一轮治疗会影响他本已脆弱的免疫系统。自身的免疫系统被破坏，他很有可能会感染上另外一种会进一步缩短他生命的疾病。

## 什么时候可以说"够了"？

当治疗负担变得难以承受，治愈甚至减缓疾病的治疗成功率很低时，就是与医生和你所关心的人进行开诚布公对话的时候了。这是你自己的生活，得由你自己决定，而不是别人。所以，第一步，你需要尽可能多地了解真实情况，尤其是从你的主治医生那里了解更多的情况。

有时，人们担心医生太忙。如果你觉得是这样的话，可以先说一句："我知道你很忙，但我有一些重要的问题需要问你。"以此来跟医生继续聊下去。

医生和治疗小组会在那里照顾你，因此，即使他们不同意，你也有权让他们充分关注你，对你所提出的问题给出清楚的答案。有了这些答案，你可以轻松理解并支持自己做出决定。这就是你的生活，你有权控制自己的生活。

**你可以问一些能帮助你做出治疗决定的问题，比如：**

这种治疗的目的或目标是什么？

每次治疗需要多长时间，多久需要治疗一次？（例如，在你的余生中，可能需要每天在医院接受放射治疗，每个治疗周期长达6周；可能需要在医院进行透析，每周4天，每天3个小时。）

可能的短期和长期副作用是什么？

这种治疗会对我现有的行事能力（比如，居家饮食、住行的能力）产生什么样的影响？

这种治疗方法可以帮助我缓解症状吗？

如果我决定不接受这种治疗，可能会发生什么？

如果我决定不接受这种治疗，还有其他选择吗？

有时，哪怕已经很明显，疾病已经发展到了只能等死的这种地步，病人还会承受来自家人和其他好心人的压力，要求他们"继续与病魔做斗争"。对试图接受疾病已经到了晚期这一事实的人来说，这种压力可能是无法承受的。

他们经常觉得，如果他们对无效治疗说"不"，就是在给他们所关心的人增加负担。他们可能担心，别人会认为他们在"放弃"。不过，重要的是，我们需要明白，不管一个人如何努力去满足别人的需求——如果疾病已经到了晚期，再多的"抗争"也无济于事，不会改变结果。这时，治疗的目标需要从关注"治疗"转向关注"照顾"。

有的时候，病人还没有准备好接受他们的疾病无法治愈这一现实，不管在余生的生活质量方面会付出多少代价，他们都会坚持继续治疗。他们想"尝试一切，想尽一切办法"来为自己争取更多的时间。在这一点上，病人与医生开展开诚布公的谈话，显然也是至关重要。治愈性治疗只是护理的一个方面，它仅仅是改变了目标，但并不意味着病人在持续护理方面没有其他选择。下一章，我们将进一步探讨这个想法。

第六章

『回家料理后事吧！』

玛丽亚 69 岁生日那天，突然心脏病发作。这是她平生第一次心脏病发作。当时，她瘫坐在厨房的地板上，丈夫佛朗哥紧挨着她坐着，用手抱着她的头。丈夫一直用意大利语温柔地和她说着话，直到救护车到来。

　　在去医院的路上，他驱车跟在救护车后面，然后给他们的长子弗兰克打了电话，告知了他母亲的情况。佛朗哥驱车在车流中穿梭着，尽量跟上那辆超速行驶的救护车。此时的救护车，正闪着救护灯、响着警笛声，行驶在他前面的一个街区。他一边开着车，一边在心中默默祈祷。他向自己妻子取其名的圣母祈祷，他向自己的守护神圣弗朗西斯祈祷，他还向上帝祈祷。"上帝啊，请不要把她从我身边带走。"他心里这样恳求道。

　　佛朗哥很是感激，因为自己的祈祷感动了上帝，上帝没有把她从自己身边带走。玛丽亚康复了。她出院回家的当天，还参加了一个盛大的家庭聚会。从她发病那天算起，现在已经过去 2 周时间了。这次的家庭聚会，大家不是为了庆祝她 2 周前就该过的生日，而是庆祝她经过紧急手术替换心脏堵塞的动脉后仍然还活着，而且还活得很好。

　　一段时间后，一切回归了正常。佛朗哥继续回到了自己的工作岗位，帮助弗兰克为他的家人盖新房子，而玛丽亚则每天继续照顾小孩子，这样，他们的父母就不用担心自己的孩子，可以安心地工作。塞莱斯特和艾薇这两个小家伙很难相处，不过，玛丽亚已经习惯了跟小孩子相处，毕竟她自己照顾过6个子女。

每天下午，她都会一手推着里面睡着艾薇的婴儿车，一手紧紧地抓着塞莱斯特的手，带着他们两个去亚历克斯和朱丽叶读书的小学，接他们放学。玛丽亚会一直抓着塞莱斯特的手，直到她们走到校门口。一旦进了校门，塞莱斯特就会消失在游玩设备上。当她在单杠上荡来荡去或者从滑梯上滑下来的时候，她便会对玛丽亚喊道："看，诺娜，看我！"进了校门，玛丽亚会找一处阴凉的地方，和看起来越聚越多的其他来接孩子的老人坐在一起。她会在这里坐等着，直到放学铃声响起，望着学生们从教室里一窝蜂跑出来，就像蚂蚁从蚂蚁窝逃出来一样。

她喜欢下午这短暂的时光，婴儿在车里睡着了，塞莱斯特跑开了，但在视线范围之内，还有一小群老年妇女陪伴着。这些老人和她一样，不经意间发现自己要照顾自己家的孩子们，因为孩子们的母亲要出去工作，没人照顾他们，而且，即便请人照顾，费用也高得离谱，所以根本负担不起。

在这一小撮妇女中，有她的朋友和同事。有些人，像她一样，几年前是从意大利、希腊和土耳其移民过来的，但大多数都是这里土生土长的。虽然这些女人的生活与她的截然不同，但是，出于环境的原因，她也发现了她们之间有着许多共同爱好。

她们平日里喜欢分享彼此的食谱，也喜欢从各自的菜园里摘些多余的蔬菜，分享给大家。佛朗哥是一个名副其实的菜农，他总喜欢在菜园里种些花草、蔬菜。所以，玛丽亚总是有多余的罗勒和欧芹分享给同伴们，到了夏天，她又会分享西红柿、豆子、无花果和西葫芦给她们。秋天的日子里，她的朋友格蕾塔会给她带来核果，阿加佩会带来几袋茄子，有时她还会带来自制的小罐装的茄子穆萨卡，分给她们每个人。她总是边分边不停地抱怨说"茄子多得吃不完"。

　　玛丽亚特别喜欢维多利亚。维多利亚比她年轻得多，但她的生活远没有自己的幸福。维多利亚的女儿几年前因吸食过量的毒品而死，维多利亚没有办法，只好留下来抚养女儿的两个孩子。玛丽亚很为她感到难过。她知道维多利亚很孤独，所以，为了让她不再感到孤独，玛丽亚给她做了不少的工作，让她跟她们这群"老年智者"经常聊聊天。她们这个圈子的老女人，都喜欢开玩笑称自己为"老年智者"。

　　就在这会，维多利亚看到了玛丽亚，然后紧走几步来到她面前，紧紧地拥抱了她。玛丽亚被她抱得重重地坐在了木板凳上。

　　"我很担心你，玛丽亚！阿加佩说你心脏病发作了？"她问道，轻轻地坐在木板凳末端的狭小空间里，握住了玛丽亚的手。

　　"哦，没什么事，不用担心。我都已经好了。"玛丽亚回答。

　　"谢天谢地，没事就好，"维多利亚叹了口气，拍了拍玛丽亚的手，"我不知道，如果你不在了，我们该怎么办！"说完，她们静静地并排坐着。没过一会，周围其他女人的说话声大了起来，其间，时不时能听到阿加佩那爽朗的笑声。

　　"我猜，她又在抱怨迪米特里斯了吧？"维多利亚对着玛丽亚的耳朵小声说着，两人都轻轻地咯咯笑了起来。阿加佩总是抱怨自己的丈夫，不过，她又非常爱他。一年前，迪米特里斯轻度中风，阿加佩一直担心得发狂，直到意识到他没事了，她才又恢复了往日的无伤大雅的抱怨和大笑。

当学校铃声突然响起时，玛丽亚猛地一跳，用手紧紧捂住了自己的胸口。

"你还好吗？"维多利亚焦急地问道。

"哈……"玛丽亚喘着气，大声呼出，手仍紧紧捂着胸口，"我很好，只是吓了一跳。"

"啊，孩子们来了。" 她继续说道，此时朱丽叶和亚历克斯来到了树荫下，站在了这群妇女面前。

"诺娜。"朱丽叶大声说道，拥抱着玛丽亚圆滚滚的身躯。她还很小，刚刚才习惯学校是每天都要去的地方。

"我们有零食吃吗？"她问道。

"当然有，"玛丽亚回答道，"不过，回家的路上才能吃。"这时，亚历克斯将极不情愿离开的塞莱斯特从游玩设备上拽了过来。而后，玛丽亚跟她的朋友们道了别，带着孩子们开始慢悠悠地散步回家。亚历克斯走在前面，让他感到尴尬的是，他9岁大了，还得由玛丽亚和孩子们陪着放学回家。妹妹塞莱斯特总想来握他的手，让他牵着自己走，不过，他总是不断地告诫她，他现在已经长大了，不能再牵女孩子的手走路了。艾薇在婴儿车里打了一个下午的盹，现在也开始动了起来。

大一点的孩子懒洋洋地拖着脚步走着，每个人都大声咀嚼着从快速封口袋里拿出来的葡萄，这些快速封口袋是他们离开学校时玛丽亚给他们的。

玛丽亚开始加快脚步。她想在艾薇醒过来并开始为找不到自己的奶瓶而哇哇大哭之前回到家。她把手伸过婴儿车的顶部，把一个橡皮奶嘴放进玫瑰花蕾般的嘴唇里。艾薇立刻疯狂地吮吸起来。

　　就在那时，玛丽亚感到胸口疼痛不已。虽然不像上次的疼痛那样剧烈，但还是痛得让她喘不过气来，她停了下来。

　　"你还好吗，诺娜？"亚历克斯回过头来问道。他看到玛丽亚靠在他叔叔以前住的房子的砖墙上。

　　"很好，我只是喘了一会气。"玛丽亚回答道，试着慢慢地深呼吸。

　　小男孩立马就来到了她身边。他只顾着来看玛丽亚，早已忘记了手里的葡萄，不知道什么时候，葡萄撒落了一地。

　　"你看起来糟透了。来，坐在栅栏上。"他一边建议，一边抓住她的胳膊，把她带到栅栏低矮处，把它弄成一个可坐的座位。

　　玛丽亚拖着身后的婴儿车，扑通一声靠在砖头上。砖头被太阳晒得滚烫，简直太烫了，但是，无论如何，她都得靠一下，她需要时间喘口气。塞莱斯特开始哭起来，因为她的葡萄也掉在地上了。见此情景，朱丽叶从她紧紧握在手中的袋子里拿出一串葡萄，递给了塞莱斯特。朱丽叶懂事了，知道体贴人了，玛丽亚心里这样想着，试图转移自己的注意力。

　　"我得去叫外祖父来。"亚历克斯说得很坚决，还没等玛丽亚阻止，他就已经沿着街道跑远了。

　　当佛朗哥到达他们身边时，玛丽亚推着婴儿车，正沿着人行道走着。塞莱斯特紧紧地靠在婴儿车后轮之间的护栏上，而朱丽叶紧握着婴儿车扶手，帮助玛丽亚掌着舵。如果孩子们当时不在场的话，两个老人之间可能会免不了一场争吵。不过，在孩子们面前，他们还是忍住了。之后，佛朗哥接过了婴儿车，并坚持让玛丽亚慢慢地跟在自己旁边。他们到家后，佛朗哥命令她去躺在床上休息。

"我告诉过你，不能走得太快了。"他不停地重复着，但玛丽亚根本不理他，头也不回地径直向厨房走去。

"我不能在婴儿需要喂奶和我需要做晚饭的时候躺着。"她狠狠地甩了一句。她并不是真的生气，但她不想让丈夫担心，她也不会表现得像个病人。只是有点痛，仅此而已，又不是什么大问题。她总是这样告诉自己。

几天后，疼痛再次发作，她只好躺在床上。

这一次，疼痛让她倒抽了一口凉气。她用手捂住嘴，这样佛朗哥就听不到她的叫喊声。她专心致志地忍受着痛苦，希望疼痛感快点消失。

"圣母保佑，"她默默地祈祷，"请帮帮我。"这一次疼痛持续的时间要长得多，但最终还是消失了。随后，她迷迷糊糊地睡着了。

早上醒来的时候，玛丽亚感到全身筋疲力尽，好像根本没睡过觉。她挣扎着从床上爬了起来。但是，当她站起来时，头晕眼花，所以，她不得不迅速坐下来，以免摔倒。佛朗哥已经起床了，没能看到她这个样子，真是万幸。"感谢上帝！"她静静地坐着，一边想着，一边又试着调整呼吸，让自己不再头晕。至少这次没有出现疼痛感。

医生告诉过他们，手术后 6 周时间，玛丽亚要去心脏外科医生那里做一次检查，佛朗哥好像忘记了这件事。玛丽亚没有提醒他。她也没有去康复诊所。医生肯定知道检查会是什么结果，所以，如果去了，她会有麻烦。

她没有告诉佛朗哥，她也应该这么做。因为，如果去做检查，那么，他每天都要开车送她去医院，这样会耽误他的工作，毕竟自己和他都有工作要做。弗兰克的房子也快完工了。等佛朗哥忙完弗兰克房子的工作，他就有足够的时间陪她去做康复治疗，那样去接受治疗，她也觉得宽心些。她心里这么想着。

一晃几周时间过去了，孩子们长大了，圣诞节也快到了。玛丽亚和佛朗哥每年都是在家里庆祝平安夜，自从他们结婚以后就是这样。家里的孩子越生越多，一个接一个地到来，让圣诞节的庆祝活动也变得更加复杂了。

现在，他们的孩子都长大了，结了婚，而且还有了自己的孩子。每年圣诞节这个最重要的日子，玛丽亚都要为四十多人准备食物。当然，姑娘们也会给她帮帮忙。不过，虽然玛丽亚在她们小的时候就开始教她们做饭，但是这一天，她并不愿意让她们插手，而是让她们好好休息，而且她们当中没有一个人能像她这样，做的饭菜有她做得这么美味可口。

这个学期的最后一天，玛丽亚把艾薇放进婴儿车（现在，婴儿车对她来说太小了），拉着塞莱斯特的手，像往常一样，沿着街道向学校走去。她在想，假期里，她会有多么怀念这种日常习惯。

玛丽亚也很怀念带孩子的日子。暑假里，她就没孩子可带了。因为她的女儿尼古拉是一名教师，放假后，她就会接管照顾孩子的工作，这样玛丽亚就可以休息了。"尼古拉心地善良。"玛丽亚心里想，因为她不仅要照顾自己的孩子朱丽叶和艾薇，而且还要帮姐姐玛丽照顾塞莱斯特和亚历克斯，因为玛丽工作期间的休息时间有些短。

玛丽亚已经养成了在路上每隔几分钟就停下来喘口气的习惯。她费尽力气，最终走到学校门口停了下来，然后靠着婴儿车的把手休息。就在这时，维多利亚从她背后走了过来。

"玛丽亚，我的朋友，"她高兴地喊道，"今晚你会来听音乐会吗？"

"我不会……错过的。"玛丽亚气喘吁吁地回答。

维多利亚皱起眉头。"你喘不过气来。"她说。

"一会……"玛丽亚喘着粗气，大声呼出，"哈……一会就好了。"

维多利亚伸出手，轻轻拍着玛丽亚的背，想让她舒缓下来。"我的上帝，玛丽亚，你的心跳动得跟火车一样快啊。来吧，我们找个地方坐坐。"

"别……大惊小怪。"她再次气喘吁吁地说。

维多利亚领着玛丽亚来到学校围墙边的露天花坛旁，扶她坐在花坛边缘上。

"待在这儿。"她要求道，然后快步走开，消失在校园里。

玛丽亚低下头，试图让自己不再头晕。她的脚也有些痛。不知道什么原因，穿上鞋子，就感觉脚很不舒服，这种情况都已经有好几个星期了。

她感觉自己的胃要从内衣顶上鼓胀出来似的。为了纪念前年去世的哥哥，她现在还穿着黑色的衣服。要是穿的白色衣服，肯定已经被发现了，真是谢天谢地，她心里这么想着。毕竟，大家都说，穿黑色衣服显瘦些。

维多利亚再次出现在学校大门口，她后面跟了一大串老年妇女。"对，"她斩钉截铁地说道，"阿加佩会开车送你回家。"

　　"我会带小家伙们回来，让葛丽塔去接亚历克斯和朱丽叶，然后我们都在你家碰面，好吗？"玛丽亚没有力气争辩。但她想知道，那谁来接维多利亚家的小孩。不过，没一会，她就不想这个事情了，因为她知道，维多利亚肯定会安排好的。她早就安排好了其他事情。

　　接下来的几周，预约医生、验血和扫描检查等事情接踵而来。玛丽亚终于在圣诞节来临的前几天见到了心脏病专家。专家告诉她，她的心脏功能不正常，情况只会越来越糟。佛朗哥恳求医生为妻子安排心脏移植手术，但是医生却说，移植心脏的意义不大。玛丽亚静静地坐着，听着。

　　"那么，就没有希望了？"佛朗哥说道，很希望医生会反驳自己。

　　"希望总是有的，"医生回答道，"不过，不要抱太大希望。"

　　佛朗哥坐在玛丽亚旁边的椅子上，紧紧握着她的手，然后隔着大诊断桌看着医生。

　　"那是什么？吃药吗？"他问道。

　　"嗯，是的，我们可以给她开一些药，带回家吃，可以帮助她缓解心脏的压力。她每天喝的液体量要有限制，不能喝太多。她可能还需要接受透析。"他停了下来，把胳膊肘靠在桌子上，然后直接望着玛丽亚。

　　"我最好的建议是回家处理后事吧。"

　　回家的路上，他们在车里没怎么说话。佛朗哥觉得，如果自己张嘴说话，就会大发雷霆，因此，他把嘴巴紧紧地闭着。他坚持了下来，没有开口说话。他很想对妻子大发脾气，因为她手术后没有去做康复治疗。

他也很生气，因为玛丽亚没有将遭受的痛苦及呼吸困难等事情告诉他。

最重要的是，他生自己的气。其实他早就注意到，妻子的体重增加了，但他什么也没说，因为不想伤害她的感情。

每天晚上，玛丽亚踢掉鞋子并把它们放在鞋垫上时，他都会看到她那双肿胀的脚，但他也没有问问她情况。最近，他注意到她有时很困惑，经常忘记自己刚刚告诉过她的事情，但他还是什么也没说。不过，现在说什么也晚了，一切都已经太晚了。

玛丽亚望着车窗外，看着外面的房子飞逝而过。她在想圣诞节的事情。她得在圣诞节来临之际为孩子们准备好玩具包裹。她得跟他们一起参加午夜弥撒。她开始想起自己早已去世的父母。

让她稍微有些安慰的是，他们已经在公墓区为自己准备了一个墓地，一个双人墓。她想知道，一起躺在那里会是什么样子。她还想知道，这些小家伙会如何成长，他们长大后会变成什么样子。记得那一天，就在几周前，当时家里一个人也没有，她把墙上所有的照片都贴上了标签，这样，就相当于是他们的诺娜给每个孩子都送了一份礼物。

她把薄薄的金戒指戴在手指上，这时，她又想起，自己死后应该带走哪些衣服。她知道自己的未来具有不确定性，不过，每个人的未来都具有不确定性。她不怕死。如果还能在这个世界上多待一会儿，那就更好了。她尽自己最大的努力过好每一天，这就是她需要继续努力做的。

"他为什么说要我回家准备后事呢？"她问道。

佛朗哥艰难地咽了口口水，但还没来得及回答，他妻子又补充道："都已经准备好了。"


## 面对绝症时的希望

我们大多数人都希望自己能够长寿，快乐健康地活到活跃而富有成果的老年，直到终老都能保持那份独立和满足感。然而，对许多人来说，这是不切实际的。我们中的一些人，很多目标和愿望都还没有实现，便在年纪轻轻的时候就走完了人生历程。而有些人，会患上多年的慢性疾病，这些疾病会影响我们享受生活和照顾自己的能力。还有一些人，随着年龄的增长会经历认知障碍，这些认知障碍可能会使我们无法在家中生活，甚至可能最终导致我们彼此无法进行沟通交流，还有可能使我们连亲人也不认识。这些都是残酷的现实，然而，这并不意味着我们的生活没有了希望。

古人云：一息若存，希望不灭。这句古语特别适合此情此景。但是，对于不同的人，希望也各不相同。希望只不过是一个相对的名称。希望是我们对未来美好事物的一种期望。

我们的希望有可能只是建立在纯粹梦想的基础之上，比如中彩票的希望。当然，还有其他更现实的希望，比如，希望找到一个彼此相爱的生活伴侣，找到一份既有挑战性又有回报的工作，与我们身边的人建立有意义的联系。

随着年龄的增长，我们的希望经常改变，而且还变得更加适应我们的生活环境。年轻的时候，我们可能梦想成为著名的运动员或公众人物。对少数人来说，这种希望可能会实现。但是，对大多数年轻人来说，当他们面对残酷的现实生活时，他们又不得不放弃这些梦想，他们对未来的希望也会随之改变。

当某人被诊断患有绝症时，他们希望的重心就会发生转变。如果他们明白，未来并非如他们所想象的那般，这肯定会让他们很震惊。如果某个人在自己脑海里构筑了某个梦想，随后为之付出了多年的心血，然而这个梦想却最终被打破，那么这个人肯定会感到很悲伤，我们称之为"预期性悲伤"，也就是为一个不再可能像我们所规划的那样发生的未来而感到悲伤。

面对绝症时，如果能够找到希望，这将有助于一个人维持他的生活质量，让他能够专注于生活而不是死亡。下面这些要素，可以帮助病人继续保持现实的希望：

与医生建立信任关系，这样，就可以问一些疑难问题，医生会如实地解答。

了解疾病可能的演变途径，这样病人就可以决定医疗护理方案，并优先考虑对他们来说重要的事情。

对还能活多久有一个大致的了解。对卫生专业人员来说，这个问题很难回答，因为我们的身体状况各不相同，病情的进展将取决于各种各样的变量。但是，如果我们知道我们可能还剩几个月而不是几年的时间，那么，我们可以就如何度过自己剩余的时间而做出明智的选择。

找机会与身边的亲人、朋友谈谈恐惧和焦虑。这意味着，无论谈话结果会让他们感到多么难过或不舒服，家人和朋友都需要为进行这类谈话做好准备。和亲人、朋友彼此之间分享了这些感受之后，可以建立更紧密的联系，使病人和与之亲近的人能够相互理解和支持。

感受到我们所关心的人的重视、珍爱和支持。

找机会调和我们可能后悔的过去的矛盾，例如有机会修复破裂的关系。

能够控制自己生活的所有方面，尤其是当前或未来遭受的痛苦和苦难，并相信以后的不适会得到迅速治疗。

获得精神支持，并有机会思考生活的意义，庆祝自己的成就，并整理自己将留下的遗产。

可以在家人或他人的支持下，设定可实现的目标。

在家人或他人的鼓励下，谈论"善终"可能会是什么样子，并制订使该目标得以实现的计划。

知道自己的临终愿望会得到尊重并实现。

尽可能充实地生活，家人们会优先考虑对病人而言重要的事情，并支持他们"放下"不再重要的事情。

如果一个目标实际上无法实现，那么，总会有一个折中的办法。以玛丽亚为例，她可能想回意大利和她的大家庭告别，但是，她的身体不太好，不适合旅行，所以，没有办法实现她的这一目标。那么，可以采取一个折中的办法，那就是家人可以安排一次视频见面。这样，她就可以看到亲戚们的脸，还能与他们进行交流，虽然这不是面对面的交流。她也可以通过电话与他们交谈。一家人也可以度过一个电影之夜，在家里放映以前录制的家庭视频。亲戚们也可以录制视频，将其发送给玛丽亚，供她观赏。她的家人可以安排一场正式的晚宴，根据玛丽亚母亲的食谱来制作晚宴菜肴。

事实上，有多种途径可以让玛丽亚以一种可能的方式跟她的亲戚告别。人们往往会忍不住说："你不能这么做，你病得太重了。"然而，如果能够找到一个折中的办法，那么，这个人的需求就能得到满足，他们会很满足，因为他们已经完成了对他们来说很重要的事情。

身患绝症的人，仍然希望自己能够以一种被养护和支持的方式和他的家人一起度过自己生命中的最后几周、几个月或几年，这一点至关重要。这样做，可以建立起积极的回忆。通过专注于充分利用彼此在一起的每一天、每一秒，可以减少得知自己所爱的人以后不会再陪在身边的痛苦。

第七章

姑息治疗的选择

凯莉太年轻了，不会死的，但她确实快要死了。她知道，自己持续的疲劳和肌肉痉挛有些不正常，不过，她没把它们放在心上，以为自己只是感染了某种最终会消失的病毒。毕竟，自从升职以来，她每天都工作很长时间，而且她也没有像以前那样，每周都有时间去游泳做锻炼。

　　凯莉一直坚持着，不想去看医生。直到她身上开始掉东西，只有在不咳嗽的情况下才能勉强吃东西时，她终于还是忍不住去看医生了。在医院里，花了好几个月的时间，医生才检查出她患了运动神经元疾病。这个时候，她的双脚已经变得很沉重，根本不听使唤了。她不得不请假，因为她的老板看到她在办公室里跌跌撞撞，指责她醉酒了。

　　"我根本就没有醉酒，你这个白痴！"她对他大喊大叫，但说出这些话很困难，她知道自己的话听起来有些含糊不清。

　　"你甚至连话都说不清楚了，凯莉，我对你非常失望，"他厉声说道，"你还是打个出租车快回家吧，星期一来我办公室。"她确实叫了出租车，但她没有回家。她直接回到当地的医生那里。因为事先没有预约，所以她在候诊室等了很久。等跌跌撞撞地走进医生的办公室后，她一屁股就坐在椅子上，双眼瞪着他。

　　"我到底怎么了，安迪？"她以质疑的语气厉声问道，"我现在走起路来跌跌撞撞的，听声音，好像是在酒吧里疯狂了一个下午。"

就在这个节骨眼上，她的老朋友和家庭医生建议她去看神经科医生。

"我不确定，凯莉，不过，我觉得我们得找一个专家来看看。"说完，他拿起电话，直接给弗朗西斯博士打了电话。弗朗西斯和安迪是大学时期的老朋友，所以，安迪设法给她安排了下周的预约。

"同时，"他语气温和地说，"我建议你休几个星期的假。你需要好好休息一下。"

在随后的几周时间里，神经科医生对她进行了多次检查，但均没有确定病因。直到最后，她的病情持续恶化才使其确诊病因。神经科医生弗朗西斯直截了当地将她的病情告诉了她，但听起来情况有些不妙。她问医生有什么治疗方法，希望他能说是化疗，或是手术。然而，医生看着她的眼睛，直截了当地说："很抱歉，凯莉，没有办法治愈。"

"没有？"她喘着气，尽量不让自己哭出来。

"没有，没有办法治愈，不过，我们可以处理你的症状，尽最大可能用药物减缓病情的发展。"

"但，我才 41 岁啊！"她恳求道。不知何故，她希望年轻能给自己提供一个逃避条款。

"我知道，这很不寻常，但也不是那么不寻常，"弗朗西斯博士若有所思地回答，"你会有很多问题，凯莉，不过我觉得我们还是把它们留到你下次来的时候再说吧。这是一个很难接受的消息。"

"你说得太保守了。"她咕哝道。离开医生办公室之前，她一直努力控制着自己的情绪，她不想在医生面前哭成一个泪人。这不是她的处事风格。

自那之后，凯莉没有回去工作。不过，她给老板打了个电话，告诉了他这个消息，这确实让她有些满足。

"我告诉过你我没有醉酒！"她咆哮道，"我应该把你告上法庭。"然后，没等他有机会回应，就挂掉了电话。

现在，她似乎忙得忘记了自己，总是一个预约接着一个预约。什么物理疗法预约啊，什么职业疗法预约啊，什么语言病理学预约啊，等等。幸运的是，她还留了一手，请了几个月的病假。不过，以她目前的这种情况，即使想回去工作，她也没有时间和能力了。

尽管她曾发过誓，自己不会用到治疗师留下的助行架，她会让它一直摆放在被送来时就待在的走廊里，但是，突然有一天，她发现自己不得不使用这个助行架了。由于行动不便，她现在不得不开始在网上订购货物。如果她给超市打电话订购货物的话，他们肯定不明白自己要些什么，这样就会让她感到愤怒和沮丧。

安迪很有责任心，每周三晚上都会开车顺道来她家检查她的身体状况。但是随着时间的推移，她可以看出，他越来越担心自己了。开始的时候，安迪每次来，她都会给他泡一杯茶。而现在，他过来的时候，都是他为她泡茶。

一个温暖的星期三晚上，当他们一起坐在阳台上，看着蜜蜂在花园里的紫薇花上嗡嗡叫时，他问道："你妈妈如何应付这一切，凯莉？"

"你什么意思，安迪？"她不好意思地反问。

"你妈妈，她对这个消息是怎么看的？"他重复道。

凯莉低下头，很不情愿地承认："还没有告诉她。"

"什么？"他转身面对她，然后坚持说，"你必须告诉她，凯莉！"

凯莉什么也没说。她看着交叠放在膝盖上的双手，发现它们看上去很苍白。

"你知道的，你会需要她的帮助，"安迪停顿了一下，然后补充道，"需要帮助的时间会比你想象的要早。"

凯莉摇了摇她的头，怒视着她的朋友，试图保持冷静，但她冷静不了。"那你觉得，我该怎么告诉她呢，安迪？嗯？"

安迪凝视着她。他习惯了悲伤。他一直以来都在处理这类事情。这是医生工作的一部分。但是，现在情况有所不同，凯莉不仅仅是他的一个病人，而且还是他的朋友。他认识她很多年了，如今看到她遭受痛苦，他的心都碎了。他压低了声音："凯莉，你很快就会需要帮助了。你不能总是一个人待在这里。"

"我喜欢这里。我习惯了一个人待着。自从我那没良心的丈夫离开我后，我就一直住在这里，我在这里过得很快乐，也很舒适……一切都靠我自己！"

"可是……"他回答道，声音中带有一种紧迫感。

"没有可是！"她打断了他，"你不明白。如果我告诉妈妈，她会崩溃的。而且在我努力不让自己倒下去的时候，我没有力气扶着她。"

安迪叹了口气。这种情况比他预想的还要糟糕，他甚至都还没有建议她接受姑息治疗。如果向她建议了姑息治疗计划，天知道她会怎么回应。他生自己的气。他本应该在手术中跟她说这些，但是，他转念一想，还是先别跟她说。这样，她今后就不会再去自己那拥挤不堪的候诊室不停地探望。或许，他得从另外一个角度试试。

"凯莉，如果情况刚好相反，是你妈妈病了，你希望你妈妈告诉你吗？"

"那不一样，你知道的。"她厉声说道。

"我是说如果，不是真的。如果你妈妈是一个人住，她生病了，腿脚不方便，走动都费劲，更别说找东西吃了。如果她感到害怕和担心，但没有告诉你，你会怎么想？"

凯莉低下了头。他现在把她逼到了墙角。

"好了，别说了，"她讽刺地承认，"我明白你的意思了。"

"你会打电话给她吗？"安迪试探性地问道。

"我会打电话给她。"

凯莉的妈妈伯纳黛特，接到电话两天后，搬来了凯莉的家里。来之前，她还花了不少时间，特意找了一个人帮忙照看她的狗，然后才搭上来这里的洲际航班。她随行还带来了一只猫。这只胖虎斑猫是凯莉送给她的礼物，当时伯纳黛特的丈夫杰夫刚刚去世。"她会陪着你的。"凯莉当时跟妈妈这样说。她说得没错，这只猫一直陪着她。

伯纳黛特第一时间赶到这里，看到自己唯一的女儿病成这个样子，瞬间就落下了眼泪。虽然她们现在住得相隔很远，但是，她们的心依然紧紧地联系在一起。母女俩紧紧抓住对方的手，久久都不能松开，她们都在彼此熟悉的洗发水和香水气味中寻找着安慰。心情平静下来后，伯纳黛特卷起袖子，开始忙起了家务。

她首先将房子彻底打扫了一遍，给凯莉换了床单和被子。然后，她又到花园里，除了除杂草，修剪了玫瑰花丛。这些都是凯莉近段时间一直想做的事情。令人惊讶的是，她并没有因为凯莉没有告诉自己病情而大发雷霆，也没有像凯莉想象的那样对她大惊小怪、哭哭啼啼。遇事保持冷静，处事有分寸，似乎都是她的应对方式。晚上，她们会坐下来，聊聊凯莉小时候的事情。

"有你在这儿真好，伯纳。"她说。

"很高兴来到这里，亲爱的。"她妈妈回答道。

一天晚上，她们母女俩静静地坐在电视机前，观看着电视，这时，凯莉开始咳嗽起来。她一直不停地咳嗽，直到她的脸涨得通红，口水从她嘴里流了出来。她似乎喘不过气来。见此情景，伯纳黛特立马跑到电话机旁，抓起电话机，呼叫了救护车。然后，她又坐回到女儿身旁，抓着她的手，试图让她缓和下呼吸，以便痉挛早点消失。

医护人员终于来了。他们把一根管子插进了凯莉的喉咙，吸出一大团又硬又稠的黏液。随着插管里传出来"砰砰"的响声，凯莉平静了下来，她的脸色也慢慢恢复了红润，她开始更加有力地规律呼吸起来。她大声谩骂了几句，她妈妈知道她会没事的。医护人员想带她去医院，但是被拒绝了。她答应早上去安迪那里，告诉他发生了什么事。伯纳黛特向医护人员许诺，如果凯莉再次开始窒息，她们会马上打电话。之后，医护人员就很不情愿地离开了。

就在第二天的预约中，安迪说服了凯莉，她需要接受姑息治疗。

"我还没死呢，安迪！"她结结巴巴地说。

"我知道，凯莉，但是，我想让护士每天照看着你，这样你就能了解自己的病情。不仅如此，他们还能在医疗设备和支持方面给你提供帮助。姑息治疗计划有一名社会工作者、一名精神护理人员以及一名专科医生，他们能比我更好地帮助你缓解疼痛。"他很快补充道，希望自己卖力推销，能得到她的同意。

"我不疼。"她大声说，努力用衬衫袖子擦去下巴上的口水。

"每次你一动，我都能看到，"他回答道，"你不一定会感到疼痛，此外，你可能需要考虑夜间吸一些氧。吸氧有助于提高你的睡眠质量。"

凯莉心里很清楚，自己的身体状况确实在快速走下坡路。只要能够让自己待在家里，能够活得更久些，让她干什么她都愿意。她并不傻。她已经在互联网上进行了广泛搜索，知道自己接下来会面对什么。也许安迪是对的。能够得到真正的帮助，肯定是越早越好。

"那好吧，"她同意道，"你能安排吗？"

她们回到家门口时，凯莉花了很长时间才从车里爬出来。她妈妈挽着她的胳膊，试图把她抱出来。她的腿根本就不想动。进家门的时候，她已经气喘吁吁了，就像一只刚绕着跑道跑回来的狗。伯纳黛特给她泡了一杯茶，可是，她并不想喝。她现在只是觉得有些悲伤，几个月来，这是第一次，她禁不住落下了眼泪。妈妈看着她，伤心极了，把她紧紧地搂在了怀里，然后，两人一起放声哭了起来。

"这太不公平了，妈妈。"她说。她不再直呼妈妈的名字，而是改口叫妈妈，就如她小时候那样。

"我知道，亲爱的，"她妈妈回答道，"不公平。"

那天晚上，凯莉让伯纳黛特把她的笔记本电脑拿了过来，摆放在沙发旁边的茶几上。然后，她挣扎着，扭动着身躯，使上半身俯靠在茶几上，试图用手指在键盘上敲出"姑息治疗"这几个字。然而，她最后还是放弃了，因为她没精力敲出这几个字，而且她也知道，自己很快就会了解姑息治疗到底是怎么一回事。

姑息治疗服务机构的护士—— 一个名叫雷切尔的女人，第二天就来了。令人惊讶的是，凯莉竟然喜欢她。她原本以为姑息治疗的护士，应该看上去像一个葬礼主管什么的，但事实并非如此，雷切尔完全不像葬礼主管那样板着一张脸。相反，她很讨人喜欢。没过多久，凯莉就与她聊上了，慢慢地，她们就天南地北地聊开了。而伯纳黛特却在厨房里忙东忙西，似乎是给她们留出私人空间，不打探她们的聊天隐私。

这期间，凯莉向雷切尔咨询了一些事情。这些事情在她心里憋了好几个星期了，但是，这些事情她又不能向安迪问起。她告诉雷切尔，自己最担心什么——她最担心自己会窒息，会大小便失禁。到了那天下午，姑息治疗服务机构给她送来了一台吸氧机。到了晚上，雷切尔给她戴上了吸氧面罩，以帮助她呼吸。几周以来，这是她第一次睡了一夜好觉。

每隔一天，姑息治疗服务机构会派来另外一名护士，过来帮她洗澡。有护士帮她洗澡，她妈妈就不用再做这件费力的工作了。到了第二周的时候，姑息治疗方面的医生过来了。这一次，又让她感到很惊喜，因为这位名叫海伦的医生是一个和自己年龄相仿的女人。海伦过来了解了一下凯莉的症状，然后帮她开了一些糖浆，能够让她心情稍微平静一点，并且帮助她入睡。

海伦还和伯纳黛特进行了长时间的交谈，并且回答了困扰她的问题。

"看着自己的孩子受苦，真是太难了。"她向海伦透露，"我只是不确定自己能不能照顾好她，但是，如果我照顾不好她的话，我又有什么办法呢？"她无可奈何地耸了耸肩。

　　"我们可以时不时把凯莉送进临终关怀医院住几个星期，让您休息一下。"海伦建议道。但是，没等她继续说下去，伯纳黛特用力摇了摇头。

　　"不行，"她说，"我要和她一起待在这个家里。"

　　一天下午，一个男人来拜访凯莉。他叫米克，是姑息治疗服务机构的精神护理人员。

　　"不需要，"她结结巴巴地说，"我是无神论者。"

　　"没关系，"米克回答，"我不是来跟你聊宗教的。我是来聊你的情况的。"随后，他们就聊开了。

　　在接下来的几周时间里，凯莉和米克经常聊天。凯莉再也不能聊下去的时候，职业治疗师给她装了一台有点像电脑键盘的机器，这样，她就可以用嘴叼着棍子，通过敲击键盘与人进行交流。那时，她已经向米克说了对她来说很重要的事情，包括她不想死在医院里这类事情。

　　姑息治疗团队也很照顾她妈妈。凯莉注意到，妈妈看上去很疲惫，于是乎，她跟雷切尔说了这个事情。后来，雷切尔组织了一个志愿者，每周来两个下午照看凯莉，这样凯莉的妈妈就可以"有一些时间出去"，忙她自己的事情。

　　凯莉跟她妈妈说，她愿意去临终关怀医院住几个星期，好让她休息一下。但是，伯纳黛特却说："我以后多的是时间。"双方间的谈话就此打住了。

　　有天晚上，凯莉凌晨被冻醒了。她瑟瑟发抖，全身缩作一团。

　　"有可能着凉了。"她心想。然后，努力左右移动了下头，搜寻着整个房间。终于在房间的角落找到了伯纳黛特，此时她正在雅各布式的大扶手椅上睡得很香。

"怎样才能叫醒她呢？"

"啊，啊……"她使出吃奶的劲，发出了自己唯一能发出来的颤抖声。妈妈听到她的呼叫，惊得从椅子上跳了起来，快速走到她身边。看到凯莉这个模样，妈妈心里有些着急，她伸出手，摸了摸凯莉的额头。"天啦，你在发烧，我要赶紧叫救护车。"

"啊，啊……"她摇了摇头，发出"啊，啊"声音的同时，将眼睛转向床边桌子上的红色图表。

"给临终关怀人员打电话？"她妈妈焦急地问道。

"嗯。"凯莉觉得自己糟糕透了。于是乎，她努力让自己保持镇静，说话听起来没那么紧张。四周响着轻柔的嘶嘶声，那是面罩紧紧地扣在她脸上时吸氧机发出的声音。戴上面罩后的凯莉，发出的声音变得很低沉。

伯纳黛特走了出去，消失在卧室门后。凯利可以听到她在大厅里用手机在打电话。"请快点，快点来。"

不久后，雷切尔就赶了过来。她望了一眼凯莉，然后把手伸进包里，取出体温计，把它轻轻地放入了她的耳朵里。雷切尔等待了一会，然后拿出体温计，那个体温计发出一声"嘟"。

"天啦，凯莉，你的体温很高。我打电话叫海伦来，好吗？"凯莉尽可能地点了点头。她闭上眼睛，心里在观察自己。"不，不疼。是的，只是气喘吁吁而已。呼吸的时候，胸口有点痛。分不清是冷还是热。牙齿有点打战。手臂还是动不了。腿也一样，动不了。说不出话，只能咕哝。太吓人了。"

当她完成对自己身体的诊断，雷切尔已经回到了她的身边。

"海伦开了一些抗生素。你得了肺炎。不过，我要问问你，凯莉。你想搬去医院吗？"

"啊，啊。"凯莉回应道，尽量让自己听起来有些消极应付的味道。

"好啦，好啦，我明白。"雷切尔把手放在凯莉的胳膊上，强调道。

"静脉注射抗生素？"她问道。

凯莉现在连说话的力气都没有，回答刚才那一个问题时，她使出了吃奶的劲，最后一点力气都耗尽了。她闭上了眼睛，通过面罩吸着氧气，试图让自己平静下来。她不疼，但又全身都疼。"这怎么可能呢？"她想。

"凯莉？"雷切尔又问道。

凯莉睁开了眼睛，慢慢地呼吸着，努力让牙齿不再打战。她深深地望着雷切尔的眼睛，用力眨了眨眼。"不。"她在琢磨她的心思。

凯莉说话声太小了，雷切尔想跟她确认一下，她想知道凯莉想对她说什么。"你是说'不'吗？"

凯莉尽最大努力，勉强地点了点头。雷切尔笑了。她明白了。她们前不久讨论过这件事情。不过，她需要确认下，凯莉现在有没有改变主意。伯纳黛特站在床边，像一个沉默的哨兵。她也明白了。就这样了。凯莉快死了，她已经做出了选择。

雷切尔不再说话，以熟练的手法继续着她的工作。她用海绵给凯莉擦拭身子并给她抹干，然后再给她换上睡衣。为缓解发烧带来的不适，雷切尔用注射器将小剂量的扑热息痛喷射到凯莉嘴里，而凯莉则尽力配合着，让扑热息痛能够滴入自己的喉咙里。雷切尔在凯莉的肚子上打了一针，给她注射了小剂量的吗啡，以缓解她的呼吸困难。做完这一切后，雷切尔出门走到车里，搬进来一台机器。这台机器，跟医护人员几周前用来吸出卡在凯莉喉咙里的痰的那台差不多。雷切尔把这台机器停放在凯莉床边，以防万一。

伯纳黛特挨着凯莉躺在床上，把头枕在女儿的肩膀上，把女儿那双光滑、苍白但无能为力的手紧紧地握在自己布满斑点和皱纹的手里。她感到很自豪，因为自己养育出了这样一位出色而又独立的女性。

凯莉成年后，生活一直很艰难。她对别人好，却被认为是理所当然的事情。她对待爱情也很慷慨，结果却被他人利用。她所遭受的罪，本会让她变得痛苦和愤世，不过，她最终还是克服一切困难，以笑脸面对自己的人生。她工作努力，不愿意拖泥带水，个性非常独立。她这么优秀的一个人，不应该就这样离开这个世界。不过，随即，妈妈就想起了精神护理人员米克对她说的话："疾病面前人人平等。好人病了会死，坏人也一样。这不是奖惩。重要的是，你该如何利用好你身体无恙时的时间。"

妈妈微微转过身来，看着这个仍然是自己心目中小女孩的女人红红的脸。她听着女儿那急促而放松的呼吸声。尽管很心痛，但是，她还是希望女儿能够悄无声息地从这个世界溜走，不带走一点痛苦。就在黎明前，她走了。

## 您会选择什么样的护理照顾?

在这个世界上，每个人都是独一无二的。我们都有不同的需求、价值观、信仰和想法。我们过着完全不同的生活，我们彼此之间有着不同的且往往又是复杂的关系。面对绝症的确诊，人们会做出不同的反应。有些人会生气，有些人会变得孤僻，还有一些人会选择无视现实，继续生活，仿佛什么都没有发生。

然而，随着时间的推移，绝症会影响人们照顾自己身体的能力，也会影响他们的心理、情感、社会和精神健康。没有人能把疾病的负担及其意味着的一切都带走，但是，还是有各种各样的支持服务，可以帮助病人及其亲人尽可能长久地过上舒适的生活。

## 什么是姑息治疗?

姑息治疗是由高素质、经验丰富的医疗保健专业团队为身患绝症或患有危及生命的疾病的病人及其家人提供的专业护理和支持服务。正如我们在第二章中所探讨的，人是复杂的生物，我们的整体需求通常会因我们的生活环境而变得更加复杂。在患有慢性疾病和危及生命的疾病或绝症的情况下，没有一个健康专家有能力满足我们的每一个需求。这就是姑息治疗采用专家团队来提供服务的原因。

姑息治疗专家团队通常由医生、护士、社会工作者、联合护理工作者（可能包括艺术和音乐疗法）、精神护理工作者和志愿者组成。由于由这么多方面的专业人员组成，这样的团队才有能力为我们提供各种各样的护理服务，包括从确保满足我们的身体需求到协助我们探索自己对未来的感觉、想法和计划等各个方面。

姑息治疗专家团队在社区与其他社区服务机构开展合作，如当地医生、家庭服务提供者和社区支持团体。姑息治疗专家团队可以对我们的姑息治疗提供协调服务，还可以对我们的至亲提供支持性服务。

大多数社区姑息治疗团队都有训练有素的志愿者，他们也参与服务项目。他们会提供陪伴和支持服务，让初级护理人员能够休息一下。就像对凯莉和伯纳黛特所提供的服务那样。有些社区团队还向其他护理提供者提供专家建议，如老年护理设施、暂托和残疾服务等。

姑息治疗专家团队也可以在医院急诊科室工作，他们驻扎在这里，向病人、其家人和其他医院医疗团队提供关于如何更好地识别和治疗绝症中常见症状的具体建议。

姑息治疗专家团队还可以在医院住院部提供姑息治疗服务，包括姑息治疗或姑息治疗病房或单位。这个病房或单位可以附属于大型医院，也可以是完全独立的机构。这仅仅表示病人在他们停留一段时间的地方受到照顾，并且团队可以治疗复杂的全身疼痛和症状问题。一旦症状得到控制，病人通常可以出院回家。

有些人可能在整个患病过程中多次住进临终关怀医院或姑息治疗病房，或者可能专门去那里接受姑息治疗。一些临终关怀医院还提供门诊服务，人们可以在门诊接受理疗、职业治疗、艺术或音乐治疗。除此之外，病人还可以预约社会工作者或财务顾问，帮助他们进行财务规划。

有些姑息治疗服务机构还提供临时看护或暂托服务。姑息治疗服务机构可以采取"在家"看护的形式，提供这种临时看护或暂托服务。在这种情况下，服务机构会定期指派一些护理人员来家里照顾病人，从而缓解家属或主要护理人员的压力，让他们可以休息一会或处理家务，比如购物等。有些姑息治疗机构也提供病床给病人休息，病人可以去住上几天，让病人的主要护理人员可以休息一下，有时间处理自己个人方面的事情。

姑息治疗不仅适用于濒临死亡的人。正如故事中所说的，姑息治疗团队介入得越早越好。当一个人被诊断患有晚期疾病时，姑息治疗团队可以从诊断的角度帮助他们适应变化了的情况，确保能够预见并快速地治疗任何疼痛或症状，并为该病人及其身边的人提供全面和持续的支持。当然，姑息治疗团队将根据需要密切参与病人的护理，直到病人去世。病人去世后，团队还会为家人缓解悲伤提供相关的支持服务。


## 临终关怀

"生命终结"阶段是指病人因病情正在"主动死亡"或"濒死"的这一个时期。这段时间可能持续数小时、数天或数周。人们可以通过各种方式获得临终关怀。

许多人说，他们宁愿死在家里，但我们需要问一问，他们这到底是什么意思。对每个人来说，我们对"家"这个字的理解各不相同。对一些人来说，家可能是一个特殊的地方或地理区域，在家里，他们有着最浓厚的精神、文化情感，有着对祖先追根溯源的情怀。而对其他人来说，他们心目中的"家"可能更多是有关人的概念，而不是一个真实的、实际存在的地方。

家是一个复杂的概念。如果我们所爱的人坚持要死在"家"里，我们必须确保，我们对"家"的个人看法不会影响到我们的判断。对某些人来说，死在家里，可能就是指病人无论如何都要死在自己家里的床上。对于那些住在养老院或残疾人之家的人来说，他们口中所说的家，其实就是指他们已经在那里住了几个月或几年，并早已在心里把它当成了自己的家的养老院、残疾人之家等机构，他们宁愿死在这样的机构里，也不愿死在其他的地方。无家可归者对"家"的看法又完全不同。有鉴于此，我们的第一个问题就是：你对"家"是怎么理解的？

如果支持某人在家里死去，而他们口中所说的这个家是指他们居住的地方，那么支持这种死法的可行性可能会很复杂。如果没有人能为他们提供 24 小时的护理怎么办？如果他们的家所处的地理位置很偏僻，无法获得他们所需要的支持，该怎么办？如果没有社会支持网络可以协助他们做一些诸如洗衣服、购买日用品以及打扫房间等实际性的工作，他们又该怎么办？

这是理解"家"真正含义的关键所在。正如我们之前所讨论的，有时为了使护理目标切合实际，目标应该是可实现的，并且在实现目标时，可能会采取折中的办法。照顾一个生命垂危的人并非易事，在生理和情感上都会很费劲。照顾这样一个病人，需要得到专家的支持和帮助。有了专家的指导和帮助，就可以预见病情发展过程中会出现的问题，从而在可能的情况下避免这些问题，或者在问题出现时能够及时管控或解决。

凯莉之所以能够在家里死去，是因为她的母亲伯纳黛特搬来她家里照顾她。即便如此，照看凯莉，对伯纳黛特来说，仍然是一项艰巨的任务，给她的身体和情绪造成了很大的压力。如果没有姑息治疗专家团队的支持，她可能很难应付。

如果一对老年夫妇中的一个濒临死亡，而他的老伴又身体虚弱或者患有痴呆症，那么我们可以试想一下，他们会面临什么样的困难。老伴将如何掌控他们所需的护理？他如何知道什么时候打电话求助，又该打给谁？如果在照顾垂死的老伴时，身体虚弱的看护者摔倒在房子里，又该怎么办？

有时，出于某些特殊情况，病人不能在家里安全地获得临终关怀，就需要到临终关怀医院或急症医院度过他们最后的日子。如果发生这种情况，他们所爱的人不要因为不能让病人死在家里而觉得自己"很失败"，这一点很重要。虽然人们做什么事情都会尽力而为，但是，对某些人来说，在家里照顾一个垂死的亲人简直是太难了。

此外，有时垂死的人，尽管一直都说自己想死在家里，但到了某个地步，最终还是改变了主意。出于某种原因，他们可能不再觉得待在家里很安全，也有可能他们的症状已经到了需要一名专业人员全天候照顾的阶段。当然，这并不是某个人的失败。它仅仅表示环境已经发生了改变，病人改变了他们的想法，以应对环境的这种改变。

# 在另一个地方建个"家"

正如我们之前讲到的，"家"是一个复杂的概念。如果一个病入膏肓的人不再想留在自己的住处等死，我们有很多方法可以"带他们回家"，不论他们在哪里，只要：

周围有他们熟悉的物品，如膝垫、被子或枕头等。

他们带了自己的衣服，这样他们就不用穿医院的病号服。

周围有对他们重要的个人物品，例如珠宝、书籍或花瓶，或者花园里花盆里的一株小植物。

如果他们无法与原籍国联系，相册中的照片、房间四周墙上的风景海报或来自他们"国家"的一小罐土壤都可以提供亲密的联系。

确保他们所关心的人，包括子女、朋友、孙子孙女、亲戚或生活中其他重要的人，都可以在任何合适的时候来拜访。

确保在他们已经恢复了母语（这种情况通常在某人临终时才会发生）时，给他们提供可以用母语与之交谈的口译员或志愿者，从而确保他们能够获得文化联系。

提供具有宗教或精神意义的物品，例如宗教书籍、雕像或图腾。

提供对他们有意义的音乐，这样哪怕他们无意识或昏迷不醒，他们也能听到让他们感到安慰的声音和旋律。

提供适合当地文化的食物。

确保他们能够参与有意义的精神或宗教仪式，例如祈祷、诵经、吸烟仪式、赦免、祝福或夏至和秋分的异教仪式。

确保他们有机会和与精神护理相关的适当人员接触，例如神父、拉比、穆夫提、牧师、导师或大师。

确保房间里有他们熟悉的花香、精油、熏香或香草气味。

如果我们综合考虑到了感官上的各个方面，比如视觉、听觉、嗅觉、味觉和触觉，那么，要在一个陌生的空间里提供一个像家一样的环境其实并不难。

无论发现自己在哪里，只要能够让我们的感官沉浸在熟悉的事物中，都将有助于我们营造一种家的氛围。当一个人快要死去的时候，这些东西会给他带来安慰。


## 回家等死

有的时候，如果某个人大部分时间都是在临终病人收容所、姑息治疗病房或医院急诊科室中接受护理，那么，他们可能会在生命的最后几天决定要回到家中，或他们原来的住处。如果可能的话，我们应该尽量满足他们的要求，让他们回到原来的地方。

要满足他们的这个要求，则需要团队所有成员与家庭成员之间进行紧密的合作，大家一起计划如何才能尽快做到这一点，让病人早点回家"等死"。这样一来，如果可能的话，只要是病人自己的意愿，那么这个病人就可以死在自己的床上。有的时候，这看上去似乎是一个巨大的挑战。然而，如果这一需求对病人来说很重要，那么，我们就应该尽力满足。

为满足病人的要求，则需要为他们安排交通工具（可能是救护车），确保有专人在家 24 小时不间断地照顾他们，并给他们找好当地医生，与社区的姑息治疗服务进行挂钩。

了解为什么回家对病人很重要，这可能对我们有所帮助。比如有时候，有些人想最后回一次家，只是为了和他们的宠物说再见。有些人觉得他们有自己私人的事情要做，而这些私人事情只能在家里完成。还有一些人可能想最后一次坐在自己的花园里，静静地待上那么一会。

如果让病人死在家中不切实际，那么，我们可以给病人安排"日假"或"周末假"。在这个假期里，病人可以在有限的时间里回一趟家，让他们能够完成对他们来说重要的任务，然后再回到护理机构。

没有人能预料到他们的个人优先事项会在他们生病的过程中以及他们生命最后的日子里发生怎样的变化。即便是姑息治疗专家团队，也无法预测某个人及其家人在其死亡临近时会想要什么，因为每个人的想法都不一样。

如果我们能始终保持灵活性，了解一个人不断变化的需求，并在这些变化发生时做出同情的回应，我们就能确保垂死的人及其家人能够在最后的日子里做他们需要做的事，说出他们需要说的话，并且成为他们需要成为的人。要做好这一步，需要这个人及其家人能够坦诚相待，而且要信任他们周围的人，使得周围的人能够尊重他们的意愿，尽最大努力满足他们的要求。当然，在这种情况下，做出必要的妥协也未尝不可。

如需获得你身边的姑息治疗专家服务、临终关怀或社区支持，你只需在互联网上搜索"姑息治疗""临终关怀"或"服务——"（在此处添加你所在的地区、城市或镇）几个字，即可获得你身边这类服务提供商的联系方式和推荐要求。

第八章

垂死是个什么样子？

当露比出生时，医生告诉邓肯和佐伊，说她活不过童年，但是医生预测错了。这是他们的第一个孩子。孩子出生之前，一切都很顺利。事实上，佐伊还经常跟她的朋友说，她感觉"非常健康"。

在她们一群玩得好的亲密无间的老同学当中，佐伊是最后一个怀孕的，当时她都已经30岁了。不过，开始的时候，她和邓肯并不是男女朋友，直到两人二十好几岁了才在一起，确立了男女朋友关系。

第一次见到邓肯时，佐伊就对他一见钟情。不过，当时她已经和青梅竹马的恋人订婚了，所以想和邓肯待在一起追求幸福也只是一种幻想而已。然而，订婚后不久，便有人传出她的未婚夫和她的闺蜜有染。对这件事情，她一直被蒙在鼓里。直到有一天下午，她因为临时有事突然回了趟家，结果发现自己的未婚夫和闺蜜两人滚在床上，她才知道自己"被戴了绿帽子"。从见到那对狗男女躺在床上的那一刻起，佐伊对美好婚姻的憧憬就彻底被粉碎了。

第二天，当她再次回想起那一幕时，尽管觉得自己快要气炸了，但是，她还是保持了冷静。她为自己能保持一份镇定而感到自豪。她没有对未婚夫大喊大叫，事实上，她一句话也没说。她只是默默地转过身去，走出前门。唯一让她生气泄愤的，就是在走出门后，猛地用力把门"砰"地关上，门撞击门框的力量足以震碎门板中间的玻璃。

她仍然还记得，她那天是笑着开车离开的，她当时觉得前未婚夫肯定会为对她造成的伤害做出经济赔偿。当然，她不会要他的赔偿！

离开前未婚夫后，接下来的几个月里，邓肯一直是她的港湾、她的精神支柱。邓肯把她介绍进了一个全新的朋友圈子。她本来还与自己的一些老朋友保持着联系，但是，自从经历了"大骗子"这件事后，她就很少联系那些老朋友了。"大骗子"是她对背叛自己的不忠情人的称呼。她花了很长时间才从阴影中走出来，才开始再次相信别人，尤其是男人。让她感到欣慰的是，邓肯这个人很有耐心。最终，她将恐惧和阴影抛之脑后，尽情地投入这段蓬勃发展的感情中。意外的怀孕，起初让他们感到很震惊。然而，几个月过去之后，随着预产期越来越近，他们心中充满了期待新生命到来的喜悦之情。

宝宝终于要出来了，在她努力生产的这几个小时，邓肯从未离开过她的身边。在她生产期间，医生多次建议她注射止痛药，但都被她拒绝了。她时不时地通过一根管子吸入氧气，但她下定决心，要让他们的孩子在没有人为干扰的情况下来到这个世界。整个生产过程，似乎持续了一个世纪。她越来越累，最后筋疲力尽，不过，她仍然还是拒绝任何医疗干预。宫缩开始变得难以忍受起来，产程缓慢得令人难以置信。她一直用力往外推宝宝，直到最后再也没有力气推了。

"求求你，佐伊，让医生帮帮你，好吗？"邓肯再三恳求她，"你不能一直这样下去。"最终她别无选择。

监控婴儿心跳的机器开始报警了，产房里顿时一片混乱。护士用手掌根部猛击红色的紧急按钮。医生快速来到床尾，扳开她的双腿，用手摸了一会儿，然后大声宣布："我们要带她去手术室。"

即便佐伊有力气，她也没有机会争辩和反抗。在去手术室的路上，邓肯跟着走在手推车旁边，紧握着她的手。到了手术室，他被挡在了门外。邓肯站在门边，看着手推车被推入手术室，随后手术室大门被快速关上。

佐伊像一头受伤的动物一样号叫着："邓肯……邓肯，我要……"

她旁边的护士拍了拍她的胳膊："佐伊，你要做全身麻醉，接受手术，邓肯不能进来陪着你。不要担心，你醒来时会看到他的。"佐伊还没来得及抱怨，护士就给她戴上了氧气面罩，她眼前的一切逐渐黑暗下来。

佐伊醒来后，环顾四周，看房间里有没有放着自己孩子的婴儿床。可是，她找了个遍，没有发现婴儿床。于是，她大声叫喊起来，并用手按响了挂在她床头栏杆上的呼叫铃，一遍又一遍地按着。她很恐慌，她不知道邓肯在哪里。他肯定没和自己在一起。

一名护士跑进房间，拿走了她手中的蜂鸣器。"要帮忙吗？"他非常友好地问道。

"我的孩子在哪？"当她取下脸上的氧气面罩时，她语无伦次，"邓肯到底在哪里？"

护士解开床边的栏杆，笨拙地坐在床垫边上。佐伊突然意识到自己肚子里的疼痛感，她向后缩了一下。护士又站了起来。"对不起，佐伊，我不是要伤害你。"他说道。

"我的宝宝呢？"佐伊重复道，她变得越来越焦虑。

"她在特别护理室，佐伊。如果你愿意，我可以带你去看她。"男人仍然很友好地回答。不过，佐伊能听出他话语中的那种担忧，而且还注意到他似乎不愿意看着自己的眼睛。

"她好吗？"

"我带你下去看看怎么样？"他回答，然后补充道，"我去推个轮椅来。"还没等她问别的，护士就已经消失在了门外。

佐伊一见到邓肯就意识到有些不对劲。他一动不动地站在特别护理室内一个巨大的婴儿床旁边。于是，她叫了他一声。邓肯转过身来，不过，并没有向她走来。佐伊能够看清他那双通红的眼睛，他那张扭曲的脸。邓肯左手紧紧地抓着婴儿床的顶部，他的手指握得变成了白色。

佐伊一动不动地坐在轮椅上。膝盖上盖着一床毯子，手上打着点滴，右臂将枕头压在膝盖上，支撑着腹部的巨大伤口，伤口现在变得越来越疼了。护士推着她来到婴儿床的一侧，将轮椅放下来，并将轮椅轮子上的刹车踩到位。停好轮椅后，他就走开了。

她试探性地向前探了探身子，渴望见到自己的孩子。当她看到婴儿床里的宝宝时，她一下子明白了邓肯为什么会是那副模样。因为，他们如此期待的小宝贝和她想象中的模样完全不一样。看上去，她的身躯那么的脆弱，仿佛就是一个小娃娃。随即，佐伊还发现，她胳膊和腿、鼻子和嘴里到处都插着管子，除此之外，她的小手指和脚趾都是淡蓝色。"那不可能。"她心想。

就露比的先天性疾病，医生列出了一张一长串名称的清单。她心脏和肺部有问题，更为严重的是，在漫长的分娩过程中，她一直都缺氧。医生说，如果生下来缺氧，那么，即便她能存活下来，后期的发育也不会很好，不能像正常人一样正常发育和成长。在她生下来的第三天，医生们给她做了一次手术，试图修复她心脏里一个泄漏的血管。

露比第一次手术后的那个晚上，医生们向佐伊和邓肯解释了孩子一长串的"异常情况"。佐伊躺在医院的病床上，而邓肯则静静地坐在她的床边，脸色阴沉。医生解释的过程中，佐伊不停地插嘴提问。她很想知道自己该怎么做才能挽救自己的孩子，然后，他们才能把她带回家。

"看在上帝的分上，佐伊，不要再说了，听医生说吧。"邓肯厉声对她说道。他说话的时候，并没有抬头看她，而是牢牢地盯着他心不在焉地拨弄着的衬衫接缝处看。

佐伊根本就没有理会，她一遍又一遍地问着同样的问题，希望最终医生会给她一个可以接受的答案，一个小小的保证——露比会没事的保证。每当有医生过来逗弄或用手戳戳她的孩子，她都会问这些问题。这种情况一直延续着，直到有一天她不得不独自回家，把小露比留在了特别护理室里。

邓肯默默地开着车，带着她回家。一路上，佐伊想和他说说话，尝试了好几次，但他都没有搭腔。他们终于回到了家。走进前门后，邓肯把包丢在走廊上，然后走进厨房。佐伊听到他给水壶灌满了水。她扑倒在沙发上。坐车回来，一路的颠簸，让她的腹部疼痛感变得更加强烈。她的乳房再次充满了母乳，胀得有点痛。她需要把母乳挤出，然后用奶瓶储存好，送去医院。即便如此，她还是无法忍受自己内心的痛苦。

邓肯在厨房忙完后，并没有回来陪她。于是，她从沙发上爬起来，小心翼翼地沿着走廊走进厨房。不过，邓肯并没有在厨房里。

佐伊打开后门，朝花园里望去。她发现邓肯坐在一块木头上，背对着她，头靠在手上。远远看去，他显得如此孤单，除了哭泣时胸部轻微的颤抖之外，他坐在那里，就像一块木头，一动也不动。虽然佐伊也想哭，但是，她不能太自私，不能占用了自己丈夫的私人时间。想到这里，她悄悄地关上了门，回到了屋里。

接下来的日子逐渐变成了例行公事。邓肯忙他的工作去了，佐伊每天早上乘公共汽车去医院送小袋装的母乳，然后静静地坐在特别护理室里，希望能够很快抱上自己的孩子，而不是仅仅通过婴儿床侧面的洞来抚摸她。下午晚些时候，邓肯也会来医院，然后几乎静静地坐在那里，看着女儿借助呼吸机呼吸的每一口气，直到他再也受不了了，然后大声说："我们最好还是走吧。"佐伊很想他陪自己说说话，为此她想尽了办法。不过，每次尝试都以一场争论而告终，更糟糕的是，他甚至变得更加沉默不语。她需要分享自己的悲伤，她想与邓肯分享，但是，他只会聊些不着边际的琐碎事情。即便是聊这些事情，他也没有太多的热情。终于，有一天晚上，佐伊突然爆发了，她已经受够了，再也控制不住自己的情绪了。

"邓肯，你到底怎么回事？"当他又一次从一场开始变得过于严肃的谈话中走开时，她对他歇斯底里地大喊大叫。"你听见我说话了吗？难道你聋了？"她朝他咆哮道。虽然很生气，但是她还是决心正面面对这个问题。"她也是我的宝贝！"

邓肯立刻转过身来面对着她。佐伊能够清楚地看到他眼里迸发出来的冷漠。他紧闭着嘴巴，因此脸颊上的肌肉绷得铁紧。他努力控制着自己的愤怒，把想说的话全部都含在嘴里，不想爆发出来。

"你说呀？"佐伊央求道，"我刚做了个手术，感觉肚子都掏空了。为了让孩子有奶喝，我的乳房因此胀痛得不行。我就不明白，我遭受了这么大的痛苦，你为什么一点也不关心我？"

"你说得没错。那都是你的事，不是吗，佐伊？嗯？"邓肯的反驳，既轻快又令人不寒而栗。对爱他的女人来说，他那低沉而温暖的声音已是一种遥远的回忆。她几乎已经认不出站在她面前的这个男人。她希望原来那个善良又坚强的邓肯能够回来，而不是眼前的这个。她不知道该如何回应这个既刻薄又沉默寡言的家伙。他已经不是自己爱上的那个人了。

她压低了自己的说话声，希望自己能够冷静下来，不至于说出任何她可能会后悔的话。"我知道你也很痛苦，但我需要你，"她恳求道，"我需要你抱着我，告诉我一切都会好起来的。"

她感觉自己的眼泪已经夺眶而出，不过，她还是努力地忍住不让它们流出来。

"但事实并非如你所愿，不是吗？"邓肯反唇相讥地问道。随后，他就说开了。他根本控制不了自己，把多日来憋在心里的话统统说了出来。

"所有这一切，都是因为你太过固执，你根本不听别人的。当我告诉你要放松时，你没有放松。你不放松，根本就不能缓解你的疼痛。哪怕我恳求你接受帮助，你仍然坚持，结果把时间推得太久了……你总是跟往常一样，由着自己的性子来！"

随即，他又急忙补充道："现在，即便露比能够活下来，她也会受到伤害……全都是因为你！"说完，他就背过身去，走开了。

佐伊立马追了上去，追到了客厅里。"邓肯，哦，上帝，邓肯！"她恳求着，伸出手去抚摸他的肩膀。但是，他手臂一甩，甩掉了她的手。

　　"我现在不想和你说话。"他冷冷地啐了一口，然后继续往前走。佐伊感觉自己僵在了原地，像根木头似的。这就是过去几周他疏远自己的真正原因，她感到了一阵怀疑和恐惧。随后，她听到后门"砰"的一声关上了。"你不再爱我了吗？"她喃喃自语道。

　　佐伊原本以为，露比出生后的那些日子里邓肯如此残忍地对待自己，自己永远也不会原谅他。但是，尽管永远不会忘记邓肯对自己伤得有多深，她最后还是原谅了他。此后，邓肯也做了越来越大的努力，让自己变得更加有礼貌。随着时间的推移，他们之间的和谐关系又恢复到了一定的程度，不过，再也见不到往日的那种亲密关系了。

　　虽然露比最终回到了家，但是，他们的生活再也不容易，也变得无法预测。露比的小身体承受了持续的疼痛、多次手术和治疗，忍受了佐伊无法想象之多的药物。后来，每当他们等待救护车到来的时候，她都会感到非常恐慌，她经常这样。每次急救后，医院都会告诉他们，下一次可能是最后一次了。不过，不知何故，露比每次总能振作起来。

　　佐伊睁开了眼睛。回忆过去是一件很痛苦的事情。不过，当她再次坐在女儿的床边，看到自己的小露比奋力抓住生命中每一根脆弱的稻草时，她就发现自己越来越陷入了回忆当中。但是，这一次，佐伊和邓肯都知道不会再出现最后一刻的缓刑了，不会有奇迹般的药物或新的手术能够挽救她的生命了。

　　医生们已经非常清楚。唯一可能的方法就是进行心脏和肺的移植。然而，医生们给她进行身体检查时，在她的肝脏中发现了肿瘤，由此，进行心脏和肺移植也没有希望了。佐伊俯下身，抚摸着露比的胳膊。她的女儿睁开眼睛，笑了。

"妈妈，今天几号？"她总是没完没了地重复问这个问题。

"还有三天，我的小露比。"佐伊确认道，同时，心里默默希望让女儿在去世前过完她 18 岁的生日，她没有必要对孩子撒谎。

佐伊并没有骗自己。因为，她知道，如果露比还能再坚持三天，那将是一个奇迹。护士们已经跟他们说了，除了酸奶，露比什么都不能吃。因为她根本无法吞咽太多东西，也不能消化太多东西。医生已经给她停用了其他所有的药。现在，她只服用维持生命、保证身体舒适所需的药物，有些是液体药物，有些则通过一个小针头输到她的胃里。

她已经有两个星期没有下床了，甚至连尿都不是很多。她已经有好几天没有排大便了。佐伊一直担心，她的肚子似乎每天都在膨胀，这种情况说明，她便秘了。不过，医生解释说，这些情况都是她的肝脏肿大造成的。由于肝脏肿大，她的眼白变黄，出现了经常性皮肤瘙痒。后来，医生们给她开了一些防止继续疼痛和缓解皮肤瘙痒的药。

佐伊不得不不停地用吸管吸一小口姜汁啤酒，让她喝下去。露比偶尔会要一根菠萝冰棒，但她往往只吃一半就不吃了。露比的睡眠逐渐多了起来，邓肯告诉佐伊，晚上，她咳嗽得很厉害，到最后还吐了血。

佐伊考虑了很多次，想把她的生日庆祝日期提前。毕竟，他们有几个日期可以选择。他们可以庆祝她的预产期，也就是她出生前两天，他们也可以庆祝她出生的那一天，只需减去几个小时，就可以提前一天。露比可能不会知道。

此外，尽管在过去的几天时间里，佐伊一直生活在自己的内心世界里，一直都在回避现实，只是偶尔回到现实做短暂的停留，但是，她曾多次发现，自己低估了女儿的所作所为及其不了解的东西。或许，一次体面的欺骗会行之有效。

虽然露比疾病缠身，但是，从她出生五个月后他们把她带回家的那一刻起，她就是一个快乐的孩子。邓肯非常爱她，而且在某种程度上，佐伊把他们夫妻俩多年来能够重归于好的功劳全部归于他们的女儿。

只要有小露比在身边，就没有谁会生气。

医生们对露比的智力也有误判。当然，在复杂的概念上，她会努力奋斗一番。她短期记忆力不是很好，偶尔会莫名其妙地情绪崩溃。不过，总体上来讲，她表现得很好。她上了一所普通的公立学校。上学期间，因持续的治疗和疾病的发作而经常错过学习的时间，好在邓肯一直都在持续不断地辅导她。在父亲的帮助下，她每年都能通过考试。

然而，对露比来说，这一切并不容易。为了能让她的生活过得正常，他们想尽了办法。但是，她毕竟没有其他孩子的精力和韧性，所以，她不能参加任何的体力活动。露比喜欢挑战自己，经常随心所欲地做着自己能做的事情。她也有着充满灵气的灵魂，能够创作出独特风格的作品。他们家的每面墙上都挂满了她的艺术作品，其中还有一些颇具实验性。后来，她还安排人在网上出售她的一些作品，其中一件作品售价甚至超过了 500 美元，这让她的父母大吃一惊。

佐伊感觉到一只手紧紧抓住了她的手，露比再次睁开了眼睛。佐伊发现女儿侧卧着，脸颊紧贴着枕头，她伸出手，绕到女儿脑后，想移动下枕头。但她的女儿打断了她："妈妈，我只是在想。"佐伊想，她又开始问日期的问题了。"嗯?"她回答道,仍在摆弄着枕头,试图让枕头看起来不那么皱巴巴的。

"我走了之后,你和邓肯还能在一起吗?"她天真地问道。佐伊停顿了一会儿,不知道如何回应,于是,只好又继续摆弄起她的枕头来。

"妈妈,不要弄了,没关系,真的,"露比边说,边摇了摇头,好让自己能够直接看着妈妈,"求你了,我需要告诉你一些事情。"佐伊不情愿地坐了下来,望着面前这个认真的年轻女孩泛黄的眼睛。

"什么,亲爱的?"

"我需要知道,我走后,你和邓肯会没事的。"她重复道。佐伊一直有点嫉妒女儿与自己丈夫之间的关系。有时,她希望在邓肯能想到那个主意之前,自己就已经同意了露比用自己的教名来称呼他。但是,一旦他采取了主动,坚持要露比这样称呼他,那就没有什么意义了。所以到目前为止,她仍然喊自己为"妈妈",而喊她的父亲为"邓肯"。

"亲爱的,你为什么这么问?"

"妈妈,其实我不傻,我知道这对你来说有多难。也许,如果我没有出生,情况会有所不同。但是,我知道,我无意中以某种方式来到了你们之间,我成了你们两个人的负担。"

佐伊被征服了。她搂着女儿,尽可能温柔地抱着她。眼泪不由自主地从她的脸颊滑落了下来。"哦,我的宝贝,你从来不是我们的负担。你父亲和我爱你胜过一切。这些年来,你是维系我们感情的黏合剂。没有你……"她抽泣道,"如果没有你,我不知道我们该怎么办。"

"真的吗?"

"真的！"佐伊坦率地回答。

听到她打哈欠后，佐伊坐在床上往后一靠，在口袋里摸索着找出来一张纸巾。待她回过头看的时候，露比又睡着了。佐伊坐在椅子上发呆，想知道她女儿为什么会认为自己是个负担。"我们到底做了什么才让她这么想？"她责备自己。要是让她知道是什么困扰着女儿，那么，他们可能早在几年前就解决了。不过，现在，即便想回去改变，一切都已经太晚了。

佐伊抚摸着那只冰凉、湿漉漉的蜡质手，而这只手仍然紧紧地握着自己的手。她触摸了每一个指甲，一次一个。突然，她发现，她的指甲床已经恢复了一抹蓝色，就像多年前她还是一个新生儿时一样。她完全明白这意味着什么。

她看着露比原本金色光滑异常的皮肤。上面没有一个雀斑，也没有太阳留下的晒痕，只有变得越来越暗的肤色，她知道那是黄疸造成的。露比的颧骨又高又细，金色的睫毛又长又细。但是，当佐伊的目光落在那苍白的嘴唇上时，她再次发现了轻微的蓝色。或许，这不是真的，只是她的幻觉而已？

佐伊感觉露比有点焦躁不安，四肢动个不停，不是很舒服的样子，她很担心女儿会疼，于是，她就呼叫了护士站。护士过来了，给插入露比胃里的小针头里注入了更多的药物。护士跟她解释说，病人焦躁不安很常见，可以给她开一些药物。不过吃了药，会让她感到很困倦，很想睡觉。佐伊说她并不在乎女儿睡眠多不多，她只想让露比舒服。现在看上去，她舒服多了。护士进来不久，邓肯就来了。

邓肯给他们两人带来了换洗用的衣服，这样他就可以和佐伊一起留下来陪女儿了。他靠过身来，吻了吻佐伊的额头，然后坐在她旁边的床沿上，眼睛盯着他们女儿仰卧的身影。她美丽的金发，像光环一样披在枕头上。

"这些年我们已经做了很多了，佐伊。"他低沉地自言自语道。他边说边伸手抓住她的手，紧紧地握着。

"我们已经做得够多了。"佐伊回答道，想回报以微笑，但是又笑不出来。

露比再次醒来时，天已经黑了。这一次，她显得有些气喘吁吁。她望着父母关切的眼睛，向父亲伸出了手。邓肯轻轻地抓住她伸过来的手。然后，她又挣扎着把另一只胳膊从床单里向上举起来，伸向佐伊。佐伊立马用自己的手指紧紧握住了她的这只手。

"我听到音乐了。"她喃喃自语，又闭上眼睛，仿佛是在再次捕捉只有她能听到的旋律。邓肯焦虑地看着佐伊，眼眶里闪着泪花。

露比闭着眼睛，她把父母的手拉过来，慢慢地合在一起。合拢父母的手的同时，她松开了自己苍白、瘦削的手，然后再把她自己的手放在父母两只手的上面，就像婚礼上的司仪把新娘和新郎的手握在一起一样。

"爸爸，答应我一件事，好吗？"她气喘吁吁地低声问道。"我的小露比，你是不是想生日那天要点特别的礼物？"他问道，尽量让话说得正常点，因为他知道，这可能是他们最后一次谈话了。她已经很久没有叫他"爸爸"了。

露比叹了口气。"我不打算过生日……三天时间太长了。"

佐伊喘起粗气，被露比的话惊到了。"我们永远都可以……"

"不，妈妈！"她屏住呼吸，尽可能用力地说道，"我只想要一样东西。"她用手指紧紧握住了母亲和父亲的手。"答应我，你们会照顾好彼此。"

邓肯转头看着自己曾经爱过并伤害过的女人，那个代替他保持坚强的女人，那个在他无法原谅自己时原谅了他的女人。他望着她那双忧伤的眼睛，而后，佐伊回望了过来，对他的忏悔报以了理解的目光。但现在他已经无能为力了。时光无法倒流。露比说得没错，他们需要对方。这一次，他不会让她失望。

"我保证。"他说，悲伤地接受了前方不确定的未来。

"妈妈？"

"我也保证，小露比。"她咕哝着说。"但你没有必要为我们担心。"她又补充道，试图让女儿平静下来，好好安慰下她。

"我要，"露比叹了口气，"你答应过的。"在谈话过程中，她的呼吸变得不均匀，而且越来越微弱。现在呼吸停止了。佐伊和邓肯双双身体往前倾了倾，希望还能听到女儿再次呼吸。

似乎过了一个世纪的时间，露比才深吸了一口气，她呼吸的节奏又回到了以前的那种不规则模式。不过，她的眼睛仍然闭着，但是边缘蔓延着蓝色斑点的苍白嘴唇，微微弯曲着。他们都认为这是一个微笑。而后，她的下巴开始放松，嘴唇微微张开，露出了牙齿。

露比再没有说话，也没有醒来。她的父母留在床边，决心珍惜她剩下的每一分每一秒。但他们都知道，露比是对的。她的生命会定格在17岁，离18岁还差三天，她再也等不了那么长的时间了。

## 我们死去时，我们的思想、身体和精神会发生什么？

没有人能确切地知道人们在垂死挣扎时的想法和感受。我们可以假设某人处于疼痛中，因为人们会表现出明显的身体疼痛体征。当有人触摸他们时，他们可能会发出呻吟声，也可能会出现身体上的退缩。他们可能会发出声音并变得烦躁不安，甚至在其昏迷状态时也无法保持安静。他们的脸会扭曲，他们可能会皱眉。

所有这些事情都清楚地表明，有些人可能有疼痛，不过，这种疼痛不仅仅是由身体症状引起的，他们还可能遭受了情感、心理或精神上的痛苦。在生命的最后几天和几个小时里，这种疼痛很难控制。

通过对病人的诊断信息进行了解，我们可以预测，在病人"主动死亡"阶段或"濒死"阶段，病情是否会加剧病人身体方面的疼痛感。一般来说，我们将病人身体衰竭开始明显恶化的时期称为"主动死亡"阶段。这个阶段通常发生在他们死前两周时间左右，但是根据他们的疾病，这个阶段可能会更长，也有可能更短。"濒死"阶段通常会持续三天左右，但这一时间的长短也会因人而异。

根据我的经验，"主动死亡"阶段通常被一些人称为"社会死亡"。这仅仅表示，这个人逐渐远离周围的环境。他们开始专注于自己的内心世界，不愿意参与社交活动和交流，也不愿意参与互动，因为他们主要关注的都是自己的内心世界。

他们可能在反思自己的人生，探索自己珍视的东西，思考家庭的未来，或者为自己的精神道路做准备。对于信奉正式宗教的人来说，这是他们希望见到主教、牧师、拉比或其他精神或宗教顾问以寻求赦免、指导或祝福的时候。他们可能有需要参与那些对他们有意义的仪式，例如精神治疗、精神锻炼或其他有助于他们脱离身体自我并提升到精神道路的实际行动。

伴随着这种社交退缩，我们知道，有人已经进入"主动死亡"阶段，因为他们表现出了许多可观察到的体征。

对于一生都在生病的露比来说，由于肝脏长了肿瘤，她的病情最后恶化的时间很短。同时，因为有心脏和肺部疾病，病情变得复杂。而心脏和肺部疾病也正是她体弱多病、气喘和血液循环不畅的主要原因。

她的这种社交退缩表明，她与周围世界的联系并不那么重要。然而，当她有意识的时候，她脑海中始终绕不开自己父母的问题。她需要解决掉自己在父母心目中就是一个累赘这一问题，这一点对她来说很重要，因为她需要知道，一旦她死去，父母仍然还会照顾彼此。对露比来说，这是一个迫切的需求。因此，哪怕自己明显很快就要死去，她还是努力保持足够长的清醒时间，告诉父母她的想法，她需要确保自己的父母没事。

这种坚持不懈的愿望并不少见。有时，人们需要解决长期存在的关系问题或其他困扰他们自己的问题，然后才能放松自己，进入"主动死亡"阶段。

**"主动死亡"的体征：**

不安和激动的时间增加，无法获得舒适感；

变得更加混乱和健忘；

对食物和液体的摄入兴趣明显降低；

手臂和腿部出现积液；

尿失禁或大便失禁（无法预测是否需要上厕所）；

出现感染后，无法治愈；

皮肤容易撕裂，可能过度出血；

病人可能想谈论死亡，可能会说他们在房间里见过死去的亲人或其他灵性生物（如宗教人物或天使）；

想"了却心事"或交代安排好后事，甚至想跟亲人说再见；

呼吸可能变弱，或者每次呼吸之间有长时间的间歇，尤其是在睡觉的时候；

脉搏会逐渐变弱，最后变成了直线。

只要人体系统出现缓慢的衰竭，就会出现上述的所有这些体征现象。整个身体系统专注于保持心脏的跳动和肺部的呼吸，从而确保氧气能够循环到大脑和其他重要器官。随着含氧血液循环能力的降低，身体会慢慢关闭一些系统，以减轻心脏和肺部的压力。了解了这个过程，我们就能够明白，为什么病人会表现出这些体征现象。

一旦他们的消化系统不能正常地工作，那么，他们就不会再觉得饥饿。消化系统出了问题，就会造成运动反射出现问题。没有了运动反射，胃部就不能进行扩张和收缩。如此一来，就会降低食物在胃部、小肠和大肠内的运动速度，从而降低食物和液体沿基本肠道移动的正常运动速度。

如果我们强迫他们吃大量的食物或难以消化的食物（如纤维或肉），而这些食物不能被很好地消化，它们就会停留在他们的胃或肠里。这样，病人会感到不舒服，甚至还会呕吐，或便秘或肠梗阻。出现这种情况时，可能需要进行紧急手术或插入导管来缓解压力。

在这种情况下，病人的吞咽能力也会发生恶化，连基本的药片也会很难被吞咽下去。此时，需要对他们的用药进行重新审查，因为他们可能不再需要以前服用的药片了。他们可能对液态药物治疗能够耐受一段时间，但是，当他们的肠道功能开始衰退时，肠道对液体的吸收能力也会随之降低。因此，液态的止痛药可能会变得不太有效。正是基于这一点，才必须要开始考虑其他的用药方式。

一般来说，止痛药和其他基础用药，如抗恶心药、除烦药或减轻大肿瘤压迫周围器官的药物（如可的松类药物），可通过直接插入皮肤下的小针头给药。通过这种方式给药，我们俗称为"皮下注射"。因为小针头不会进入肌肉，只是进入皮肤下面的"皮下"层。

皮下蝴蝶针（之所以这样命名，是因为它有像蝴蝶一样的塑料翅膀）可以扎在原处，用医用胶带粘贴好，保留几天，这样就不必每4个小时就要扎一针。因为扎针会很痛，尤其对那些身体消瘦得只剩下很少的肌肉的病人来说，每天扎那么多针，肯定会让他们受不了。通过皮下注射，药物可以被缓慢地吸收，从而可以持续不断地缓解病人的疼痛感，不会产生剧烈的波动。

我们也可以将皮下注射针头连接到一个叫作注射器驱动器的小型设备上。我们可以通过这个小型设备，每24小时给一次药物，这样也可以持续缓解病人的疼痛。如果需要，护士可以随时调整剂量。如果需要增加剂量，则可以通过配置额外的皮下蝴蝶针来实现这一目的。

尽管病人的嘴可能看起来干燥，但是他们不会再感到口渴，因为他们的肾脏已经开始衰竭，不再工作。开始的时候，他们可能会经常性地漏尿。随着时间的推移，他们喝水会越来越少，尿液的颜色会变得非常暗。肾功能减退还会导致体液聚集在人的腿部，有时还会聚集在腹部，这些部位可能会浮肿。在某些情况下，为了舒适感，可能需要对这些体液进行引流手术。

由于自己所爱的人不喝水，人们有时会担心，所以坚持要求给他们进行静脉输液，以确保他们不会脱水。不过，我们需要了解重要的一点是，如果通过静脉注射给病人补充肾脏无法处理的液体，那么这些液体就会聚集在四肢、腹部和肺部，会给病人的呼吸能力增加额外的压力。

如果他们口干舌燥，感到口渴，最好用其他方式给他们补充水分。比如，我们可以给他们喂冰片和冰柱，也可以通过滴管或注射器给他们补充水或其他液体。对他们进行定期的口腔护理，保持他们口腔的湿润度，这样做，通常比口渴时再补充水分更重要。

因为身体专注于维持心脏、肺部、大脑和其他重要器官的血液循环，所以，泵入皮肤表面的血液就会减少。皮肤表面血液的减少，会导致皮肤弹性的降低，在床上移动病人或敲击其肢体时，所产生的最小摩擦，甚至会轻而易举地撕裂他们的皮肤。因此，给病人翻身时，都需要格外小心。

血液减少循环，就会使他们的胳膊和腿看起来很苍白。由于缺少了血液，病人还会感觉很冷。有的时候，血液涌入这些区域，会使病人手和脚突然发热，有时也会让病人突然发冷。

如果肺部不能正常工作，心脏不能像以前一样努力泵送血液，那么，就会使得血液中的氧含量减少，从而导致到达大脑的氧也大量减少。因此，病人有时会变得很困惑、健忘或焦虑。

中枢神经系统的节奏也会开始慢下来，可能会导致手臂和腿部的麻木和刺痛，病人会出现腿部感觉不安或全身感觉不安等现象，总想着动一动，很难长时间保持一个姿势。关于那些"主动死亡"的人经常经历和描述的幻觉的原因，人们有很多不同意见。有些人说，这些人之所以能见到早已死去的亲人或宗教人物，是因为他们很想在他们死后会有人等着他们，这是一种心理表现。也有人说，这些是由于到达大脑的氧气不足所引起的幻觉。还有人说，这是人在面对死亡时，下意识地潜入自己的记忆库中，寻找着自己已故的亲人，希望得到他们的安慰。

这一原因与我们的目的并无实质性的关联。重要的是，我们要明白这是一个普遍的现象。如果一个人说他可以看到天使或死去已久的母亲，只要能让他得到安慰，我们就不应该挑明，与之争论。此外，我们还要明白，这可能不仅仅是其经历的幻觉，还有可能是在我们没在场的那会，某个人触摸他们的一种感觉，某个人的声音或味道。

人即将死去时，他们仍然会有短暂的清醒时刻。他们会意识到自己周围的环境，他们会优先考虑自己想要说的话和想要做的事情。对那些接近他们的人来说，最重要的是要明白，这可能是临死之人完成这些最后任务的唯一机会。如果我们坚持认为他们还没有到即将死去的时候，而且还拒绝让他们说和做对他们来说重要的事情，那么，我们就会剥夺他们完成这些任务的机会。

对于那些爱他们的人来说，尽管承认他们即将死去无疑是一个令人心碎和不安的时刻，但是，我们必须给他们最后的机会，这一点至关重要。我们不要因为自己的固执而剥夺我们所爱的人掌控他们最后日子的机会，我们应该给予他们这个唯一的机会，让他们将对他们来说重要的想法、感觉和记忆留给我们一起分享。

随着死亡越来越近，人的身体系统也在不断减速。"濒死"可以通过人的身体、意识水平，尤其是呼吸方式的变化来识别。

**濒死的体征：**

持续无意识或昏迷。即将死去的这个人，可能根本不会醒来，可能有时会突然醒来，说些要么是完全没有意义的话，要么是我们不明白的话，然后又陷入无意识状态。

完全拒绝或无法进食或喝水。

上呼吸道有唾液聚集，在呼吸时发出"咕噜"的声音，在某些情况下会发出很大的声音。

丧失咳嗽反射能力，唾液聚集在喉咙里，可能会发出"咕噜"的声音。

呼吸间隔时间延长（呼吸暂停）。

呼吸方式发生显著变化，如弱呼吸突然变为深呼吸，或缓慢且有规律的呼吸频率突然变得非常快且不规则。

喘息时通过嘴进行呼吸。

尿失禁（以前没有尿失禁）或完全停止排尿或排便。

嘴唇、手指甲和脚指甲周围有蓝色变色（血液缺氧引起的发绀）。

胳膊和腿部的皮肤有蓝色斑点，逐渐扩散到脖子和躯干，这是血液循环减少造成的。

四肢感到寒冷，皮肤变色，使皮肤呈现蜡质外观。

血压急剧下降，脉搏微弱，很不稳定，有时可能非常快，有时又非常慢。

下巴下垂，身体保持不变的僵硬姿势，除非有人挪动他们。

濒死通常会持续两到三天，可能会更短，具体看个人的情况。有些人可能会"坚持"到人类似乎不可能达到的极限时间。他们会一直等到某人来到他们的床边，等到他们所爱的人"允许"他们死去，或者等待做出一个决定，就如露比那样。有些人可能会迅速恶化，在几个小时内从"主动死亡"阶段迅速转变为"濒死"状态。关于这种事情，完全没有规律可循。因此，如果一个人即将死去，那么想跟这个人说再见的就应该尽早跟他说再见，不要因为害怕说得太早而推迟，明白这一点很重要。事实上，跟这个人说再见，并不需要我们像跟一个要去度假或搬到其他地方生活的人告别那样，也不需要我们像跟一个我们期待再次见到的人告别那样。当一个人快要死的时候，可以告诉他我们爱他，我们也可以告诉他我们能够理解。这样跟他说可能会更合适，因为这是我们最后的告别。

有时候，病人因肺部积液而发出的嘎嘎声，可能会使坐在床边的人感到很痛苦。虽然药物可以减缓液体的收集速度，但不能逆转已经积累的液体量，旁观者可能会比遭罪的那个人更加痛苦。明白了这个事实，可能会让人感到一丝安慰。人们通常称这种肺部充血为"临终喉鸣"，有的时候，这种鸣叫声几乎听不到，而有的时候，它可能又相当大。

除了这种喉鸣之外，垂死者可能还会发出咯咯的声音，这可能是垂死者的喉咙后部在收集唾液。随着他们逐渐失去咳嗽或吞咽的能力，唾液会在他们开始用嘴呼吸时进行聚集并产生振动。这个时候，我们可以轻轻地把病人侧过身来，这样就可以让唾液从他们的口腔排出。不过，同样，唾液产生的噪音，通常会让在场的人更加痛苦，他们此时会感觉到自己也想咳嗽，从而希望这样可以鼓励病人咳嗽。

人处于无意识状态时，他们的呼吸方式会发生改变，同时还会显示出上面列出的所有体征指标，这通常是人濒死时的最终提示。事实上，不会有明确的呼吸方式提醒我们这个人即将死去。不过，这个人的呼吸特征会发生变化，会与他们之前的呼吸方式完全不同，这就是一个提示信号。

这就是所谓的"潮式呼吸"。出现这种现象时，人的呼吸会由浅而慢的模式逐渐加快，过渡到深而喘的模式。在这种情况下，他们会有一段时间完全不呼吸（呼吸暂停）。这种呼吸暂停，或称无呼吸，可持续 10 至 20 秒，有时甚至长达 1 分钟。呼吸暂停数秒或一段时间之后，又可能会从深而喘的呼吸模式转变为浅而快的喘气式呼吸模式。

对大多数垂死者来说，他们的呼吸并没有规律可循。他们有时不呼吸，而后可能又突然大口或小口地喘气。他们停止呼吸的时间逐渐延长，直到他们只能偶尔地呼吸，然后这种呼吸会慢慢减少，直至最终停止。他们的嘴可能是张开的，看起来像在喘气，不过，已经没有了呼吸。

这个时候，我们可以对这个人说说话，握住他的手或者轻轻地触摸他，让他知道他并不孤单。看到这种生命最终离去的场景，亲人们可能会非常痛苦和难过。我们根本没有办法知道，到底哪一次呼吸是他的最后一次。通常，垂死之人，在长时间的呼吸暂停之后，会出现一次或几次喘息。可能直到死者已经死去几分钟之后，守在床旁的人发现死者的脸部变得松垮，下巴已经下垂，才意识到他们所爱的人已经做了最后一次呼吸。

潮式呼吸可以持续几个小时，也可以只有很短时间。每个人都不相同。不过，如果我们发现了呼吸方式的变化，就应该知道，他们即将死去，死亡就在眼前。如果我们要想在亲人死去时还在他们身边，那么，最好在这个过程开始后就和他们待在一起，一刻也不要离开。

从另一个角度来说，如果你不想在他们死去的时候待在他们身边，你不忍直视他们的死亡，觉得这会让你感觉太痛苦，那么，一旦出现这种潮式呼吸，你就应该明白他们就要死了，提醒你跟他们说再见了，这个时候，你就可以离开房间。

第九章

确保得到自己所需的东西

特洛伊摔断脖子时才 18 岁。那年，他去乡下参加"赛季初"足球训练营。和他一样，所有的新队友都很兴奋，激励自己进行为期一周的耐力训练。最后，在一个技能训练场，他们和一群来自大联盟的球员来了一场友谊赛，以此来结束本次训练。

这些家伙都是英雄，是他们崇拜的明星。这一次，这些明星人物主要是来给特洛伊和队友们就足球训练方面的事情做指导的。特洛伊很紧张。他需要给人留下深刻的印象，因为他刚刚完成了球员选秀，他不想在预备队度过他的第一个赛季。

特洛伊出门之前，爸爸叮嘱了他一番。"要踢得又快又狠，特洛伊，我的小男孩。"爸爸一边说着，一边扛着背包向后门走去。"别让那些大坏蛋给你添麻烦，好吗？"他又回头补充道。

"放心好了，爸爸，不用担心我。等他们反应过来我在那里时，我早已经把球踢进球门了。"他背着行李包，笑着走向车道，等待团队大巴车来接他。

足球训练营最初的几天就像一场真人秀。队员们首先是背上背着沉重的包袱不停地徒步在山里跋涉，接着是进行突击式障碍训练和一对一的抢断训练。这样的训练，对于大个子来说，没有什么问题，但是对于特洛伊这种中等个子的人来说，就很费劲了。他身材又矮又瘦，背着沉重的包袱与比他大一倍的人较量，简直让他筋疲力尽。不过，即便如此，他还是不停地告诉自己，当他们开始技能训练时，他会有发光的机会。到了那个时候，他有的是机会，让那些健美运动员看上去都像尼安德特人。

不幸的是，他没有等到那个时候。在训练场上，有个尼安德特人折断了他的脖子。当时，特洛伊陷入了围困中，于是，他低着身子跑着，试图绕开这个困境，然而，还没等他成功，就被一个巨人拦腰抓住，把他整个身子翻转了过来，让他的头重重地摔倒在地。奇怪的是，他自己感觉并没有受伤。他只是觉得眼睛里直冒星星，不过，没过多久，他便失去了知觉。

过了一会儿，他醒了，感觉嘴里好像塞着一根塑料导管。他试着咳嗽，但不知为什么，他咳不出来。他想说话，但嘴里塞着导管，话也说不出来。奇怪的是，下巴底下好像有什么东西，但具体是什么，他并不知道。他试着挪动自己的腿，但是，他根本感觉不到它们。他也感觉不到自己的手臂。当他想着挪动自己更多身体器官时，他甚至感觉不到自己的胸部。他试着睁开眼睛，但眼睛似乎被卡住了，根本睁不开。他感觉头顶有点发痒，想用手去挠挠痒，结果什么也没发生。

他只意识到有噪声。噪声似乎在不断地冲击着他的耳朵，然后，他的头开始疼痛了起来，这是一种无法用言语形容的疼痛，感觉就像有人把一把斧头砍进了他的大脑里。

他试着集中精力倾听声音。首先是他耳朵里的重击声，一种低沉的"咚、咚、咚"声。这种声音，让他想起了他在一部关于祖先音乐的纪录片中听到的非洲鼓所发出来的声音。他试着不去听它，但是它一直响着，并没有消失。于是，他在脑海中默默记下了这种声音，而后，再把注意力集中在了另一种声音上。

这第二种声音是高亢的呜咽声，伴随着吮吸的声音，每次达到渐强声时似乎都以"重击的砰砰"声结束。他试着重新集中注意力。"咚咚声，呜咽声，吮吸声，砰砰声。"他想。把那些声音藏在他的脑海深处后，他又试着找到另一个可以集中注意力的声音源。嗡嗡声，他能听到嗡嗡声，但嗡嗡声并不恒定，它来了又走了，总是来来去去。

"因此，现在我们有'咚咚声，呜咽声，吮吸声，砰砰声，嗡嗡声'了。"他试着在自己大脑中找到一个地方来储存这些声音，这样他就可以集中精力继续发现其他的声音源。"说话声。"他想。他能够听到很多人的说话声。他不知道自己是不是死了。但是，如果他死了，他肯定能看得到或者至少能感觉得到自己的身体，不是吗？好吧，也许自己看不到或感觉不到自己的身体。但如果他死了，他肯定也听不到什么声音。他确信，要么就是所有的声音，要么根本不会有声音，否则，不可能只有这些零零碎碎的声音。

突然，他感觉有一块布帘落在自己的身上。眼前顿时一片黑暗，身体显得时冷时热。随即，一切又消失了。

几周后，特洛伊终于醒了过来。他嘴里的塑料导管不见了。他试着用舌头在嘴里转了转，看看自己是不是还有牙齿。但是，他感觉舌头就像嘴里的一只肿胀的鼻涕虫，占据了太多的空间，他根本无法移动舌头。他能感觉到舌头就搁在他的下唇上，不过，他希望舌头没有伸出来，否则会让人觉得很难看，以为他死了。他试着眨了眨眼，然后睁开眼睛，环顾四周。

"他醒了！"他听到有人尖叫。"快来！他醒了！"

特洛伊出事后的这几个月，对他的父母格雷厄姆和凯伦来说，简直就是一种折磨。最开始的时候，重症监护医生告诉他们说他会死，然而他并没有死。父母亲日复一日地坐在他的床边，听着重症监护病房特有的创伤和悲伤的安静声音——医疗设备发出的"哔哔"和"唧唧"工作响声。一旦有报警声，医疗人员会很快冲到病人床边，整个医疗团队成员都像发疯了似地工作着，把危重病人和伤者从死亡边缘拉回来。

似乎没有什么能唤醒特洛伊。他躺在那里，一动不动，昏迷不醒，与这间宽敞房间里所有其他俯卧的人一样，他的身体同样也连接到了同一台医疗设备上。

医生很早就告诉过他父母，他的脊髓已经严重受损，根本无法修复。他颈部骨折，脑部大面积受伤。初步调查确认了诊断结论，医生们说他几乎没有可能恢复到正常人的水平。其间，他们谈到了"舒适护理"的问题。几周以后，医生将他从重症监护室转移到了病房。此后，大家需要商量的主要问题就是，在社区或社群里找到一个可以照顾他的地方。

凯伦不断地想起克里斯托弗·里夫，这位曾遭受脊髓损伤并在此后设法活了多年的演员，他把所有的时间都花在了争取胚胎干细胞移植上。

凯伦坐在儿子的床边，绝望地在互联网上搜索着世界上任何一个能为她的儿子提供干细胞移植的医院，因为这是她想对他做的。她每天都向医生唠叨这件事情，但医生们的回答都一个样。他们用医学语言跟她解释，讲了一大堆冗长的行话，令人难以理解。凯伦简单地理解其为"不行"。

"杰克逊夫人，他受伤的不仅仅是脊髓，"医学专家顾问跟她解释说，"他的大脑功能也很差。这个，你已经看到检验结果了，不用我多说。"为了给这个可怜的女人带来一丝希望，医学专家顾问又补充道："不过，你永远也不知道——有时候，会发生什么奇迹。"

"真没勇气！"这位经验丰富的重症监护室医生离开父母永远陪伴在其左右的特洛伊躺着的床时，心里这样责备自己。"发生奇迹……你真是天真得和其他人一样。"特洛伊不会发生奇迹，这位医生清楚地知道这一点。她的同事们也知道这一点。尽管经过多年的实践，但是她仍然不知道如何在不伤害特洛伊父母的情况下将实情告诉他们。

医生们在特洛伊的喉咙上切开一个口子，他们称之为气管造口术，然后把他连接到另一台呼吸机上。做了这个手术后，特洛伊没有醒过来。凯伦留意到，在连接上一根蓝色软管（就像她家的吸尘器里的那根软管一样）之前，空气进出洞时会发出振动的声音，随后，声音又消失了。医生们把他转移到病房后，他还是没有醒过来。特洛伊在病房待了五个星期后，他还是没有醒过来，什么变化也没有发生。甚至在他们把他从医院转移到疗养院，在那里进行护理后，他还是没有醒过来。尽管格雷厄姆和凯伦尽了最大努力来推迟他的出院时间，但是，他们最终还是别无选择，不得不选择出院。所以，他们找到了他们能够负担得起的这家住宿条件最好的疗养院，找好之后，医院安排了特洛伊的转移服务。

自特洛伊到达疗养院的那天起，他就一直躺在床上昏迷不醒。凯伦和格雷厄姆回去工作，因为他们不得不这样做。他们把和格雷厄姆的父母住在一起的特洛伊的姐妹们聚集了起来，然后试着恢复一些正常的生活，不过，没有特洛伊在家里的生活怎么可能会正常呢？

　　凯伦每天下午下班后都去疗养院。起初，她建议每周至少要在疗养院住一个晚上，但疗养院院长告诉她，他们没有"能力"让她这么做。

　　"当他快死的时候，我们也许能够给你安排安排，"女人轻快地说，"但是我们怎么能让亲戚们一直待在疗养院里呢？你说是吧？"

　　凯伦不再坚持。特洛伊还不会死，如果她还能做点什么，他就不会死！

　　格雷厄姆从学校接了这些女孩，每隔几天就带她们去疗养院看望一次特洛伊。他忍受不了每天去那个地方。杰西和艾米根本不想去，但格雷厄姆告诉她们，她们的兄弟需要她们。所以，她们每次去了后，都只是坐在那间狭小的房间里，盯着床上不断缩小的身影，一直坐到她们该回家的时候。

　　凯伦也讨厌去那里。每当她输入密码，走过玻璃门时，她讨厌陈腐的尿液和食物发出来的味道，她根本闻不得这种气味。她讨厌自己帅气的儿子整天被年龄大到可以做他曾祖父的人包围着。她讨厌天花板上剥落的油漆和餐厅里的旧杂志。她讨厌护理人员让所有老人都坐在轮椅上，整天坐在喧闹的电视机前，强迫他们忍受卡通和摇滚视频。

　　不管这些老人是不是得了健忘症，还是身体虚弱，她都不在乎。

不过，疗养院不应该像放养牛一样放养这些老人，让他们无人看管，直到护理人员把含维生素的食物铲进他们的喉咙里，他们才能得到照料。她讨厌周围没有其他年轻人，她还讨厌他们用扬声器播放直接来自第一次世界大战老电影里的音乐，这些音乐的声音不稳定，录音也噼啪作响。最重要的是，自己不在的时候她不相信护理人员会好好照顾特洛伊。但是，她还有别的选择吗？

每天下午，她都要洗他的眼睛，以清除自前一天清洁眼睛后积聚的黏液。她还经常不得不呼叫护理人员，要他们清空挂在床边的导尿袋，因为导尿袋快要撑破了。本应该从他膀胱排出的尿液，现在撑堵了导尿管。

当医生最终来了的时候，她告诉医生，她感觉特洛伊脱水了，因为他的尿又黑又浓。但是医生说他患有肾衰竭，这是正常的。有些晚上，她甚至不得不使用吸管来清理气管造口术管周围堆积的污物。

但，她做了一切。她给他刮胡子、梳头发，护理人员总是忘记做这些事情。当她向疗养院抱怨时，他们只是告诉她他们人手不足，好像这是她的问题似的。

儿子躺在脏兮兮的病床上，凯伦每次走进病房，她都会数次数，记下自己来过多少次了。但是，现在已经过去了这么多天，她已经疲倦了，不再数自己到底进来过多少次了。她觉得自己从来就没有来过，从来没有发现特洛伊坐过他们花了一大笔钱购买的特殊轮椅。每当问起护理人员时，他们总说他现在还没有意识，还不能坐轮椅。

与特洛伊同住一室的日本老先生田中先生，虽然自己上厕所都成问题，经常尿失禁，但是，他至少每天还想着向凯伦汇报护理人员的失误情况。

经过她自己的观察和田中先生的观察，凯伦手上有了一份她向疗养院负责人投诉的常规清单，这是她试图保持某种控制感觉的唯一方法。她想向更高层次的部门进行投诉，可能是董事会或地区卫生专员。不过，她又担心护理人员会对她的儿子进行报复。因此，她咬了咬嘴唇，心想，还是自己多花点时间来照顾他吧，别人靠不住。

"他妈妈。"凯伦进门时，特洛伊的室友朝她点了点头。

"田中先生。"当这个安静的小个子男人从座位上站起来向房间外走去时，她回答道。每当凯伦过来，田中先生都会走出房间，留给她与特洛伊一起单独待会的私人时间，这已经成为他们之间的一种日常习惯。

凯伦非常喜欢这个老头。最开始的时候，她觉得他有点粗鲁。不过，后来她明白了，并不是粗鲁才让他的脸对她的谈话完全没有反应，而是他完全聋了。所以，后来，她就有意识地把话努力说得清晰而又缓慢，这样他也许能听懂她说的话。奇怪的是，他有时变得相当活跃，尤其是当他觉得迫切需要向她报告护理人员的不良行为时。

"不好，他妈妈。"当他回忆起护理人员一整天在护理她儿子时出现的错误或疏忽后，这样告诉她，她很是感激。

有好几次，当她来到病房时，她出乎意料地发现田中先生正坐在特洛伊的床边，用日语给他朗读新闻。老人一看到她来了，就会低下头，借助拐杖慢慢站起来，把椅子让给她，然后，穿上拖鞋，轻轻地拖着脚步离开房间。

凯伦在她儿子旁边坐下。她解开床边扶手上的锁，将扶手滑落下来。调整好自己后，开始检查医院做的检查清单。检查完清单后，便会放松地回到扶手椅上，然后告诉她反应迟钝的儿子外面世界所发生的一切。就在这时，奇迹发生了。

"他醒了！"她对着空空的墙壁尖叫，"快来！他醒了！"

特洛伊的眼睛睁开了。一只明亮的蓝眼睛朝着他的鼻子转动，另一只朝着她转动。

"特洛伊，宝贝，你能听到我说话吗？"她敦促着，俯在他身上寻找任何确认的体征。

一名护理人员蹦蹦跳跳地走进门来。"一切都还好吗，太太？"她一边问着，一边站在了凯伦所在的病床边。

"他的眼睛！"她俯下身，抓住站在她身边的女人的手。"他睁开眼睛了！"她惊叫道，不知道自己是该笑还是该哭。

然而，得意的时刻并没有持续多久。凯伦身旁的女人拍了拍她的手，就像哄孩子那样。"他经常这样。"她一字一句地说着，然后，就走开了。

当那个女人离开房间时，凯伦愤怒而沮丧地转过身来，对着门口。"你到底什么意思，你这个白痴？他以前从来没有这样过，"而后，她又转回身来对着儿子，恳求道，"特洛伊，特洛伊，宝贝，是妈妈。我在这里。我和你在一起。"

右眼又闭上了，但左眼还在继续转动，眼珠子看上去有点像台球，随后，左眼眼帘也合上了。

"特洛伊。"凯伦重复了一遍又一遍，但没有回应。

现在，凯伦唯一能听到的声音就是呼吸机发出的声音和她自己温

167

柔的啜泣声。绝望的她，最终又瘫倒在椅子上，她的心再一次被彻底撕裂。

从急性护理，特别是重症、紧急护理过渡到康复护理或"舒适"护理是一个非常困难的过程。就像故事中的凯伦和格雷厄姆一样，当你所爱的人遭遇创伤性事件，导致他们从完全健康和健康成长状态突然到了濒临死亡的危险中，这是一次巨大的打击。你希望并祈祷他们的状况有所改善，并把你所有的信心都放在照顾他们的专业人士的专业知识和经验上。但是，如果没有了解决办法，即，他们的病情既没有恶化，他们不会死亡，但病情也没有开始好转时，你就会陷入了一个不稳定的"无人之地"。

在极度紧急的时期，你把所有的希望都寄托在了稳定他们的状况上。对于我们大多数人来说，只有他们的状况稳定了，才能说明，他们正处于上升阶段，他们的状况只能从这里开始好转。然而，在某些情况下，状况的稳定性可能意味着完全不同的东西。有可能意味着他们不会再好转了，他们已经达到了好转的顶峰。这种停滞会使治疗团队和家庭的困境变得更加复杂。一个人不能永远待在重症监护室。如果他们没有恶化，也没有好转，那他们该去哪里？有些人会选择带回家进行照顾，因为他们有足够的家人和朋友，有能力全职护理好病人。不过，有许多人既没有能力也没有机会承担这一角色，当然，这里面既有实际原因，也有经济原因。因此，剩下的就只有一个选择——在能够满足个人和身边人需求的护理机构中进行长期护理。

可悲的是，在许多国家，为遭受不可逆转的创伤、疾病或伤害的年轻人提供的病床或住院服务非常有限。许多像特洛伊这样的年轻人住在养老院或疗养院，纯粹是因为他们对个人护理的需求很高，而且缺乏可行的替代方案。

知道特洛伊长期以来的预后不佳，因此，让格雷厄姆和凯伦的选择变得更加艰难。如果他们知道他很可能会早死而不是晚死，他们可能会把他带回家，他们也可能把他送进收容所或姑息治疗机构。不过，因为他的病情相对稳定，不能再留在医院，所以，他们唯一的选择就是送去疗养院。

许多其他年轻人和他们的家庭面临着同样的困境。需要持续护理但可能有意识、善于沟通、精神和情感敏锐的年轻人，经常发现自己与比自己年长得多的患有慢性衰老疾病（包括老年痴呆症）的老人们住在一起，由受过老年人护理培训的护理人员护理。对于一个尽管有残疾，但仍然对未来充满希望的年轻人来说，这往往是一种孤立，令人沮丧，有时甚至是令人绝望的处境。

正如我们之前所探讨的，在许多西方国家，寄宿式养老机构的护理人员，通常都有爱心而且还训练有素。与急症医院或康复医院相比，这类机构雇用的卫生专业人员的比例并不是很高。当然，我们在这里并不是对护理人员做什么批判，但对于像特洛伊这样的人来说，他们的护理需求很复杂。虽然他们很年轻，但却要完全依赖于全天候的护理。对此，我们不禁会问："养老机构真的是适合他待的地方吗？"

## 我是否有权享受高质量的护理？

无论人们发现自己在哪里，他们都有权获得优质、循证和富有同情心的护理服务。在紧急环境中所提供的护理质量应同样适用于康复护理、姑息治疗或老年护理环境。虽然说他们彼此都适用，但是，并不表示所有的护理都要参照急救的护理标准执行！

有过任何形式住院经历的人，包括从生孩子到忍受手术、化疗甚至 X 光检查，他们都有可能会说自己在医院有过被误解、被忽视甚至被虐待的经历。有的人可能会跟你说他们遭受疼痛的经历，有的可能会说自己的症状根本没有得到缓解，有的可能会说他们的护理团队根本不好沟通，床头按铃反应太过迟钝，还有的可能会说他们被期望在没有帮助的情况下过早处理个人卫生，等等。

我曾经作为一名健康专家给他人提供过护理服务，也在许多场合以病人的身份接受过护理服务，我也和我所信任的人有过不愉快的经历。护理质量差，没有任何理由可找。然而，当有人投诉护理质量不好时，人们的反应通常都是责怪别人，比如责怪体制不好（资金不足），责怪机构不好（我们人手不够）或者责怪同事不好（"哦，他总是让人很难相处"）。

作为护理服务的消费者，我们有权期望，在我们生病和脆弱时，我们能够得到最好的护理服务质量。如果我们担心我们自己及我们的亲人没有得到优质的护理服务，那么，我们有必要为此做些什么才行。

## 如何确保我们得到应有的护理服务

不管你的亲人在哪里得到护理照顾，你都有权：

要求治疗团队定期更新你的亲人的状况以及自上次更新以来发生的任何变化。为了确保得到定期的信息更新，有必要指定家庭中的一个人作为主要联系人，这样不同的护理人员就不会告诉家庭各成员相互矛盾的信息。在这个故事中，凯伦应该是那个主要联系人。

要求护理人员将这个人的病情的重大变化及时通知你们。我们可以为此再次指定一个联系人，这样就会让家庭成员觉得更加踏实。在本故事中，护理人员应该给凯伦提供每日更新信息。

确信护理人员在照顾你的亲人并满足了他们的日常卫生需求。所说的这种照顾，不仅表示每天洗一次澡，而且还表示他们经常有机会上厕所、定时更换尿片（如果他们尿失禁或大便失禁）、刷牙、剪指甲、梳头发、刮胡子、保湿皮肤、进行定期检查，以确保他们不会因为肢体的压力或床单的摩擦而出现生疮现象。如果人没有了感觉，也没有运动能力（如本故事中的特洛伊），那么，就容易出现生疮现象。

确信护理人员及时处理了任何疼痛。如果他们持续感到疼痛，那么就需要采取适当的措施，以确保疼痛不会"突然发作"。例如，应定期口服或皮下注射止痛药物。护理人员不得等到病人疼痛难忍时才给他们用药。

确信当你不在你的亲人旁边时，护理人员会对他们进行各类检查，对他们的护理需求做出预计并采取了相应的措施。

凯伦每天下午来病房时，她都会给特洛伊做一次全面的擦洗，其实她完全没必要每天都这么做。擦洗眼睛、嘴巴并给他们身子擦擦澡，这些都是基本护理内容。剃须和梳头也属于基本护理内容。如果他们出现大小便失禁，还要确保给他们进行清洗，更换衣服等。

在故事中，护理人员似乎对特洛伊睁开眼睛并不感到意外，因为他经常这样。显然，护理人员以前并没有将此事告诉他的母亲。所以，当这一切发生时，她误把它当成了自己的希望，她以为他醒了。而实际上，这只是代表特洛伊的一种不自觉的行为。

作为一个人的父母、伴侣、子女，你有权知道这个人身上正在发生的事情，有权知道护理人员针对这个人的护理计划。如果他们没有将有些事情告诉你，那么你有权问他们，一直问他们，直到他们给了你一个满意的答案。

## 如果你担心你的亲人接受的护理，该怎么办

如果你担心自己所爱的人所接受护理服务的质量，如本故事中的凯伦一样发现自己不敢对护理质量进行投诉，那么，你可以做很多事情，比如：

就你对信息不透明（包括你想知道的事情）、护理质量或其他困扰你的问题等的担忧，列出一个清单。

与值班负责人谈谈，说说你的担忧。如果没有任何改变，与机构负责人预约，并与他们交谈。如果没有明显好转，请咨询就诊医生。

指派一个可以代表你进行谈判的独立律师。

同样，如果你没有得到你所需的信息，你可以与管理委员会或机构的所有者谈谈，并告诉他们，如果你没有得到所需的信息，你可能会寻求其他途径，来获得自己所需的信息。

如果这些方法都不能改善目前的状况，请向相关的监管机构进行投诉。相关的监管机构，有可能是一个由政府任命的负责调查医疗保健投诉的专员（例如，医疗服务投诉专员），也有可能是一个授权各护理机构根据既定标准提供护理服务的认证机构（例如，老年护理认证机构），此外，你还可以联系你当地的议会成员或为护理机构提供资金的融资机构（政府部门）。顺着这条线索，总有某个人或某个组织可以接受你的投诉。

如果你担心是因提供给你的亲人的护理质量导致了他们的死亡，那么，请向验尸官提出投诉。

不管我们的亲人有没有能力代表自己向相关方面投诉，他们都有权得到优质、及时和适当的护理照顾。如果他们自己没有能力要求这种护理，则需要我们代表他们来监控护理机构对他们提供的护理服务。如果试了所有方法后都不起作用，我们还可以将他们转移到另一个护理机构，接受更好的护理照顾。

要记住的重要一点就是，你有这个权利。你有权要求获得最好的护理照顾，如果你的亲人得不到很好的护理照顾，你有权为此做些事情！

特洛伊的故事很复杂，原因有很多。尤其是，虽然他的父母都知道他活不了太长时间，但是，遗憾的是，他们没有能力带他回家。凯伦应该被允许在她需要的时候留下来陪他过夜。大多数护理机构都为家人提供了这样做的机会，尤其是当有人正在死去的时候。由于根本不知道特洛伊什么时候会突然死去，所以他母亲需要花更多的时间来陪他，这种事情应该由护理机构出面解决。

需要明确的是，这个例子并不罕见，也不是常态。不管住院人员的年龄、病情状况或需求有多么复杂，大多数护理机构都会为他们提供出色的护理服务。诚然，家属方面也有困难。当医院决定让他们的亲人出院时，经常会要求他们尽快为病人找到一个后期的护理机构。这就意味着，他们不光要寻找能提供优质护理服务的机构，而且这些机构还要有空闲的床位或房间。随着人口的老龄化以及对住院护理需求的增加，要找到这样的护理机构，可能会很困难。

在做出选择之前，最好还是先去实地看看这些护理机构，与那里的护理人员和其他住院者交流了解一下，先期感受一下这个地方。如果你发现某个地方你觉得有信心能满足你的亲人的需求，但他们在那个时候还没有空床位，那么，你可以考虑采取一种临时措施，比如临时护理。特别是，如果只是短期的话，你甚至也可以把这个人带回家进行护理照顾。你可以和那些经历过同样过程的人交流交流，这样可能会对你有所帮助。在凯伦的案例中，有一些脊髓损伤和脑损伤支持团体和组织可以为她提供建议和支持。

如果你发现自己不得不为你的亲人找到一个寄宿式护理机构，那么，你就要尽可能多地和别人交流交流，你可以在网上搜索他人对你身边的护理机构的评论，确保获得了解这些护理机构的人的支持和建议。

第十章

有人在家里死去时护理人员的压力

杰克出院回家了，准备在家里等死。家人们都知道他撑不过几天了，所以，子女们都聚集在一起，希望在他咽最后一口气，回到他老父母和两个兄弟身边之前，还能和他们的父亲共度一段美好的时光。

　　经过家人们一番激烈的争吵之后，医院才同意让杰克出院回家。医院方面一直都说他"病得太重"，但医护人员和他的家人一样，大家心里都明白，他好不了了。最后，他的妻子贝蒂签署了一份出院协议，然后，他们便把他带回了家，这样他就可以死在他自己的床上了。

　　杰克有一大家子人，有 4 个儿子和 3 个女儿。子女们都很团结，彼此之间没有什么矛盾。因此，听说他想死在家里时，子女们都竭尽全力要满足他的愿望。救护车上的"旅行"简直就是一种折磨。杰克在离开医院之前已经服了很多止痛药，但是他刚一出医院的门，那些经常照顾他的医护人员就顾不上他了，因为他们还有其他人需要他们去照顾，根本不会有时间去想他。没有人费心给他当地的医生打电话，也没有人帮他叫社区服务。因为医护人员确信他撑不过 24 小时，所以觉得根本没有必要那样做。

　　当救护车随车的医护人员最终把他抬到床上时，杰克已经筋疲力尽。

　　"亲爱的，你能给我拿一片止痛药吗？"当他闭上眼睛试图放松时，他问贝蒂。

贝蒂走进厨房，打开医院药剂师给她的弹簧锁包。里面没有黄色和绿色胶囊，只有扑热息痛。待她细看后，她发现随他带进医院的一半药片也不在那里。她顿时变得不知所措了起来，于是，只好给当地医生打了电话。

幸运的是，布莱恩·多切蒂做了三十多年的家庭医生，对这个家庭非常了解。因此，没过多久他就来敲门了，胳膊下夹着一个黑色的包，脸上挂着笑容。杰克的大儿子利奥开了门，把他带进了父亲的卧室，然后就走开，去了休息室。此时，其他家人都聚集在休息室里。

贝蒂坐在床边，握着丈夫的手，面带着微笑，跟走进来的布莱恩打了声招呼。"我会离开一会，给你们男人一些独处的时间，"她说，"来杯咖啡，布莱恩？"

"好的，贝蒂，让我先和杰克聊一会儿，然后我会过去，跟你一起聊聊。"猜到她会问下一个问题，他又补充道，"加一点糖的牛奶咖啡，就可以了。"

杰克脸色苍白，除了他的肚子很大之外，他全身很瘦。布莱恩注意到，在覆盖着他瘦弱身躯的浅蓝色床单下，他的肚子形成了一个土堆。虽然杰克闭着眼睛，但是他那眉毛之间深深的皱纹清楚地表明他正在努力忍受着疼痛。

"您好，杰克。"他坐在床边的雕花椅子上说，杰克爱妻刚刚腾出的椅子上余留下的体温仍然让他的屁股感到了温暖。杰克慢慢睁开眼睛，注意到那声音很熟悉。

他深深叹了口气，低声回答说："是医生吧？"

"身体很痛，感觉不好受吧？"

"噢，还不算太糟。"杰克回答，明显缺乏信心。

医生用怀疑的目光看着他。从杰克躺在床上的僵硬程度可以明显地看出，他正努力尝试着限制自己的活动，希望以某种方式抑制疼痛。

"好吧，让我们先解决这个问题。"布莱恩一边回答，一边拨弄着他的包。他从包里取出一根针、一个注射器和一个小玻璃瓶。"啪"的一声，他把玻璃瓶的一端折断，然后开始用注射器把透明的液体吸进去。注射液准备妥当后，他便掀开床单，露出了杰克那瘦骨嶙峋的腿。但是，当他注意到斑驳的紫色皮肤时，他改变了主意，不准备在腿上打针。于是，他又举起了杰克的手臂。"只是一点点刺痛。"他说。

杰克笑了，故意开玩笑来分散自己对针头的注意力。"你怎么知道的？"

布莱恩对这个回答嗤之以鼻。杰克一向机智敏捷，似乎就连他即将到来的死亡也没有影响到他那不屈不挠的幽默感。"只是一种直觉。"他边回答，边把注射器里的东西注射进杰克的胳膊里，随即用大拇指紧紧地按住针孔处，以减少瘀伤。杰克紧皱的眉头舒展了开来，变成了微笑，随后，他再次闭上了眼睛。

布莱恩来到休息室，和杰克家人待在一起，好留点时间给刚注入杰克体内的药物能够发挥药效。他需要向他们解释在接下来的几天里他们要注意的事项，其实他并不希望进行这场谈话。利奥把房间角落里的一把大皮椅子让给了他，但布莱恩却坐在了贝蒂旁边的沙发的尽头。

"我很高兴你把他带回家。"他说着，接过艾德递给他的咖啡杯，放在桌子上。

"我们还能做什么呢？"贝蒂问道，她对布莱恩所说的似乎感到有点惊讶。"他想回家，我不能让他失望。不过，说实话，布莱恩，我对能否照顾好他没有信心。"贝蒂沉思片刻，然后补充道，"我不知道我们需要做些什么。"

布莱恩深深地吸了一口气，喝了一口咖啡，然后开始解说接下来的几个小时，最多几天，家人们可能面对的事情。这次谈话时间很长，其间多次提到了成年儿子利奥、艾德、马特和丹尼尔所关心的问题，即，他们都在关注如何确保杰克得到他所需要的东西，以及如何才能最好地支持贝蒂。

大女儿盖尔建议他们制定一份花名册，所有人都认为这是个好主意。只有坐在角落里的最小的女儿特里西，反应有些迟钝，心不在焉，她觉得这些问题都是这个房间里其他人最关心的问题，与她没有什么关系。当谈话继续时，她的一个兄弟姐妹偶尔会瞥她一眼，不过，她完全不当回事，只顾着自己用铅笔在小笔记本上画着什么东西。

特里西二十岁出头的样子，不过她现在仍然还与杰克和贝蒂住在一起。她患有自闭症，社交能力受到了限制。事实上，她有时几天都不说话。她的生活一直都是由贝蒂在照顾，因为家里除了杰克，就只有贝蒂，其余的成年孩子都搬出去了。成年孩子中有些人结婚了，有些人还没有。贝蒂一直坚持不懈地努力照顾着她，让特里西感到很安全，尤其是自从杰克生病以来。

由于这个女孩得了自闭症，她不能很好地应对任何变故，所以，他们都关心如何用特里西能够理解的方式解释杰克的病情以及他即将死去这一情况，他们还希望通过这种方式能够将这一巨大变故对她的生活造成的压力降至最低。因为，特里西和杰克非常亲密。

布莱恩回答了所有他能回答的问题，很不情愿地接受了这个家庭除了日常探访之外不需要外界帮助的事实后，就离开了。他试图说服他们至少同意接受一些护理支持，但是遭到了盖尔和艾德的断然拒绝。

"我们会照顾爸爸的。他不会喜欢陌生人来这个地方的。"盖尔强调说，朝她妹妹的方向点了点头，以表明她做出这个决定的原因。

那天晚上，所有的成年孩子都搬回来了这个家里。他们在两间卧室和平房里摆放了单人床，供他们休息。过去几年里他们一个一个从这些卧室和平房搬了出去。盖尔搬进了书房，她不想因为搬回她们曾经共用的房间而让特里西不安。盖尔搬走后，特里西花了很长时间才习惯一个人睡在一个房间里。因此，现在她不想去打扰特里西最终给她自己创建的私人空间。

第二天，艾德发现自己成了越来越多来看杰克的人的守门人。不知怎么的，消息传开了，说杰克在家，所有的亲戚、邻居和普通朋友都想来见他最后一面。

利奥和盖尔一直忙于泡茶和咖啡，忙于打开另一包饼干。有些访客还带来了砂锅和蛋糕。天还没黑，冰箱就已经塞满了大家送来的东西，厨房的每一寸空置桌面都堆满了各式各样的塑料容器。

回家的第一天，杰克就一直吵着要去上厕所，儿子们带他上了几趟厕所，都已筋疲力尽。这还只是第一天，后面就更不用说了。于是，马特专门去了一家设备租赁公司，租了一把马桶椅和一个小便桶。

他们把便桶放在杰克的床边，他用了两次。但是到了晚上，当他意识到他需要上厕所时，已经来不及了，弄脏了整个床。此后，就开始需要定期换床单了。

那天晚上布莱恩来访时，全家人都筋疲力尽了。利奥几乎不能动了，他的背很疼，因为他要把杰克抱到卫生间去上厕所，而在丹尼尔换床单的时候，他又要把杰克抱起来。整个下午的时间，盖尔几乎都在忙着洗床单，晾干床单，以备下次换洗床单时有床单换。贝蒂显得非常焦虑，她在试着向特里西解释杰克即将死去的这一情况，而特里西根本没听她解释，一直在杰克的床边转悠，试图把他摇醒。

"请让我给你们找些帮手吧。"布莱恩恳求道。此时，大家围坐在餐桌旁，把食物放在盘子里。虽然桌面上摆了这么多吃的，但是，除了正在吃蘸了酸奶的生胡萝卜的特里西外，他们谁都没有食欲。

"她与陌生人相处不来。"贝蒂礼貌地重复道。

"至少让我安排一些抽单和垫单吧。垫了抽单和垫单，你们就不用每次都换床单了。"他催促道，说话语气有所缓和。

"除此之外，他现在需要持续的药物治疗，需要有护理人员对其进行监控。我不可能一直都待在这里。"

"我能做到，"盖尔插嘴说，"只要你告诉我该怎么做，我一定能做到！"

"那好吧。"

布莱恩不再坚持，放下了自己的顾虑，开始尽其所能地支持他们。"跟我来，盖尔，我们会安排好的。"盖尔不安地跟着布莱恩进了大厅，在那里她能听到房子前面卧室里发出来的吃力的咯咯呼吸声。

"布莱恩，爸爸为什么在呼吸时发出那种声音？"她焦急地问道。

"这就是我们需要给他定期服药治疗的原因之一，服药后，才不会变得更糟。"他尽可能温和地回答。

布莱恩坐在杰克的床边。他将药物吸入注射器。这些药物由三种成分组成。一种用于止痛，一种用于抑制亢奋，另一种用于减缓呼吸急促。他边用盖尔能理解的简单语言向她解释，边将注射器针头扎进了杰克的胳膊。尽管他告诉杰克说他将要打针了，但是，杰克对他说的没做任何反应，仍然静静地躺在那里，一动不动。布莱恩告诉盖尔怎么才能知道她的父亲是否感到疼痛。随后，他又准备了两次额外的注射针剂，把它们放在床边的一个锁着的盒子里。

"这些是应急药物，"他告诉盖尔，"如果你觉得他疼痛，就打电话给我，如果我不能来，我会告诉你给他打额外的止痛药。保管好这个。"说着，他又把盒子的小钥匙递给她。

"他今天吃了什么没有，盖尔？"医生问道，因为他感觉到了杰克脖子上的脉搏微弱且不规则。

"只喝了几口水，含了几块碎冰，"盖尔回答，"但那都是早些时候的事了。他大部分时间都在睡觉。"

布莱恩抬头看了看这个他熟悉已久的男人的侧影。他一直很钦佩这个家庭。他们是那种让你相信什么是凝聚力的家庭。他曾目睹过这个家庭，在杰克失业的时候，虽然家庭经济如此捉襟见肘，孩子们都在苦苦煎熬，但是他们却从来都没有离开过。

他还曾见证过，从特里西小的时候起，他们就如此温柔和耐心地照顾着她，尽管有时生活并不如人意，但是他们始终相信她的潜力，全力支持她努力过上幸福的生活。他们培养了她的艺术能力，哪怕在自己艰难的时候也会为她出钱学绘画。尽管她的社交能力仍然很有限，但她已经出版了两本绘画书籍，并且还在创作第三本。现在，他们在父亲生命的最后几个小时竭尽全力地照顾他，就像他曾经照顾他们一样，他们拒绝外界的帮助，他们相互依赖。

当布莱恩看着杰克时，他注意到家人们把杰克照顾得很好。他们给他梳了头发，刮了脸，还给眼睑和嘴唇涂了保湿霜，看上去闪闪发光。床上用品也很干净整洁，没有一丝褶皱。他们还给杰克的脚上盖了一条手工编织的毛毯。微风吹进房间，轻拂着窗边的窗帘和床头柜上的鲜花。外面的光线逐渐暗淡下去，角落里的一盏小灯发出柔和的灯光，照亮着整个房间。床另一边的便桶上盖着绣花桌布，以掩饰其真正的用途。而床底下，放着一盘木炭煤球，散发着挥之不去的气味。他们真是心思缜密，把什么都想到了。

"盖尔，"他平静地说，"我能给你一点建议吗？"

"当然，医生。"她用她父亲的语气回答道。

"接下来的几个小时会很艰难。如果你觉得太难了或者不知道该怎么办，答应我要给我打电话。"他恳求道，希望他能以某种方式保护他们，使他们不用因目睹他们心目中这个了不起的人死去而感到很痛苦。不过，他也知道，自己没有这种能耐，能让他们都听进他的建议。

"我保证。"她回答道。她知道布莱恩在想什么，她也为这个医生对她家人们的关心而感到安慰。

他们一起回到厨房，布莱恩向家人们解释了未来几小时可能发生的一切。他建议他们尽快对杰克说他们想说的话，因为留给他们的时间已经不多了。他还告诉他们，现在是他们跟杰克告别的时候了，所以，最好还是把其他来访客的时间都往后推推。

布莱恩建议他们每个人都花点时间轮流与杰克单独待一会，确保他们每个人都有时间休息、去散散步或去睡个觉，告诉他们人快死去时会有什么变化，告诉他们如何才能知道他是什么时候去世的。他还叮嘱他们说，不要急着打电话给丧葬承办人，要在他们需要他的时候才打电话给他，否则，他很早就会来找他们。嘱咐完之后，他就离开了。

贝蒂送走布莱恩后刚刚关上前门，门铃就响了。她以为是他忘记了什么在屋里，于是微笑着打开门。然而让她意想不到的是，一个女人站在门前的台阶上，手里拿着一堆看上去是亚麻布的东西。

"是威廉姆斯太太吗？"她问道。她满脸通红，很显然，她一路走来肯定没少花力气。

"是的。"贝蒂回答道。

"我帮多切蒂医生带了这些东西。介意我把它放下吗？它有点重。"她气喘吁吁地说。

"当然不介意，请进。"

那个女人在家里没待多久。她先是把亚麻布搁置在休息室里，接着从休息室拿出来另一个装有睡衣和失禁垫的盒子，然后，她就带着这包东西离开了。

贝蒂本打算去厨房看看，但是刚走到一半，就听到厨房传出来了低声谈话声。为了不打扰孩子们的谈话，她停住了脚步，转而向她和丈夫的卧室走去。可是，刚走到门口，她就听到了丈夫卧室里传出来了另一个声音。见此情景，她没有直接走进去，而是靠在墙上，静静地听着里面的说话声。

"没关系，爸爸。我不傻，"特里西说，"我听到了医生说的话，所以我告诉你我爱你，我想给你看我画的我们在一起的画。"

开始的时候，没有回应。贝蒂努力抑制着感觉要从自己眼睛里涌出来的泪水，她不知道自己是否应该进去向特里西解释，告诉她杰克已经不省人事了，但是感觉好像有什么东西拦着她，不让她进去似的。

"太漂亮了，我的宝贝。"一个低沉沙哑的声音说道，"无论我最终去了哪里，我都会想你的。"

"我也会想你的，"年轻女子回答道，"他们会把你埋在地下吗？"

"我想是的，但别担心。只不过是把这具破旧的尸体埋入地下罢了。"她丈夫的声音开始变得越来越低，"我会在这里……永远和你在一起。"

"我知道，爸爸。"特里西回答着，然后在她走出房间时又补充道，"再见。"

特里西径直从仍然僵硬地站在走廊上的母亲身边走过，根本没有注意到她，然后径直去了自己的房间。贝蒂偷偷地从门口往门内看了看。发现杰克闭着眼睛，一动不动地躺在那里。于是，她蹑手蹑脚地走到床边，爬上床，小心翼翼地面对着他躺下，将自己的身体沉入床垫的凹陷处，这是她多年来躺在这个她所爱的男人身边所压成的自己身体的形状。现如今，这个男人正从她手中溜走。

她伸出手臂，轻轻地放在他的胸前，就像多年来每天晚上一样。她能感觉得到，他那嘎嘎的呼吸声，在她手掌下和床垫间颤动着。她闭上了眼睛，拼命想抓住并留住他的气味、他的感觉。她心里很清楚，一旦她独自一人了，这些气味和感觉将继续支撑着她活下去。

尽管忧心忡忡，心里很不踏实，但贝蒂还是睡着了。睡梦中，没过多久，她感觉到了杰克的手在她手上那种熟悉的触摸感。这个时候，他们之间不需要言语。

睡眠中，她被噪声吵醒了。那只仍然靠在她自己身上的手略微滑了一下，手指已经冰凉。床垫不再振动。她靠在自己的胳膊肘上，看着丈夫的脸。

"他走了，妈妈。"盖尔在床另一边的椅子上抽泣着。

"什么时候？"贝蒂蒙蒙眬眬问道，仍然是半睡半醒状态。

"大约十分钟前。"丹尼尔将手放在母亲的肩膀上回答道。

"我们都在这里，"利奥补充道，听上去很震惊的样子，"除了特里西——她不想来。"他提高了声音继续说着，"艾德去告诉她了，但她说她知道，她一点反应也没有，只是继续埋头画她的画。"

贝蒂躺在丈夫身边，枕头上刚刚自己的头枕过的地方仍然很暖和。她紧紧地握着杰克的手，把头靠在他的头上。"你应该叫醒我的。我还没来得及说再见，"她喃喃自语道，让她憋了这么久的眼泪落到了他的肩膀上，但她接着又说，"不，没关系……我说过了。"

当我们把我们的亲人带回家等死，在我们知道会发生什么，知道他们什么时候会主动死去，或者什么时候濒临死亡的同时，我们也需要知道照顾他们需要做些什么。

对于一个家庭来说，在家照顾一个垂死的亲人可能会让他们身心疲惫，尤其是在他们决定不需要外部帮助的情况下。通常，害怕接受帮助的原因是担心家里有不熟悉的人会打乱他们的日常生活，尤其是在家里有一个成员有特殊需要或者不喜欢家里有陌生人的情况下。

接受别人的帮助，可以减轻家庭在提供更为复杂的如卫生和药物治疗等护理方面的压力。不过，家庭有权就此做出选择。像病人大小便失禁时使用额外的亚麻布，演示如何在床上抬起或移动病人，以及如何确保他们感到舒适等这类实际操作事项，可以帮助家人度过与病人"在一起"的时间，而不是在这个时间必须为他们"做"些什么事情。

在这种情况下，就可以利用姑息治疗服务来提供帮助，即便只是提供信息和获取设备也比较好。对贝蒂和她的家人来说，幸运的是，他们有一个尊重他们意愿的家庭医生。虽然他们一家人不愿意接受帮助，但是，家庭医生还是能够给他们提供一些额外的情感和实际支持。

当我们把一个人带回家等死时，我们不知道这个人要多久才会死去，因此，我们要做的就是照顾好自己和病人，这一点至关重要。


## 知道该怎么办

除非你以前照顾过病重的人，否则在短时间内有很多东西需要学习，例如：

**如何在不伤害自己的情况下将某人抬上床或在床上移动他们：**

始终弯曲膝盖并承受双腿抬升的压力——这样可以保护您的背

部。确保至少要两个人（一边一人）搬动他们，哪怕只是把他们抬到床上。

在床上给病人翻身时，先将病人双臂交叉在胸前，将枕头放在他们的两腿之间，然后再进行翻身动作，不要把他们抬起来翻身。至少要有两个人一起操作。

将某人从床上移到椅子或便桶上时，一定要两个人一起抬，并且分阶段进行。首先，搬动病人的腿，让他们坐在床边，接着扶他们站起来，轻轻地转动他们，让他们的腿的后部接触到椅子，然后再帮助他们坐在椅子上。让他们回到床上的顺序刚好相反。

**如何在不搬动人的情况下更换床单：**

同样，始终要两个人一起操作。

将病人侧翻（如上所述），然后将床单纵向卷起，沿着侧身病人的身体和腿部的背面卷起。

将新床单放在床的边缘，摊开铺平，将床单两个角塞入棉被下压好，并沿病人身体纵向滚动床单剩余部分（这将在人体背部形成新旧床单的隆起）。

将病人轻轻滚到另一侧，超过新床单的边缘。

取下弄脏的床单，然后铺平新床单，将床单另外两个角塞入棉被下压好，需将床单整理平整，确保没有褶皱，否则病人睡上去会不舒服。

摊铺一张"抽单"通常会更容易，它大约是普通床单的一半大小，抽单通常铺放在床的中间位置。你只需将一张床单剪成两半，就可以自己制作一张抽单。这样就省去了每次弄脏床单时都要更换整张床单的麻烦。

**怎样才知道病人什么时候需要服用更多止痛药以及如何给药：**

这需要由医生或护士进行证明和解释。就杰克而言，他的家人很幸运，家庭医生能够为他们做这件事。

**如何保护皮肤免受压力和摩擦：**

如果病人侧卧，请务必在其膝盖之间放置一个枕头，以防止膝盖和脚踝的骨头突起摩擦在一起。

请务必确保头下的枕头没有对耳朵造成压力，并且耳垂没有倒转或折叠。最好使用柔软材料制成的枕套，不要使用淀粉或变硬材料制成的枕套，因为这些会刺激皮肤。

请务必每隔几个小时变动病人的位置，以免他们感到不适。

如果要在皮肤上使用保湿霜，请务必不要用力揉搓，而要轻柔地按摩。请勿使用加香料的保湿霜，而应使用易吸收的普通乳霜。

**如何通过在床边使用便桶（便桶仍能移动）或使用易于更换的失禁垫来控制大小便失禁，并保护床单不被弄脏：**

当大小便失禁时，这个人可能会对他们的伴侣不得不为自己清洗和更换衣物而感到焦虑。出现这种情况时，我们可以问问他们，让谁来做这项工作，他们才不会感到焦虑。在杰克的例子中，他对儿子帮自己洗衣物感到很满意。不过，由于他们没有经验，没有接受过正式的培训，所以在搬动杰克时，利奥最终弄伤了自己的背。这是家庭护理人员经常会碰到的问题。

**如何处理房间里难闻的气味？这些气味可能由大小便失禁、伤口发炎或皮肤破裂所引起。下面列出一些可能有帮助的建议：**

在床下（看不到的地方）放些小苏打、木炭煤球或猫砂托盘，用来吸收难闻的气味，并且定期更换它们。

尽可能打开窗户，使用风扇使空气保持流通。

使用柑橘味的精油，例如酸橙、柠檬、佛手柑或柠檬马鞭草。

定期更换垫子、床单或盖被，并进行彻底清洗和干燥。

使用含有甲硝唑的特殊伤口敷料、活性炭、蜂蜜基敷料，以消除难闻的气味。

对于由肿瘤生长或坏死（坏死组织）引起的恶臭伤口，可以采用姑息放疗或手术进行治疗，不过，前提是该人不会即将死亡。

如果有人可能会在死前回家一段时间，那么，他们回家的这段时间，可以采用可调节的病床，这样能让个人护理变得更加容易。病床的高度可以调节，因此无须弯腰就可以进行更换和清洗。医院的病床都是便携式的，因此，如果他们愿意，可以将病床移到起居室中，这样，病人也成为家庭活动的一部分。

**如何保证病人口腔的清洁和湿润：**

用牙刷刷牙，用盘子接着刷牙水，漱口后，将漱口水吐到盘子里。

当他们不再能忍受牙刷时，用棉签清洁他们的嘴和舌头。

观察他们的舌头上是否有舌苔，如果他们碰巧得了常见的鹅口疮，可以使用抗真菌滴剂。

如果不能再大口地喝液体和吃冰块，就只能小口小口地喂。

用润唇膏或薄荷润唇膏涂抹嘴唇，以保持嘴唇的湿润。

照顾一个重症病人的家庭成员，也必须有休息时间。因此，我们始终要手握一本花名册，让人们能够按顺序在休息和放松的时候轮流值班照顾重症病人，从而帮助他们在面对身心疲惫的经历时能够保持精力旺盛。

**经常来说，会有很多大家庭、朋友和熟人想来探望病人，这可能会增加家人们的负担，让他们变得难以承受。其实，有很多方法可以管理好这些探望者：**

设置探视时间。

限制探望者可能的探视时间。

只同意对垂死者及其家人来说重要的探望者来探望。

建立一个"电话树"，这样，如有更新情况，只需要联系其中一个家人即可。

在答录机上留言，告知联系人。

在前门张贴一个标语，感谢人们的关心，不过，要他们保护隐私。

朋友和邻居可能想着来帮忙。有的时候，他们会带来很多吃的，会把家里堆得满地都是，但是家人们通常没有食欲吃他们送来的东西，而且家里也没有足够的空间储存食物。如果人们愿意帮忙，你可以给他们布置一些能帮助你的任务，而不是增加你的负担。

**可以给他们一些提示，比如：**

如果人们愿意带食物来，告诉他们你想要什么样的食物。同样，也可以采取清单形式，以便只在需要的时候再送食物过来，这样就解决了要储存食物的问题。

有些家庭需要他人帮忙从学校或幼儿园接送孩子或孙子。

有些家庭需要他人帮忙短期照顾小孩。

需要他人帮忙购物、从药房取药或收集邮件。

需要他人帮忙洗衣服、修剪草坪或打扫房子。

有的时候，主要护理人员需要中途休息一下，好让他们去散散步或者补个觉。在一些大家庭或者有大量人员可供支撑的情况下，可以让大家轮流值守垂死的人，从而让每个人都有休息时间，保持充沛的精神和体力。不过，在小家庭或者只有一个主要护理人员的时候，主要护理人员的休息更为重要。在这种情况下，可以让朋友或邻居帮忙短期照顾一下垂死之人，从而让该主要护理人员得到片刻的休息。

把你的亲人带回家，让他们死在他们自己的床上，这是确保满足他们最终愿望的一种有意义而又令人难忘的方式。虽然看起来，这件事情很容易办到，但实际上，将他们带回家照顾，既会给家庭带来压力，又会让家人身心疲惫。人们对回家等死的现实准备得越充分，他们愿意接受的支持越多，掌握的信息越多，他们就能更好地应对一切。

照顾自己的亲人是一种挑战，因为这需要打破彼此之间长期存在的相互关系。有些人看到他们的伴侣或成年子女不得不为自己擦屁股或更换脏床单而感到很难过。而有些人不希望他们的孩子看到他们软弱和脆弱的一面。这就是为什么接受尽可能多的外部帮助可以让这个人及其家人能够彼此分享最后的时光，让他们能够放心地彼此交谈、分享、回忆和安慰，而不必承受提供通常非常亲密的身体护理时带来的压力。

在回家之前就谈好了所有这一切，可以提前做好规划并让各种支持到位，使将死的人及其家人能够充分享受他们在一起的剩余时光。

# 第十一章

## 守夜

朱莉娅侧身躺在床上，她那瘦骨嶙峋的膝盖之间放着一个垫子，以保持自己的舒适度，防止自己那没有肌肉或脂肪保护的关节生疮。

她长长的白发披散在枕头上，纤细而又平直，没有了往日的光泽。

她的脸看上去像一支黄色的蜂蜡蜡烛，表面有些凹凸不平。她没有睁开眼睛，但也没有完全闭上，像是在闭目养神。她就这样躺了好几天了，唯一的改变是每隔几个小时医护人员就会给她换个方向。只有当他们把她转过身来或者给她换被褥时，她才变得活跃起来，轻轻地呻吟着。有的时候，她会皱着眉头，而有的时候，她又会用她那消瘦而又苍白的手抽打自己。

她的家人来过，又走了。护理人员多次紧急打电话给他们，告诉他们她快死了。护理人员打电话叫他们过来，让每个人都放下他们手头上的一切事务，这根本不切实际，因为工作、孩子、孙辈和责任占据了他们大部分时间。

他们坐在床边，抚摸着她的长发，握着她的手，告诉她他们爱她。虽然他们不知道她听不听得到他们说的话，但是护理人员说这样可以给她一些安慰，于是，他们就照做了。可以肯定的是，朱莉娅还没有死。她只是躺在那里，床上用品的缓慢起伏是她还在呼吸的唯一迹象。

朱莉娅的大女儿凯西每天都会过来看她。凯西已经退休了，现在也有六十多岁了。她每天都会从花园里摘一束新鲜的玫瑰花，带过来换掉前一天带来的玫瑰花。朱莉娅第一次搬进养老院，是凯西安排了所有的一切。她的弟弟大卫和迈克尔很乐意把一切都交给她处理。毕竟她以前是一名护士，他们认为她了解医疗系统。凯西起初对让她照顾母亲感到有些不满。不过，6 年前在家里照顾母亲的那段时光让她感触很深。此后，她已经完全没有了不满情绪。

退休前，凯西每天下班回家都会顺路去看她母亲。有时候，凯西发现朱莉娅会和她的朋友们坐在餐厅里，打着牌或者欣赏着当地唱诗班每周为老年居民举办的音乐会。有时候，凯西会发现她在自己的房间里，坐在椅子上，凝视着天空。在接下来的几个月里，这样的日子变得越来越频繁。

开始的时候，凯西碰碰她的胳膊向她打招呼时，朱莉娅会报以灿烂的微笑，随后，她们就会开始在一起聊天。凯西会先告诉她自己一天的工作情况，朱莉娅会问她一些关于家庭的问题。有的时候，朱莉娅会把她成年子女的名字搞混，或者忘记她丈夫乔治已经去世了。不过，一旦凯西提醒，她又会纠正自己，然后继续聊天。

凯西退休后，她母亲的身体才真正开始走下坡路。一家人都知道她患有老年痴呆症。这就是她搬进养老院的原因。她经常开着煤气炉，然后离开去干别的事情，这种情况数不胜数。最后那一次，迈克尔走进房子，担心母亲会因煤气窒息而死，在家里疯狂地寻找她。最终在花园里找到了她，她在花园的扶手椅上睡着了。

"就这么办！"迈克尔对凯西说，"我们得把她带到某个地方去。她一个人在家太不安全了。"

随着时间的流逝，凯西注意到母亲的情况每天都在恶化。有很长一段时间母亲都不认识凯西。每天下午，护理人员仍然把她推进餐厅。不过，她只会静静地坐在那里，没有任何反应。等凯西来了后，便会把她带回自己的房间，这样她们娘俩就可以单独相处了。这个过程中，朱莉娅时不时会对凯西报以微笑，当然凯西也会回报微笑。可是，当凯西亲吻她的额头，推着她回卧室的时候，发现母亲对她经常又没有任何回应。

凯西的两个弟弟——大卫和迈克尔，已经不来看望母亲了。大卫说他不忍心看到母亲变成现在这个样子。他对自己那个曾经充满活力的好动的母亲有着一种独特的依恋，不过，他还是努力承认这个反应迟钝的脆弱女人就是以前那个充满活力的女人。

迈克尔工作太忙了。他希望像凯西一样尽快退休，同时希望努力积累尽可能多的钱，这样他和妻子埃莉诺就可以在他退休之后搬到海滨去。孙子们时不时会过来看看。迈克尔的儿子斯科特婚后带着他的新婚妻子来见过他的祖母，当时他被祖母的样子吓到了，因此，此后他也没有再来。

保罗和莫妮卡经常来。他们是大卫的成年子女。他们的母亲突然去世时，他们俩都还小，那个时候朱莉娅一直是他们稳定生活的存在。莫妮卡和她的祖母特别亲近。尽管从她和她丈夫以及她自己的孩子住的乡下的家开车去祖母在的养老院需要2个小时，但是她还是坚持每周去看望她。

一天下午，当她们一起坐在养老院的花园里时，她对凯西说："不管发生什么事情，祖母总会在我身边。"此时的朱莉娅，像毛毛虫一样蜷缩在一把大扶手椅里，轮椅在扶手椅的旁边。

"我知道，亲爱的，"凯西回答，"但是，看到她这个样子，我心里很难受。有的时候，我只是希望她闭上眼睛就不要再醒来了。"

"姑妈！"莫妮卡训斥道。"等她准备好了，她会那样做的。"她又补充道，她因为对凯西发火而自责。她不是故意的。

凯西低下了头。"我不是说……"

"对不起，凯西，我不该发火的。我只是……嗯，我只是不知道该对她许什么愿好。"

凯西看着她的侄女。她为莫妮卡感到骄傲。凯西经常在想，当莫妮卡和保罗还是孩子的时候，母亲就不在了，而父亲又总是要忙工作，这对他们来说一定很难。然而，他们挺过来了，她就坐在这里，她真是一个了不起的成熟女性，既勇敢又忠诚。

"你妈妈，"她问道，"你很想你妈妈吧？"

"她死的时候我还小，"莫妮卡沉思片刻后回答，"我真的不太记得她了。祖母才是真正关心我们的人。祖母，还有您。"

"我吗？我根本没有帮上什么忙。我工作太忙了，跟你父亲一样。"当凯西想起那些年时，她总是有一种愧疚感。要是她多陪陪孩子们就好了，但是她妈妈总是对她说："凯西，你有自己的生活要过——你去忙自己的吧。我能照顾好孩子。"

"是的，您有，"莫妮卡惊叫道，"您认为是谁向我解释了月经、男孩和性？"她笑了。"当然不是爸爸……是您，凯西。是您让我知道了我在做什么。然后，我怀上了安格斯的时候，您还记得吗？"

凯西当然记得。莫妮卡经历了一次可怕的怀孕，一直生病到分娩。当时是凯西建议她去看她的一个产科医生朋友。那位产科医生了解情况后，立即将她送进医院，让莫妮卡提前分娩，从而挽救了母子两人的生命。之后，莫妮卡又生了两个孩子，凯西帮她给最后一个孩子确立了母乳喂养。最后这个孩子米娅当时很是挑剔，不过现在已经长成一个瘦长的少女了。想到这一切，她会心地笑了。

"我记得，"她答道，享受着那份回忆，"好像是很久以前的事了。"

"是的，姑妈。安格斯五月份就 21 岁了。我真不敢相信，时间过得真快！"她咯咯地笑着，俯身去摸她祖母的胳膊。"听到了吗，奶奶？安格斯马上就要 21 岁了。"她慢慢地说，深情地望着朱莉娅乌黑的眼睛。

朱莉娅笑了。"是啊。"她喃喃低语道。

那是朱莉娅最后一次说话。那也是她们最后一次把她带到花园里。夏天就快结束了，微风吹过，凉意嗖嗖，预示着季节开始发生变化。这个时候，外面对朱莉娅来说太冷了。即便朱莉娅是蜷缩在毛茸茸的被子下，即便她是在温暖舒适的房间里，有一天下午，凯西给朱莉娅按摩手和脚时，发现她的手和脚都冻僵了。

"就这样开始了。"她心想。

没过多久，凯西就在半夜接到了主管护士打来的电话。她迅速穿好衣服，同时用手摸索着手机，给迈克尔、大卫、莫妮卡和保罗打了电话。她没有给迈克尔的孩子打电话，而是要迈克尔给他们打电话。凯西到养老院时，朱莉娅的情绪已经安定下来了。

"她真的很激动，"在门口迎接她的时候，护士告诉凯西，"但是我们给她打了小剂量的吗啡，她似乎好多了。"

"谢谢。"凯西一边回答，一边穿过大厅走向母亲的病房。她告诉过医生要在她的病历里写有关止痛方面的医嘱，可在朱莉娅出现意外疼痛时使用，想到这些，心情就豁达了。

　　这个医嘱，凯西已经看过无数次了。她不准备让母亲遭这份罪，因为护理人员都得听从家庭医生的意见，而凯西几乎没有时间去考虑这个家庭医生的意见。医生不喜欢凯西的干涉，不过，他还是同意了她的要求。医生知道她的名声。她是一个强烈的代理发言人，她不仅代表她的母亲这样发言，而且多年来她也一直代表其他居民这样发言。她知道自己在说什么。

　　整个晚上，大家都是零零星星地到达了朱莉娅所在的养老院。莫妮卡路程远，所以，她是最后一个到达的，跟她一起来的还有她丈夫菲尔和女儿米娅。

　　"安格斯还在路上接斯图。"她告诉凯西，然后径直走向床边，吻了吻朱莉娅的额头。

　　"我来了，祖母。"她边说，边疯狂地向米娅和菲尔挥手，让他们加入她的行列。随后，他们俩都跟着她，轻轻地吻着老太太，喃喃地说了几句话。接着，他们在房间里走来走去，一个接一个地问候他们一大家子人。米娅找到一个空的角落，坐在角落的地板上。菲尔转过身去，站在了门边，而他的妻子莫妮卡则留在了祖母的床边。

　　护理人员整夜进进出出，忙个不停。渐渐地，当黎明的曙光慢慢透进房间时，一家人都散去了。迈克尔打了一个大哈欠，说道："好吧，今晚看来不会有什么事情发生，我早上还要工作，先走了！"说完，就要和埃莉诺先离开。

埃莉诺轻轻地拍了拍他的胳膊，皱了皱眉头，但他们还是离开了。他们的儿子斯科特和拜伦不久后也离开了。

保罗吻别了他的祖母，在她耳边低语道："祖母，您要好好的，等我回来。这会我得去接孩子了。"说完，便和他妻子一起离开了，去他岳母家接他们十几岁的女儿们，他前一天晚上把她们送去了那里。安格斯离开时，这个家里已经开始了清晨的忙碌。紧接着，菲尔准备带着另外两个年轻人一起离开。

"我开车送下斯图，顺便带米娅回家，亲爱的，好吗？"他向妻子建议。莫妮卡点点头。她知道回家需要很长时间。斯图有工作，米娅马上就要毕业了。他们需要行动起来。当然，她更希望他们留下来，不过，她开始觉得她的迈克尔叔叔说的没错，今晚看起来不会有什么事情发生了。朱莉娅看上去似乎相当平静和放松。也许这只是虚惊一场。

"你为什么不跟他们一起走呢，莫妮卡？"凯西问道，随即伸出双臂，在已经坐了几个小时的椅子上，挪了挪身子。"我会在这里，如果有什么变化，我会打电话给你。"

莫妮卡看了看自己的丈夫，又看了看她的祖母。最后，她回头看着她的姑姑。"你保证？"她问道，语气铿锵有力。

"我保证，这种情况可能会持续很长一段时间。"凯西回答道，她接受了母亲的状况尽可能稳定的这一事实。她知道他们一家人可能会在很长一段时间里都要处于这种状态。

"走吧！"她催促着，于是，莫妮卡很不情愿地和家人一起离开了。

当护理人员爱丽丝端过来她的早餐托盘时，朱莉娅竟然奇迹般地睁开了眼睛，这让凯西很是惊讶。

"饿了吗，妈妈？"凯西不由自主地问道。当她帮爱丽丝扶她母亲坐起来，舀起一勺含维生素的麦片粥时，朱莉娅像小鸟一样张开了嘴。凯西把勺子刚放在她的下嘴唇上，她就迫不及待地把她的红舌头伸了出来。可是，当她的舌头碰到勺子里的麦片粥时，她吐了一口唾沫，然后闭上了嘴巴，紧紧咬着没有牙齿的牙床不松口。

"爱丽丝，有冰激凌吗？"凯西问道。

"现在还是早餐时间，格兰杰小姐！"她惊恐地喊道。

"我不在乎！你要做个乖女孩，给我拿点冰激凌，好吗？"凯西用她最母性的声音补充道。让她恼火的是，尽管多年来一直要护理人员们叫她凯西，但只有少数几个人这么叫。这让她觉得自己就像她认识的那个老太太，自己工作地方的人都是叫她"格兰杰小姐"。

爱丽丝怒气冲冲地离开了房间。不过，随后，她便按照凯西的要求，带着一碗香草冰激凌回来了。凯西知道妈妈会吃冰激凌，果然，她欣喜若狂地把最后一勺都舔光了。

当莫妮卡打电话给姑姑，告诉她自己安全到家时，凯西给她讲了这个故事，结果，她们两人都笑了。"我不在乎她是早餐、午餐还是晚餐时间吃冰激凌，只要她开心就行。"莫妮卡说。不过，凯西知道一场战斗即将来临。

如果她的母亲还不会即将死去，那么护理人员会鼓励她继续吃她在过去几个月里才刚刚耐受的维生素食品。遇到这种情况，朱莉娅很可能会像今天早上一样继续做出反应。凯西最担心的是医生会开始考虑喂食管，这是她妈妈最不想要的结果。

这家人又聚在一起守夜三次，每次他们都一个接一个地离开。虽然朱莉娅又重新振作了起来，但是，再也没有恢复到她以前的状态。护理人员不再因为要她起床洗澡而感到烦恼——他们在她躺着的地方给她洗澡。由于她总是尿床，所以他们不得不定期给她洗澡。当她大小便失禁时，护理人员需要付出巨大的努力来搬动她和改变她的姿势，而这个时候，她很不听话，对他们非常抵触。她喊叫，打人。她还掐他们，朝他们吐唾沫，直到他们已经完成了所有的动作。随后，她闭上眼睛，继续睡觉。

医生确实提到了喂食管，不过，凯西坚持说，只要她能吃点东西，哪怕只是冰激凌或酸奶，他们都不能给她喂食管。护理人员用注射器将吗啡混合物打入她的嘴里，直到她开始吐出来为止。凯西没有怪她，因为她知道这有多难吃。所以，在她的提议下，主管护士将一个小小的蝴蝶针插入朱莉娅的胃里，她全身也只有这个地方还剩点脂肪，然后，他们通过一根小管给她注射吗啡。打了吗啡后，朱莉娅看起来舒服多了。她不再呻吟，不再皱眉，不再掐人，也不再朝人吐痰。她的脸看上去平静而又放松。

秋天渐渐远去，冬天已经悄然来临，树上仅剩的几片叶子也掉了下来。凯西的花园里已经没有玫瑰花了，她也就没有玫瑰花可以带过来了。于是，她每天就摘一小束香草和几朵早生的水仙花带过来。往年，她的草坪上，水仙花的球茎都还没有发芽，而今年这些水仙花已经开始不合时宜地出现了。她坐在母亲身边，不经意间发现，母亲手臂上鼓出来的紫色静脉和白色韧带，看上去就像是外面树上

202

光秃秃的树枝。

"对我们所有人来说，冬天来了。"她心想。

莫妮卡仍然是常客。她过来之后，就静静地坐在朱莉娅的床边，这样，凯西就有一些休息时间，可以去外面散散步。保罗也每隔几天来一次，希望祖母能在他在场的时候死去。他也很爱她，跟他妹妹莫妮卡一样。他一直记得，自己生病的时候，是朱莉娅在照顾他。有次膝盖摔破了皮，是祖母帮他清理好的伤口。小时候有大一点的男孩子在街上欺负他，也是祖母帮他出气，斥责那些男孩。他希望祖母死去的时候他能在场。他觉得这是他欠她的。

有一天，朱莉娅不吃东西了。什么东西都勾不起她的食欲。

她只是吞下凯西用注射器滴入她嘴里的少量柠檬水，但仅此而已。她大部分时间都在睡觉。她不吃不喝，也不再排便。第二天，她根本没有醒来。

凯西试着用注射器往她嘴里滴入些柠檬水，但柠檬水流了出来，她根本没有吞咽。因此，她放弃了，不再给她喂柠檬水，而是专注于用蘸了苏打水的棉签保持口腔湿润。她把棉签绕着她的牙龈转几圈，然后再把棉签从母亲紧咬的牙床中抽出来。她在母亲的嘴唇上涂抹些薄荷润唇膏，母亲偶尔会不自觉地用舌头舔一下。但是朱莉娅没有动，也没有醒来。

后来，她的呼吸频率发生了变化。这次的呼吸已经不再是凯西不止一次睡在床边椅子上听到的那种缓慢而稳定的呼吸模式了。朱莉娅的呼吸突然变得很浅，两次呼吸之间还出现了间歇时间，这是以前从未有过的现象。凯西摸摸母亲脖子上的脉搏。它又轻又细，就像被蜘蛛网困住的蝴蝶拍打着翅膀一样。

她按铃叫了护士，然后靠在母亲身上。由于靠得近，所以，每次她母亲呼气时，她都能听到一种轻微的嘎嘎声。

"没事了，妈妈，"这话她都说了无数次了，"是我，凯西。我在这里，我哪儿也不去。"后来她又补充道，"你不需要为了我们而留在这里。我们没事。如果你准备好了，就去你要去的地方吧。"

凯西挂断莫妮卡的电话后不久，保罗就到了。

他气喘吁吁地跑进了门。"她是不是……"他看了看姑姑，想确认一下。

"不是，还没有，亲爱的。"她回答道，他伸出双臂抱住她，紧紧地抓住不放。这件事情对这个男孩肯定打击很大，凯西心里这样想着。"坐她旁边来，保罗。我已经跟她说了我要说的话。"

确实，她已经说过了。在侄子到达的这段时间里，她已经跟母亲说了一些她以前从未说过的话，说了保留到她生命最后几个小时才说的话，说了女儿需要与母亲分享的私密的悄悄话。现在除了等待别无选择。为了让保罗跟他祖母单独待会，她悄悄地走了出去，走进了走廊，然后，再次给迈克尔打去电话，希望他能接听电话。这一次，居然打通了电话，他回答了，这让她有点惊讶。不过，让她大吃一惊的是，他居然告诉她说他不来了。

"什么意思？你妈妈快死了，你这个该死的白痴。"她在电话里诅咒道。

"姐，你之前不是说过嘛，你看现在发生什么事了吗？根本没有！所以，我不会再坐在床边，听她喘气和咯咯咕噜 4 个小时，结果到最后她却醒了，想要吃冰激凌。"

"但是，这次……"凯西听到自己在恳求道。

"这一次没有什么不同。我不去了。我还有事情要完成。我待会儿再给你回电话。"她听到了一声沉闷的响声，令她震惊的是，她意识到他挂了电话。她又拨了一次电话号码，可是，这一次电话直接转到了他的应答服务。见此状况，她只好挂断了电话。她很清楚，如果电话继续打下去，自己肯定少不了爆粗口。

大卫到达之前，莫妮卡、安格斯和米娅都匆匆忙忙跑进了房间，朱莉娅进行了最后一次呼吸。当时，他们还不知道这是她生命中的最后一次呼吸。莫妮卡亲吻了她的额头，坐在床上，等待着她的下一次喘气，然而，它再也没有出现。此时此刻，家人们都无意识地屏住了呼吸，注视着，期待着她发出一声叹息，一声喘息，注视着朱莉娅还活着的任何迹象。然而，什么都没有出现。

凯西轻轻地靠上她母亲的身体，用手指贴着她的脖子，触摸她是否还有脉搏。起初有一种微弱的颤动，不过，随后就消失了。她认真看了看朱莉娅的脸。发现她脸部的肌肉已经松弛，眼睛半睁着，没有了神韵，嘴巴也已经松弛，下巴垂了下来。见此情景，她本能地伸出手，用拇指和食指轻轻捂住母亲的眼睛，合上眼睑。凯西听到莫妮卡在她旁边喘着粗气。

"她是不是……"

"是的，莫妮卡，她已经去了。"凯西像以前一样回答了很多次，不过，不同的是，这次是她的母亲，她的家人。虽然她已经期待这个结果几个月了——不对，应该是几年了——但是，她还是感到了麻木。

她从床边退后一步，一动不动地站着。此刻，她没有思考，没有移动，不过，却带着一种奇怪的解脱感，还夹杂着一种奇怪的感觉，即认为她母亲仍然在以某种方式和他们在一起。她以前也经历过很多次这种情况。某人死后，房间里总有一种无法割舍的感觉，他们的灵魂仍然以某种方式存在着，等待着……"等待什么呢？"她总是想知道答案。不过，当大卫大步走进门来时，魔咒被解封了。朱莉娅走了。

莫妮卡轻轻地俯身，趴在祖母的身上，哭了起来。她的儿子安格斯拥抱着他的妹妹米娅，他们也哭了。他们的舅舅保罗站在角落里，低着头，眼泪像小溪一样顺着他那布满皱纹、晒得黝黑的脸颊流了下来。

大卫慢慢走到床边，站在女儿身旁，把手放在她的背上。莫妮卡感觉到有人拍着她的背，她抬起了头。"哦，爸爸。"她哭着扑进他的怀里。大卫抚摸着她的头发，没有说话，眼睛牢牢地盯着母亲那一动不动躺在床上的身体。

"有给迈克尔打电话吗？"大卫问道，他觉得自己需要做一些实际的事情。不过，没有人回答。于是，他也没有继续问下去，而是选择了保持沉默。

主管护士过来检查了一下朱莉娅后，就离开了。爱丽丝带着一盘茶和饼干回来了，把它们放在了朱莉娅的床头柜上。但是，没有人去动它们，它们一直留在那里。斯科特赶了过来，他冲过走廊，突然在房间门口停了下来。他似乎在四处寻找他的父亲迈克尔，不过，他没有找到。凯西邀请他进房间，但他说他不能留下来。他吻了他的姑姑，然后就离开了，没有最后看一眼他的祖母。

凯西从未结过婚。像她的其他朋友一样，每逢休年假的时候，她都忙于自己的事业，忙于无止境的旅行。她确实谈过好几次恋爱，也有过一段激情四射的恋情，不过，到头来发现，没有一个是她可以托付终身的男人。有时候，她很后悔自己没有孩子，不过，她又太忙了。如果想升职，可能就不会有什么产假之类的假期，所以，她决定不冒这个险，不放下成为她所在领域的领导者的雄心壮志。因此，她就变成了现在这个样子。

现在，当她环顾房间，看到安慰儿孙的父母和安慰父母的成年子女时，她想知道在未来的日子里谁会来安慰她。过去的6年里，她把全部精力都献给了母亲，而如今67岁的她，独自一人生活在这个世界上。她成了一个孤儿。

当你的亲人死去时，和他们共度最后几个小时可能是一次痛苦的经历，但同时也能让你充满力量。有机会"允许"某人死去，这对于某些人来说很重要。尽管她内心对独自留在这个世界上感到不安，凯西还是需要告诉她母亲，她很清楚她快要死了，要她不要担心其他的事，尽管放心地去。

虽然有许多有过濒死经历的人报告说，自己听到熟悉的声音，感觉有人握住他们的手或触摸他们的肌肤，对他们来说很重要，但是，仍然没有确凿的证据可以证实，当一个人死去时，被所爱之人包围会带来什么影响。我们所能假设的是，在我们的生命中，对我们来说重要的事情在我们死后也同样重要。

对于某些人来说，可能是希望家人和朋友围坐在床边，有可能是希望听一些熟悉的音乐，或者闻一些花香或精油的味道。同时，也有可能是希望听到有人给他们轻声背诵祈祷文告，或者举办宗教实践活动，比如涂油、念诵、讲述神圣或其他熟悉的故事。有些人可能会选择在令人欣慰的声音、气味和触摸活动中完成他们最后一次呼吸。

有些人没有家人或朋友。也许他们已经独自生活了很长一段时间，也许他们出于我们可能永远不知道的原因已经切断了与他人的联系。同样，这是某些人选择的生活方式。他们可能希望在生病前被"照原样"记住，也有可能希望远离那些曾经在他们生命中重要的人。在这些情况下，通常是专业护理人员，尤其是护士、精神护理工作者和志愿者，最有可能陪他们度过他们生命中的最后时光。

然而，其他人，不管是故意还是偶然，都是孤独地终老，死去时甚至没有人知道。一般的情况下，一家人可能会围着垂死者的床坐几天。有家人陪着的时候，垂死者通常不会死去，只有当家人离开去休息或吃饭的片刻，这个垂死者才会悄悄地溜走。这种情况经常发生。重要的是，回家发现自己的亲人已经去世后，家人不会因为自己离开房间而感到内疚或后悔。

以我的经验来看，很注重隐私的人会抓住最后的机会来控制这种状况，就像他们一生中所经历的一样。我无法解释某人做出这一选择的原因，但我要强调的是，发生这种情况后与家人讨论时，会谈论到一个共同的主题，那就是他们"是非常注重隐私的人"，这一特征一直反映到他们的弥留之际。

在这种情况下，家人会觉得死去的这个亲人会对他们心存感激，因为他们让亲人以他们觉得最舒服的方式死去。然而，这并不是说，那些弥留之际的人不应该在他们死后花时间和他们的亲人在一起。下一章将探讨在某人死后家人与他共度时光的方法。

## 当死亡过程需要很长时间时

对朱莉娅和她的家人来说，朱莉娅病情恶化的速度既缓慢而又稳定，恶化时间就算不是几年，也有好几个月。此外，在这段时间里，朱莉娅的社交退缩随着她的老年痴呆症的进展而加快，她的身体状况也在不断恶化。患有癌症或其他慢性疾病的人，其身体状况可能会随着疾病的发展而恶化得更快，而且他们的身体系统也难以继续发挥功能。

在病情缓慢恶化的情况下，可能会出现一个病情低谷，显示人们似乎正在主动死去，而后，出于某种原因，他们突然又振作了起来，但是，他们从未完全恢复到发病前的状态。这些突然恶化的事件可能由多种原因引起，通常是感染或意外疾病。随着时间的推移，这类恶化情况会自然消退。不过，经过这次的恶化后，他们的身体会比以前更加虚弱。

如果过度频繁地给一个"垂死"的亲戚打电话，可能会对他们的家庭造成巨大的负担。急急忙忙赶往医院或养老院探望，在垂死者床边守夜，为死亡做准备，以及做这些安排时所产生的心理情绪，对每个人来说都是一种考验。只有当垂死者突然醒来，再次变得生机勃勃时，才不会有太多的心理情绪。

垂死者死亡时间如果持续太久，会给参与其中的每个人都带来巨大的压力。有些人，比如故事中的迈克尔，认为这个垂死者是在"谎报军情"。经过多次的谎报之后，他们就会失去了信任。在垂死者的情况真正恶化时，他们就不再来了，因为他们相信这个人还会再次醒来。由此，这让再次守夜变得很困难，因为这个时候，他们会优先考虑自己的生活。

而其他人，像故事中的凯西，他们只是希望这一切能够尽快结束，不过，与此同时，他们可能会因为自己有这样的想法而感到内疚。然而，也有人不希望看到他们的至亲不再是在他们心目中的过去那种形象，所以他们不再去探望，他们希望自己的记忆里保留的仍然是"曾经"的那个人，而不是"现在"的那个人。还有另外一些人，他们希望能够待在垂死者的床边，看着垂死者咽下最后一口气，他们认为这是一种迫切的需要。保罗就觉得这是一种迫切的需要，一种"偿还债务"的责任。在他内心深处，他认为自己亏欠祖母，因为小时候是祖母给予了他所有的关心和爱。

我们对自己寄予的所有这些期望可能很难得到满足，尤其是像朱莉娅这样，开始情况有所恶化，然后经过几个月后，又重新振作了起来，情况发生了好转。我们都知道，大多数人都有他们的工作、责任和生活，因此，不可能每次一打电话有行动时就要求他们简单地"搁置"他们的工作、责任和生活。

如果我们知道了可能表明主动死亡和濒死的体征，那么，这个时间，我们就可以帮助人们做好计划。并不是说这是一个万无一失的系统。正如我们已经说过的，这方面根本没有硬性规定。但是，如果你了解了表明某人病情正在恶化的指标的具体含义（比如当他们停止吃喝或失去意识的时候），那么，这就提供了一些表明垂死者的死亡时间可能会很短的证据，然后，人们就可以针对他们该如何反应做出明智的选择。

在你的至亲即将死去的那段时间，你与他们待在一起，对双方来说是互惠互利的。陪他们的时候，其实就是给他们提供精神上的支持，而同时也帮助你意识到他们即将死亡的这一现实。然而，我们需要记住的是，无论你多么"期待"他们的死亡，但是当他们停止了呼吸，停止心跳时，仍然会让你感到震惊。

当一个至亲死去时，尤其是非意外死亡时，人们经常会对他们自己的那种难以置信和麻木的感觉提出质疑。"我知道她快死了。为什么我感觉如此糟糕呢？"

我们感觉很糟糕，是因为尽管我们有期待，尽管我们在等待死亡的发生，但是，死亡的现实是对我们感官的一种攻击。

只有在那个人死后，我们才会意识到我们再也不能和他说话了。我们将再也不能抚摸他，闻到他身上熟悉的味道，再也不能与他分享我们的想法、思想和感受。我们再也听不到他的笑声或说话声了，我们的世界也将变得与以前不一样了。

如果我们看着他受苦遭罪，不管这个人有多大，不管他的病情有多严重，我们都希望他尽快死去，这就是死亡的现实，一个残酷的现实。当我们的至亲死去时，他们会给我们留下一个永远无法填补的空缺。突然间意识到这一现实，即我们失去了一切的这个现实，会让我们感到很震惊。

如果这个人已经和我们疏远了，我们的心里同样也不会好受。我们可能觉得我们没有机会面对他或者请求他的原谅。或者，我们可能会怨恨他没有为他过去伤害我们的事情向我们道歉。这种模棱两可的情感，会以这样或那样的方式，折磨我们，让我们感觉不好受。我们可能会在这一秒感到悲伤和凄凉，然后下一秒又感到愤怒和不满。如果意识到我们将永远没有机会治愈过去的伤痛，那么，死亡带来的震惊会变得更加复杂化。

如果我们的至亲死了，这会让我们质疑自己会不会也死。至亲的死，会让我们质疑自己的优先事项，会让我们回顾自己的生活，会让我们想知道我们面对死亡时会是什么样子。我们会舒服地死去吗？我们会得到支持吗？我们濒临死亡时，我们到底是听天由命，还是努力挣扎？我们可能希望自己也能像自己刚刚目睹的人那样死去。如果我们的至亲是在痛苦或悲伤中死去，那么，这可能会让我们担心，如果我们遭受同样的痛苦，我们将会如何应对。

和自己的亲人一起守夜是一种不在场的人永远也无法理解的经历。我们都知道，每个人的死亡都是不同的（因为每个人都不相同），陪伴一个人度过他们生命的最后时光也是如此。即便对参与其中的个人来说，他们对事情的记忆也会不同。

有些人会抓住一些小细节，给他们一种安慰或挫败感。然而，当他们与在场的其他人分享这段记忆时，它们可能是其他人没有注意到的一些细节、一些小事，而这些小事很有可能会成为我们对死亡记忆的核心。如果确信自己的至亲得到了很好的照顾，他们的个人卫生得到了护理人员的很好照顾，整个过程中，他们过得很舒适，没有痛苦，那么，这份确信可以让我们能够专注于我们自己的损失，而不会让我们胡思乱想，认为我们还应该做得更多。

正如我们之前所讨论的，一旦那个人死了，你就再也无法找回那段时间了。因此，是想做了所有你觉得需要做的事情后让自己内心感到安慰，还是想你没有得到或抓住机会去做你内心敦促你做的事情而后悔终身，这两者之间的区别，完全取决于你是否愿意充分享用垂死之人弥留之际的最后时光。

第十二章

死后护理

周六晚上 8 点过 6 分，皮特完成了他最后一次深呼吸。他的妻子布罗迪紧紧挨着他坐在床上，背靠着一堆枕头。他们年幼的孩子乔治娜和艾登，在聚精会神地听着她给他们读着他们最喜欢的书。布罗迪一直在给孩子读着书，没有注意到皮特已经停止了呼吸，直到 6 岁的艾登拽着她丈夫浓密的黑胡子，她才回过头去看了看他。

"爸爸，你听到了吗？他们被抓是彼得兔的错。"

"我说的是彼得兔。"他使劲拽着那络硬硬的腮胡重复道。他看上去一脸的困惑，随后，转向妈妈求助道："妈妈？"

"等一下，艾登，我想爸爸已经睡着了。"她轻轻地把 8 岁的女儿从膝盖上抱起来，然后快速地放下她，让她站立在了床边的地板上。随后，她顺势扑向自己的丈夫，她的心怦怦直跳，本能地意识到事情不对劲了。

"皮特，"她轻轻摇着他的肩膀，"哦，不，皮特？"当他的头歪向一边时，她哭了，她看到了他那美丽的深棕色眼睛里散发出来的呆滞目光。

"怎么了，妈妈？爸爸怎么了？"乔治娜吼叫着，在床边跑来跑去，摇着爸爸的肩膀。艾登继续拽着他的胡子，大声喊着他的名字，越喊越响，希望音量的增加能唤醒他。

"住手！"布罗迪用她那浓重的乡村口音尖声说道。孩子们愣住了。他们的妈妈从不大喊大叫。艾登被她的语气吓得大哭了起来。而乔治娜只是一直在盯着她的父亲，虽然她不太明白，但是，她还是慢慢地看出了情况的严重性。

"对不起，孩子们。我不是有意大喊大叫的。"布罗迪小声说道。"过来我这里。"她鼓励道，然后像母鸡护住小鸡一样把他们抱在了怀里。此刻，她脑子里一片混乱，不知道该说些什么才好。她让艾登坐在自己的腿上，把乔治娜拉到身旁，尽可能紧紧地抱着他们。

"爸爸怎么了？"艾登抽泣着，擤着鼻涕，而后，鼻涕从他的鼻子里流出来。

"是啊，妈妈，他看上去不像睡着了。"乔治娜喘着粗气说道，"他看上去……"不过，她最终还是没有说出来，把到嘴边的话吞了回去。

"你们是对的，亲爱的。"尽管布罗迪此时此刻很想扑到丈夫身上，像一只受了致命伤的动物一样号啕大哭，但是，她还是努力让自己保持冷静，努力让自己坚强起来。

"爸爸他不是睡着了，他是……"她哽咽地说不下去，努力让一些空气进入自己的肺部而不至于让自己大哭出来。"你们的爸爸，他死了，亲爱的，"她呜咽着说，"他现在死了。"然后眼泪像海啸一样涌出来，什么也阻止不了。随即，她把孩子搂在怀里，大声哭了起来。

乔治娜嘴里一直不停地在说："不可能的。他刚才还在和我们说话……妈妈。他刚才还在跟我们说那是本杰明·邦尼的错，不是彼得的错。就像他常说的那样！"她挣脱了妈妈的手，跪在爸爸的尸体上，摸着他的脸说："爸爸，爸爸，你听到我说话了吗？"

"他死了，乔治娜。所以他才没有回答你。"布罗迪一边哭着，一边努力地解释。艾登也从她身上挣脱开去，沿着床跑来跑去，换了好几个位置，以便他能够更加仔细地看着父亲。

"爸爸，我是艾登。快醒醒，快点啊！"他一边乞求，一边试着来回推他爸爸的头。

布罗迪举起双臂。"够了。别管爸爸了。过来吧，我们需要谈谈。"

两个孩子都低下了头。乔治娜比她弟弟先扭回到她妈妈的腿上。艾登用袖子擦了擦鼻子，爬到父亲的身体旁，靠着母亲身边扭动着。他看了看妈妈，而后又看向爸爸。看着他爸爸俯卧着，一动不动，眼睛凝视着，空洞无物。妈妈笔直地坐着，她那卷曲的头发此时乱作一团，她的蓝眼睛因从脸颊流下的泪水而变得通红。

布罗迪脑子里一片混乱。该怎么办？该怎么说？该给谁打电话？她的目光落在了丈夫旁边床头柜上的传呼机上。传呼机原本是他的生命线，但现在变成了无用的吸尘器。她觉得自己应该给心脏移植协调员打个电话，不过，转念一想，觉得还是孩子更重要。于是，她把目光从小黑盒子上移开，转向这两个在着急等待她做下一步指示的小人身上。

"你就不能给心脏科的人打个电话，让他们快点吗？爸爸现在需要他的新心脏，你快点啊！"乔治娜催促着妈妈。

"太迟了，乔治娜。爸爸死了。一颗新的心脏现在也起不了什么作用了。"她不情愿地补充道。

孩子们都知道皮特生病了，他的心脏已经几个月没有正常工作了。他很容易累，不能像过去那样和他们一起玩了。他们夫妻俩曾经一起向孩子们解释说，一旦有了心脏，皮特会做一个大手术，用一个新的心脏来代替他的旧心脏。艾登一直以来都搞不明白，医院如何才能为他的父亲得到一颗"新"心脏。直到有一天，皮特终于让他坐下来，告诉他说，必须得先有人死去，他才能得到新的心脏。

换了别人的心脏后，是否会让皮特变成另外一个人，一个不同的人，就这个问题，他们已经讨论过很多次了。乔治娜开始担心，爸爸换了新的心脏后，可能不会像原来那个破碎的心脏那样爱他们。

只不过，现在这一切都还只是学术性的东西。布罗迪发现，此时此刻自己在试着向孩子们解释，没有人能让他们的父亲起死回生。能够静下心来把这个问题跟他们解释清楚，这的确有点难度。由于医生迟迟不肯帮她把皮特的移植名单排到最前面，所以，她对医生的这种推迟感到非常愤怒。如果医生早点把他的移植名单排到了最前面，那他现在就会和他们坐在一起，像往常一样生龙活虎，逗孩子们开心。

乔治娜继续问着问题，布罗迪努力回答着。而艾登却依偎在他父亲俯卧的身体旁睡着了。最后，乔治娜打了个哈欠，努力睁大眼睛。"现在该去睡觉了，乔治娜。"布罗迪不情愿地催促道。

"不，妈妈，我今晚睡在这里。"她爬到床尾，蜷缩在父亲的脚边，把毯子拉到肩膀上，几乎立刻就睡着了。

布罗迪一动不动地坐在床上。她看着皮特，两个孩子都蜷缩在他毫无生气的身体周围，他们在只有孩子们才有的沉睡中有节奏地呼吸着。任何一个走进房间的人，都会认为这是一个完全正常的家庭场景，除了她所爱的男人胸膛里的那颗心脏不再跳动之外。她一动也不想动。她想把这一刻定格在自己的记忆里。她从床头柜上拿起手机，拍了一张照片。这是一张未来（一个完全不同于现在的未来）可以随身携带的照片。

"去你的，皮特！"她大声说，"你就不能再坚持一会儿吗？"但是她一说完这些话，就感到了羞愧。因为她知道，他已经够拼命坚持了。三周前才收到的传呼机，已经成了他的生命线。有的时候，布罗迪发现他视它如宝，就像那是一个神奇的护身符一样。他看着那个传呼机，仿佛在祈求它能尽快发出"哔"的一声。

他都已经打包好了行李并将其放在角落，一切都准备好了，只等传呼机一响，提醒他们他的新心脏正在被送往手术室的路上，他们就可以立马赶往医院。他们就移植心脏这个问题谈过很多次，每次都谈到深夜。对待这个问题，他们俩的心情都很复杂。让他们彼此感到矛盾的是，如果皮特需要活下来，那么就得有一个人需要死去。

布罗迪一直都在不断地安慰他。"皮特，看在上帝的分上，你才38岁。你得和我们生活在一起，我们需要你。"她抚摸着他长长的棕色头发说道，心里一直在希望捐赠者能够尽快给他提供心脏，因为她爱的男人一天比一天虚弱了，她怕他等不及了。

她离开熟睡的孩子，出门打了三个电话。第一个是打给心脏移植协调员，他富有同情心而且还很专业。第二个是打给当地的家庭医生，不过，电话没打通，所以她只好在他的传呼服务上留了言。

第三个打给了皮特的妹妹埃拉。埃拉没有勇气给他们的母亲打电话。埃拉知道他们已经制订了"以防万一"的计划，而后，她叫布罗迪放心，她不会让人打扰他们作为一家人的最后一晚。

打完电话后，布罗迪回到卧室。她轻轻地把孩子们移到靠近自己的床边，而后，以防万一，她走到洗衣房，抓起洗衣篓，把从冰箱里拿出来的冰袋放满洗衣篓。接着，她把装满冰袋的篓子拖进卧室，慢慢地、有条不紊地把冰袋推到她丈夫躺着的床下面。

她把冰袋沿着他的躯干一直塞进他的睡衣外套里，然后，确切地说，塞进他的膝盖下面和胳膊下面。接着，她把皮特的头稍微抬起来，把用毛巾卷起的最后一个冰袋，塞在了他的脖子底下垫好。最后，她把空篓子扔到角落里，打开空调，爬上床来，疲惫不堪地躺在皮特身边。

布罗迪没有关灯，她让灯一直亮着，这样她就可以好好地观察一下他的脸，把他的每一条皱纹、眉头上的每一根眉毛和脸颊上残留的酒窝都放进自己的记忆里。过了一会儿，她小心地闭上了眼睛。她不忍心看到他那双空洞的眼睛一直盯着天花板。她独自哭了一会儿，除了从熟睡的孩子们身上传来的轻柔的呼吸声和鼻音外，周围的一切寂静得可怕。而后，当她再也受不了的时候，她闭上了自己的眼睛，试着缓解因流太多眼泪而引起的持续刺痛。她感到很空虚，也很孤独。

布罗迪很早就被汽车的停车声惊醒。她抬头看了看孩子们。有那么一会儿，她在想，为什么乔治娜和艾登都蜷缩在床尾。然后，她又看了看皮特，他去世的现实像砖头一样打击着她。没时间多想，她穿上前一天穿的衣服，快速溜到地板上，走向前门，希望能来得及阻止来访者按门铃，这样就不会吵醒孩子们了。

她试探性地打开门，看见了当地家庭医生那个熟悉的面孔。自从皮特生病以来，他们对莫里斯医生有了很好的了解。莫里斯没打算在这里待多久，他不想打扰卧室里迎接他的那个宁静的场景。他戴上一副外科手术手套，静静地检查皮特，用床边盒子里的纸巾巧妙地擦去从他嘴里漏出的一些液体。他摘下包着面巾纸的手套，然后把手套和纸巾卷起，放在一个黄色塑料袋里。布罗迪都不知道他是什么时候从他的黑色大公文包里拿出了这个塑料袋。收拾好公文包后，他退出卧室，走进厨房去写死亡证明。

"你给丧葬承办人打电话了吗，布罗迪？"他尽可能温和地问道。

"还没有，"她回答，"在我们准备好之前，我们还不想让他们来妨碍我们，并把他拖走。"

"你打算把皮特留在这里多久？"他怀疑地问道，声音里带着些许的担忧。

"直到我们准备好让他走，"布罗迪回答，"别担心，我知道该怎么做。"她补充道："冰床在运来的路上。埃拉和其他人一起来的时候会带它过来。你有注意到冰袋吗？我昨晚把它们塞在了他的身体下面。我还有一堆放在后面的冰箱里。"

莫里斯医生从事这个行业已经有很长时间了。再过 18 个月，他就要退休了。不过，对他来说，有人把死者留在家里，这还是一个相对较新的想法。虽然他知道，自他父亲那个时代起就有了这样的做法，但对他来说，这还是有点"新潮"，他心里纠结了片刻，很想弄明白为什么一个家庭要这么做。他心里也清楚，皮特和布罗迪其实早已经制订了非常详细的计划，如果心脏移植之前他先行死去，他们知道该怎么做。所以，他对她的做法，没有感到太大的震惊，相反，他还尽可能地给她提供了一点安慰。

"布罗迪，如果你需要帮助，或者，如果你只是想谈谈，那么，你知道怎么找到我，"他起身朝门口走去，"不要拖得太久，好吗？"

"别担心，"她尖锐地回答，"一切都在掌控之中。"

莫里斯医生打开门，准备离开。随即，他感觉到布罗迪的手搭在了他的肩膀上。"对不起，"她说，"谢谢您的提议。只是……"

"没关系，布罗迪。我只是不想让你一个人处理这一切，尤其是你还带着孩子们。"

"我知道，"她平静地回答，"这并不容易。"

布罗迪刚冲完澡，皮特的妹妹埃拉、弟弟蒂姆和母亲朱莉就来了，紧随其后的是布罗迪最好的朋友安德里亚。除了皮特，安德里亚是布罗迪唯一的知己。她的父母都去世了，她自己的姐姐和哥哥住在很远的地方，所以他们过来得要好几天时间。安德里亚立刻掌管了乔治娜和艾登的一切事务，她给他们做早餐吃，给他们穿衣服，这样皮特的家人就可以花一些时间和他在一起，然后再开始详细计划葬礼仪式。不过，希望他们永远不要使用这些仪式。

布罗迪走出房子，来到一个水泥铺成的小院子里。皮特在生病之前花了很多时间试图把这个院子变成孩子们的天然游乐场。他想把所有的混凝土都翻掉，露出下面的泥土，这样他们就可以在上面种树。不过，这样做，需要花一大笔钱。考虑到他们已经有了一大笔抵押贷款，所以，他决定只购买成年大树、大花盆和挂车混合的盆栽。

布罗迪坐在池子旁边她最喜欢的椅子上，享受着一棵巨大的日本枫树的树荫。这个池塘是她建议修建的，这是她的个人项目。池塘里装满了睡莲、鸢尾花和水生植物，它们在水泵产生的水流中轻轻地来回漂浮着。她坐在椅子上，望着池塘发呆。

她目不转睛地盯着池塘的底部，搜寻着孩子们从商店带回家的那些黄色蜗牛。那天，孩子们还给蜗牛分别取名为大斯奈利、中斯奈利和小斯奈利，她在脑海里一一叫出了它们的名字。而后，她又搜寻红色的小蜗牛，孩子们给它们简单地取名为红一、红二、红三，一直到红十。让她惊讶的是，它们看起来完全一样，可是孩子们却能够识别每只蜗牛。她数了数，只数到九只。

"红十一定藏在一株植物下面。"她心想。

看着池塘里的小喷泉缓缓地流出水来，她感到了些许的安慰，没过多久，她便闭上了眼睛。

"你在吗，皮特？"她在心里问道，希望能听到他的回答。

他曾承诺过，如果有来世，不管用什么方法，他都会跟她交流，他答应过的。"皮特？"她重复问道。可是仍然什么也没有听到。

"布罗迪？"埃拉的声音打断了她的思绪，"要不要喝一杯？"

"嗯。"她闭着眼睛回答道。她不想离开这个平静而又安宁的地方。她想待在这里，轻柔的水流抚平了她的思绪，温暖的阳光洒在她的背上，鸟儿的啁啾鸣叫，这些都在提醒着她，虽然她现在是个寡妇，但是她至少还活着。她讨厌寡妇这个词，虽然这个词暗示了太多，但却没有描述她所感受到的痛苦。

埃拉端着一杯咖啡走了过来，把咖啡放在简陋的户外桌子上，随后在她旁边的椅子上坐了下来。

"这池塘看上去棒极了，布罗迪，"她说，"这里太美了。"

"皮特想让孩子们有一个大自然的去处，好让他们可以探索，观察虫子和蜜蜂，观察树木是怎样落叶的，又是怎么重新长出叶子的。"她沉思片刻后大声说道，"你看到那些向日葵了吗？他不让我砍倒它们。他要留着它们，好向孩子们解释什么是'死'，现在，它们都干瘪了，都枯萎了，只是……只是现在我得收集种子了。"她边说，边开始抽泣了起来。"他想告诉孩子们，某种植物死去后，它们会留下一颗种子。等到春天来了的时候，这颗种子便会生根发芽，重新开始新的生活。"

"太完美了，布罗迪。皮特是……曾经是……一个非常体贴的人。"

"我知道……但是，埃拉，什么种子会代替他生长呢？我该如何向他们解释呢？"

下午晚些时候，布罗迪、埃拉、安德里亚和蒂姆回到了皮特所躺着的卧室。

蒂姆和埃拉已经把冰床放在了皮特的身下，然后给冰床插上电源插座，打开了电源。由于他们还关掉了空调，所以房间里就没那么冷了。此外，布罗迪注意到，他们还把皮特身下的所有冰袋都拿开了，堆放在了角落里的洗衣篓里。

布罗迪问朱莉是否愿意帮皮特梳洗，给他换套衣服，但是遭到了她的拒绝，说没有母亲应该为儿子做这种事的。随后，她带着乔治娜和艾登去了公园。

安德里亚将一只以前属于布罗迪母亲的大古董碗装满了温水。接着，她在古董碗里加入了一些从花园里摘来的新鲜薰衣草花和迷迭香树枝，以及少量羊奶皮肤清洁剂。她将古董碗放在蒂姆带进卧室的桌子上，随身还带进来了一些崭新的蓬松洗面粉和三条毛巾。这三条毛巾是她那天早上在亚麻布店里买的。然后，她在床边上摆放了一个大塑料袋，用来收集他们可能需要丢弃的亚麻布。

蒂姆用手推了下激光唱机上的播放键，唱机开始播放乔治·格什温的《蓝色狂想曲》，随即，房间里充满了萦绕心头的小号音阶。

他们一起把皮特推到冰床的中央。接着，他们脱下他的衣服，脱下他的睡衣，像变魔术一样用布盖住他，只露出他的胳膊。他们温柔而又虔诚地给他洗了澡。洗澡时，他们始终用新的白布盖住他，以保护他的尊严。布罗迪还给他洗了脸，涂抹了润肤霜，此外，她还小心翼翼地用油按摩他那光滑的胡须，这样当光线照射到胡须上时，胡须就会像他喜欢的那样闪闪发光。蒂姆提出要"处理"皮特的"下身"，但却被布罗迪断然拒绝了。

"我自己会处理，谢谢，蒂姆。"她尽可能礼貌地回答。从解剖学角度来讲，她丈夫身体的这一部分，至少对她来说，并不是要"处理"的"下身"。就像他了解她的一样，她也非常了解他的，这是他的私密部分，她不允许其他任何人处理他们身体上的私密部分。"你们先出去，等我一会儿，好吗？"她问道。

她知道皮特已经大小便失禁，不过，她并不在乎。她精心地清洗了他的生殖器，而后，只叫上安德里亚，帮忙给他翻了个身，接着继续独自一人给他做着清洗。她把他的臀部擦洗了一遍，又把它擦拭干净，紧接着，她把那天早上铺在冰床中间稍微弄脏的被单拿掉。布罗迪下定决心，不让任何人见到皮特裸露的脏兮兮的下身，因为她觉得那将是对他的一种侮辱，当然她自己除外，因为她不在乎。不管他的身体是脏兮兮的还是洁白无瑕，她都始终如一地爱着他。

擦洗完他的下身之后，布罗迪便把大家叫了进来。安德里亚再次给古董碗里换上了温水，同时还加入了剩余的草药。然后，大家用碗里的温水，一起清洗了皮特的双腿，并用干布擦拭干净，接着，又给他的双腿涂抹上了保湿霜。

"他的脚周围好像有瘀伤，布罗迪。"埃拉一边观察，一边用她涂了霜的手掌在他的脚跟周围涂抹着。布罗迪知道。她在清洗皮特的背时，就看到了他肤色的变化。她知道，人死后，由于重力的作用，血液会聚集在身体的下部。不过，她并不想向皮特的妹妹解释，所以，她只是说："是的，埃拉，这很正常。"

他们一起给皮特穿上了他最喜欢的卡夫卡长袍。"你不给他穿西装吗？"蒂姆试探性地问道。

"不，蒂姆。他想穿上这身衣服进入天堂。"布罗迪回答，希望蒂姆能闭嘴。她在另一个地方，用她的思想和心灵在跟丈夫默默地交流，因此，她很反感蒂姆的打扰。蒂姆不想自讨没趣，所以他放弃了这个话题，试着用自己的方式和哥哥交流。"你呀，总是有点嬉皮士，"他心里这样跟他哥哥说道，"但又有点卡夫卡，皮特，不是吗？"

《蓝色狂想曲》渐入高潮。而此时，因环境的需要而组建的这个小团队，精心地工作着，他们以各自关爱的方式为这个人做着准备，为他的最后告别做着准备，准备迎接慢慢进入房间的人群。

当他们结束的时候，皮特干净整洁地躺在冰床上，身上散发着草药的芳香，他们邀请现在已经满屋的一家人进来跟他道别。朱莉把她和孩子们在公园里和附近花园里摘的一束鲜花放在他的脚边。布罗迪把他们结婚时的婚礼照放在床头。乔治娜把她在动物园画的家庭照片放在他的胸前，艾登把他最喜欢的《星球大战》小雕像放在他冰冷的右手下。

剩下的时间里，人们进进出出，独自一人或几人一组，来到皮特所在的房间，来到床前，将鲜花及对每个人都有不同意义的小纪念品放在皮特的身上。皮特静静地躺着，脸色苍白。布罗迪每次走进房间，都希望他能坐起来说："有必要这么兴师动众吗？"但是，他没有坐起来。

什么时候让他走比较合适，她还没有拿定主意。其实，她心里根本不想让他们把他带走。不过，她也清楚，总有一天她会打电话给丧葬承办人。她觉得安德里亚的朋友利比值得信赖。利比曾向布罗迪许诺，丧葬的事情并不着急，但是，布罗迪要考虑的是孩子们。她需要做一次很好的权衡才行。多长时间够了？多长时间太长，会让离别更加痛苦？她感到很困惑，不知道该如何下决定。她心里很清楚，在她哥哥和姐姐到来之前她什么也做不了，她希望他们第二天早上能够到达。

那天晚上，乔治娜和艾登上了床，朱莉和蒂姆离开后，安德里亚和布罗迪两人坐在了沙发上。

"你还好吗，姑娘？"她问道。

布罗迪双手捧着头，哭了起来。安德里亚就像是唯一的老朋友和可信赖的朋友才能做的那样，把她紧紧拥抱在怀里。布罗迪的身体因抽泣而变得颤抖了起来。她开始说话，不过，失控的情绪让她不知所云，最终，她选择了不再说话。虽然，这一整天来，她都在想方设法努力控制这种悲伤情绪，然而，她还是失控了，她被悲伤情绪的浪潮完全制服了。

两个女人待在一起，彼此紧紧地拥抱在一起，安德里亚觉得这是她唯一能做的事。她也哭了，不仅因为皮特也是她的朋友，还因为她无法忍受布罗迪所遭受的痛苦。这对布罗迪来说太不公平了。皮特倒在了他接受移植手术之前，这么一个近在咫尺的时间，最终还是剥夺了皮特最后一刻得到缓刑的希望。他的名字排在了移植人员名单的前列。他本应该有机会接受移植手术的。

最终，布罗迪控制了情绪，慢慢缓过神来。"安德里亚，我不知道该怎么跟丧葬承办人说。"她咕哝着，对着纸巾大声擤鼻子，然后又用纸巾擦了擦眼睛。

"你可以把这事交给我，布罗迪，如果你愿意的话，"她回答道，"我朋友利比会给你操办这一切。我之前给她打过电话，看看她是否就在附近……我这样做，只是为了以防万一，所以，希望你不要介意。"

"我不想让一些大公司的员工来处理皮特，"她认真地回答，"不希望来的人都穿着白西装，戴着白手套。我希望来的人都跟普通人一样，穿着普通的衣服。"

"布罗迪，我跟你说，利比是一个提供全套服务的丧葬承办人。她的团队成员个个训练有素，她会亲自完成所有的工作。"

安德里亚不知道自己现在是不是说得太多了，但想到布罗迪随后需要做出决定，所以，她继续说道："如果你愿意，你甚至不需要棺材。"

"我当然要一具棺材！"她厉声说道，"对不起，我的意思是说，我确实想要一具棺材，但我们真的买不起昂贵的东西。"

"嗯，好吧。利比有各种非常便宜的东西供你选择。她可以把一切都告诉你，但你需要给她打个电话。"安德里亚说，事后又补充道，"或者，如果你愿意，我可以帮你打电话给她。"

布罗迪和安德里亚聊得很好，她们一直聊到深夜。后来，她们俩都开始打起了哈欠，于是，安德里亚便站起身来准备去睡觉。"今晚你打算睡在哪里，布罗迪？"她走到门口，回过头来问道。

"和皮特在一起。"布罗迪果断地回答。她也确实是这么做的。

## 人死后身体会发生什么变化？

当一个人的心脏停止跳动，肺部停止呼吸后，他的身体就会感到寒冷，体温会持续下降，直到达到室温状态。我们称体温的这种下降为"尸冷"。此外，人的皮肤也会发生变化，呈蜡质或灰色的外观状。

有人死后，他们的肌肉会放松，这将导致他们的下巴张开，四肢和关节变得松软，皮肤变得松弛，没有了弹力。这种放松可能会导致尿液从膀胱中漏出，也可能会让他们的肠子排空粪便和气体，甚至可能会导致胃里的东西通过嘴巴或者鼻孔排出。

有的时候，气体或空气会从嘴巴或鼻孔排出，给人一种以为他们还在"呻吟"的感觉，他们发出这种呻吟声，可能会让人感到震惊。然而，我们需要了解的是，这种声音其实只是储存在体内的空气被排出的声音。不过，由于它是通过声带从气管中排出，使声带产生了振动，所以它才会发出一种声音，听起来好像是他们在发声，其实并非如此。

人死后，由于重力的原因，其血液将开始在身体的最低点汇集或聚集。因此，如果人呈仰卧状态，那么，血液就会汇聚在他们的背部、腿部和手臂的底部，这样一来，这些部位可能因此看上去有斑点或瘀青。我们称这一现象为"尸斑"。人的四肢在人死后大约 12 小时内开始变蓝。

人体内充满了酶和细菌，只有在人死后不久，体内的酸性水平才会因为缺氧而升高。这种酸性水平的升高，加上酶的作用，导致体内的细胞开始慢慢分解。我们称这一过程为"自溶"，这个过程通常从肝脏开始，然后扩散到全身。

人死后 2 ~ 6 小时，因为血液不再循环，肌肉开始分泌出酶，所以，血液开始凝固，导致身体变得僵硬。僵硬化过程通常从眼睑、下巴和脖子开始，沿着身体向下移动，直到所有的肌肉都僵硬，肌肉僵硬后，关节也被锁紧，不能运动。僵硬化过程首先从较小的肌肉开始，然后是较大的肌肉。这个过程被称为"尸僵"。

达到尸僵的最硬程度后，由于体内持续发生化学反应和细菌变化，肌肉开始变得再次松软（大约在人死后 12~36 小时）。这个肌肉松弛的过程会从脚趾和手指的肌肉开始，延伸到腿和手臂的肌肉，接着是胸部、头部和面部的肌肉。这个肌肉松弛过程可能需要一到三天的时间才能完成，当然，这主要还是取决于死者的体温。这一过程被称为"继发性松弛"。我们可以采用一种温和的按摩技术，用来消除最后的僵硬，使四肢恢复到更自然的状态。这项按摩技术可以教给任何在家护理垂死者的人员。

上面的时间表只是一个概括，它受到很多因素的影响，包括人的年龄、他们的死因和他们死后所处的环境。有些人认为，一些婴幼儿和小孩，由于他们肌肉量小，所以没有出现尸僵的过程，这并不罕见。

对人体进行冷却，可以减缓尸僵的过程。这就是人们通常在人死后几个小时内要把尸体转移到停尸房的原因，因为这样就可以在储藏设施中把他们的尸体保持在较低的温度。使用冰床、冰床垫、冷盘、干冰、冰砖、空调和冰冷的环境来冷却人的尸体将具有类似的效果，并且能使家庭将刚刚去世的人留在家中的时间比传统的更长。当然，除非有个人、文化或宗教的原因，他们不愿意这样做，那就另当别论。

## 人死后尸体的料理

一个人死在哪里并不重要。重要的是，家人和朋友要有权参与他们死后的准备和料理工作。在医院里，这个过程被称为"尸体料理"，传统上（在很多情况下目前仍然如此）由护理人员对尸体进行料理。在许多老年护理机构中，这种事情仍然由护理人员全权负责。

在过去的 20 年里，"尸体料理"过程发生了翻天覆地的变化。

这一过程不仅包括给死者擦洗身体，穿寿服，还包括用棉絮填塞死者的所有孔洞（鼻孔、嘴巴、阴道口、直肠口等），以防止人死后体液的渗漏。死者死后，立刻用胶带将眼睛粘住，将下巴、手和脚用绷带包扎起来，这样，死者的肌肉仍然在放松状态时，他们的身体会保持挺直。待家人们探视之后，人们通常会用裹尸布（不过，现在用的是非环保型的拉链包）裹好死者的尸体，然后在丧葬承办人来收集之前，用特制的有盖手推车将其运送到医院太平间。

在过去的 20 年里，情况发生了巨大的变化。

如果家人或重要人士愿意，医院会邀请他们在"尸体料理"过程中给护士或护理人员提供协助服务，这是现代医院的做法。如果医院没有给你这个机会，而你又确实想参与，那么，你一定要告诉护理人员。

无论是有家人参与还是护士自己单独进行尸体的料理，死后护理的过程，都应该与布罗迪及其家人在料理皮特的尸体时遵循的过程非常相似。首先，我们应该移除可能植入死者体内的人工装置，如静脉注射针头、饲管、呼吸管、导尿管或造口袋，断开与死者身体相连的任何机器并将机器从房间中拿出去。如果这个人有一个"起搏器"，则需将其停用。气管造口术或结肠造口术造成的孔洞等所有伤口或气孔，都要用塑料薄膜包扎和密封。

然后，帮死者清洗身体，并给他们穿好衣服，在下身位置放一块特殊的垫子来收集任何可能的漏尿，更换他们的亚麻布床单，处理好他们的个人卫生，例如洗头或梳理头发，更换和固定假牙。对于那些平时喜欢将胡须剃干净的男人，要把他们的胡须剃干净。有的时候，如果死者的嘴巴继续张开，可以在下巴下面放一条卷起来的毛巾。完成之后，用一张干净的床单整个盖住这个人。如果整个过程都没有家人在场参与，那么，此时可以邀请其家人回到房间。

重要的是要知道，护士认为他们对一个人的照料责任会一直延续到他们生命的最后一刻。因此，当护士"料理"一个已经死去的人时，他们会对死者表现出跟死者生前一样的尊重，让死者仍然有尊严。这就表示，护士做每件事之前，都要对所做之事解说清楚。例如，一名护士可能会说："威尔逊先生，我们现在要给你翻身，这样我们才好给你洗背。"

供死者回家使用的房间，应该保持干净整洁。有些医院采取了特殊的程序来表达对死者的尊重。比如说，在房间里放一盏特殊的灯，收集一些小花放在死者手里，在房间的加湿器里放入一些精油，或者在茶几上放置一本特殊的书。

如果你的亲人死在医院里，那么，你完全有权利要求把他带回家，而不是由丧葬承办人从医院把他带走。如果你自己带死者回家，那么你就要自己安排交通工具。不过，许多丧葬承办人（特别是一条龙服务提供者）都会提供这项服务，他们会帮你安排车辆运送死者。

同样，如果你有一个婴儿或儿童在医院死亡，你也可以提出同样的要求。实际上，有些家庭是用一个冷却的"婴儿胶囊"把他们死去的婴儿运送回家，有些医院、丧葬承办人和律师现在可以借用这种胶囊。


## 你能把死者留在家里多久？

如果你的亲人像皮特一样死在家里，那么，你需要通知的第一个人则是你的家庭医生，这样你就可以宣布死亡并完成死亡证明。出具了死亡证明之后，你的医生、丧葬承办人或律师就可以针对当地有关登记死亡的规定向你提供建议。有关登记死亡的规定，会因你所居住地方的不同而不同。

你的亲人死后可以留在家里多久，也取决于你所居住的地方的相关规定。你只需在你的电脑搜索引擎中键入"我可以把我已故的亲人留在家里多长时间？（此处需要填写你所在的国家或地区）"等字样，就可以找到这方面的信息。

在大多数西方国家，死者死后一般可以在家里待上5天。不过，你当然需要提供一种设施（比如一张冰床或床垫），来确保他们的身体保持冰冷，从而减缓他们身体的组织细胞的分解。

另一个可能影响你能否把死者留在家里的因素是他们是否是组织器官捐献者。如果死者是一名组织器官的捐献者，那么你需要尽快通知器官捐献登记处（无论如何命名）。器官捐献登记处会告知把你的亲人转移到医院收集他们的组织器官的时间表。

如果他们死在医院，并且是器官捐献者，那么工作人员会代表你做出这些安排。完成这个过程后，你就可以把你的亲人带回家。但是，请记住，当病人病得很重时，他们可能不再有资格捐献他们的器官或组织。这种情况下，你当地的医生或医院的医生可以就此给你一些建议。

如果需要尸检，那么情况就会变得复杂一些，这属于另外的情况。

如果是死于慢性疾病的，要进行尸检就显得很不正常，不过在病因十分可疑且警察需要调查取证的情况下，那就另论了。

有些人选择把他们的亲人留在家里，留在家里的时间刚好够完成我们上文所述的死后护理或"料理"过程。在这种情况下，丧葬承办人可以在家人希望的时候来运走死者。这并不表示你再也见不到他们。事实上，你可以与殡仪馆协商，让他们安排你去拜访你的死者亲人的次数，直到葬礼那天。还有些人选择让他们的死者亲人直接从家里开始接受丧葬服务。在这种情况下，他们可以被放在自己家里的裹尸布或棺材里，由丧葬承办人直接运送到葬礼地点。

在你的亲人去世后，把他们留在家里，并为他们做最后一次关爱的丧葬准备。这对你的亲人及你自己和你的家人来说，都是一份令人欣慰的离别礼物。然而，对其他家庭来说，这可能是一个既充满挑战又令人恐惧的想法。他们可能不明白为什么有人愿意做这样的事情。

死后护理没有对与错。每个家庭的情况各不相同，让一些人感到欣慰的事情可能会让另外一些人感到痛苦。需要记住的是，你有权进行选择，有些人可以帮助你做出最适合你个人需求的决定。这就是讨论你死后可能发生的事情如此重要的原因，因为通过讨论这些事情，你可能清楚地知道，家人们在面对你的即将故去时会做出何种反应，会做出什么样的决定。

**我需要了解什么？**

您所在州、国家的法律法规对将某人死亡后留在家中有何规定？

法律法规对从医院、收容所或护理机构将已故亲人带回家有何规定？

死亡多久后才能够进行证明并写出死亡证明？

死亡多久后才能够进行登记？

当地是否有人愿意借给您或租借给您冰盘或冰床，如果是婴儿夭折，他们是否愿意借给您冷却的"婴儿胶囊"？

本地是否有死后援助服务系统？谁会帮您为您的亲人提供死后护理？

您知道您将需要什么设备以及去哪里购买吗？

第十三章

葬礼

梅根醒得很早。她昨晚整夜辗转反侧，半睡半醒，她一直在努力想好好深睡一会，可是，始终未能如愿。她的睡眠很浅，就在清醒的边缘，不过，意识非常清楚，满脑子充斥着对接下来一天的恐惧、悲伤和焦虑。

她怎么才能坚持下去呢？她怎么才能坚持每一分钟？一天结束后，她的小男孩就会永远离开。他们试着剪掉肿瘤的巨大伤疤上才开始长出来的卷曲金发，这将会是他整个苍白瘦弱的身体经过地下腐烂，被虫子叼食后，被身体自身致命的酶和细菌消化后所能遗留下来的所有东西。

她曾不断地对自己摇头，始终不愿相信这个现实。今天，她又摇了摇头，这可能是她第100次摇头了，她想改变困扰她每一个清醒时刻的可怕形象。可是，除了摇头，她还能有什么选择呢？难道她要把自己挚爱的小男孩推进一个熊熊燃烧的火炉里，让火吞噬掉他疾病缠绕的身体，留下一堆灰烬，而后，她还得把这堆灰烬保存在一个容器里或是扔下悬崖，让风把它们带到一个新的地方，一个她不知道的地方，一个远离她的地方？

她翻过身去，靠近她的丈夫，把自己蜷曲在他的背上。萨姆和她一样，有些犹豫不决，不过，至少他现在好像睡着了。两天后，你们决定如何处理你孩子的尸体？当他们最后一次把梅森从医院带回家时，每个人都希望他们能够下定决心。

他们看着他瘦弱的身体越来越消瘦，看着他凸出的眼睛，右眼珠转来转去，不受控制，无法集中注意力。他们看着他变得越来越孤僻，越来越不清醒。他们听着他咕哝地说着一些毫无意义的话。尽管如此，他们还是希望能有奇迹发生。不过，他们没有等到任何的奇迹。

梅森两天前去世时才6岁，离开了他们原本幸福、完全正常的四口之家。"我们不再是四个人——我们现在只有三个人了。"梅根心想。她很想起床，把这件事记录下来。这听起来有点像克里斯托弗·罗宾与维尼熊之间的对话。随后，她心里又开始自我批评起来，为什么想着写下一些如此令人痛苦的东西，而这些痛苦的情绪仿佛就是一首诗的良好开头似的。

想到这里，她再次闭上眼睛，深深呼吸了起来，试着让自己放松放松。就在这时，她听到"砰"的一声，还有小脚丫在地板上走动发出的"噗，噗，噗"声。

声音由远而近，原来是她的小女儿格蕾丝走了过来。她爬上床来，依偎在梅根身边。梅根转过身，张开双臂将她拥进怀里。

"妈妈，我睡不着。我一直在想，如果梅森躺在地下，那他肯定又冷又孤独。"4岁的格蕾丝附在她的耳朵旁轻声说道，"奶奶说他和天使在一起，是这样吗？"

"那只是奶奶的说法，其实还有很多不同的解释。"梅根镇定自若地回答，尽量让自己看上去不生气。不过，她还是像往常一样，对婆婆强加给她的观点感到愤愤不平。

"亲爱的,他不会感觉到又冷又孤独的。因为,那只不过是他的身体。"她竭力想将这场对话再次继续下去,"还记得我和爸爸告诉过你什么吗?"

"我记得,"被子下那个小声音回答道,"我们的梅森现在在别的地方。我们只是把他的躯壳放在了地下……就像蜗牛壳一样。"

"说的没错,不过,我们还是可以感到悲伤的。"梅根紧紧地抱着女儿,抚摸着她的头发,努力让自己的心情平静下来。随即她又补充道:"我真的很难过。"

"我也是。"那个小声音回答道。

尽管心里想着明天的事情,但是,搂在怀里的小女孩,身上散发出来的体温和气味最终还是让梅根不知不觉睡着了。第二天清晨,太阳升起的时候,她醒了。她松开搂着女儿的手,把她轻轻放在床上。而后,掀开被子,双脚伸到床外,落向冰冷的木地板,她尽可能让自己安静地从床上滑下来。她走到门口,从门后的钩子上抓起睡衣披上,很自然地穿上软皮鞋。随后,她打开房门,踮着脚走进隔壁房间——梅森的房间,然后一屁股坐在梅森曾经睡过的床上。

梅根向四周看了看,角落里的夜灯依然还亮着,就像他们把小男孩从医院带回家时点亮的那样。她抓起儿子的泰迪熊,紧紧地抱着,将脸贴在它身上,闻着儿子还残留在他最喜欢的夜间伙伴的人造毛皮里的气味。

"泰迪熊应该和梅森在一起!它应该在棺材里!"这个想法突然像闪电一样击中了她。然而,她怎么能让儿子这么珍贵的东西离她而去呢?但是,梅森需要一些东西来陪伴他。现在她满脑子都是这些想法，她不知道该怎么决断。她怎么才能把这个毛茸茸的朋友放进棺材里呢？丧葬人员昨晚就已经封棺了。昨天晚些时候，她恳求再次见儿子最后一面时，萨姆的父亲告诉她丧葬人员已经给棺材封棺了的消息。

她把泰迪熊紧紧地靠在脸上，号啕大哭了起来。今天是他们不得不给儿子下葬的日子。

葬礼车9点钟准时来了。今天，萨姆穿着他唯一的一套西服。萨姆的这套西服有点过时，不过，看起来还比较新，因为他每次只在葬礼上穿它。他参加的通常都是上了年纪的叔叔阿姨辈的葬礼。梅根恳求萨姆为梅森的葬礼买一套新的西服穿上，但是，萨姆却说他最不想做的事就是购物，所以，他仍旧穿着这身旧西服，只是稍微掸了掸上面的灰尘。

梅根穿了一件带粉色开襟羊毛衫的碎花连衣裙。她曾心想，今天不应该穿这身衣服参加儿子的葬礼。不过，她还记得梅森曾跟她过，她每次穿这身衣服的时候，她看起来都很漂亮，所以，今天她不在乎别人会怎么想。格蕾丝根本不知道自己今天要穿什么衣服，这让她心里很是纠结。不过，她最终还是下定了决心，她要穿上梅森的蜘蛛侠套装，没人能劝得了她。于是，三个心情悲伤的人安静地钻进了葬礼车的后座，梅根手里抱着她决心在他们到达教堂时将要放进棺材里的泰迪熊。

梅根和萨姆都不太喜欢去教堂，但萨姆的父母安德鲁和贝琳达却坚持认为，梅森已经受过了洗礼，所以，应该给他办一场"体面的英国圣公会葬礼"。他们一接到梅森的死讯，就来到了这个家里，然后一直在这里待着。梅森活着的时候，他们很少来看他。可是，当萨姆在那个可怕的早晨给他们打电话告诉他们梅森的死讯时，他们就早早来到了这个家，开始负责梅森后事的一切事务，这让梅根觉得很是奇怪。安德鲁曾在主流葬礼上认识了鲍威尔先生。由于鲍威尔是当地教区的成员，所以，他坐在葬礼车上给教堂打了个电话，"安排"好了一切。

安德鲁和贝琳达来到这个家的时候，贝琳达就已经试着安慰儿媳妇梅根。当时，梅根伤心欲绝地坐在儿子床边，儿子的头枕在她自己的腿上。贝琳达很不情愿地把她拖出房间，给她泡了一杯加糖的茶。她说，喝茶可以有效地缓解她所受到的打击。但事实并非如此，喝茶一点用处也没有。

"葬礼早点结束，你们这些孩子才能早点回归到你们自己的正常生活。"贝琳达对坐在桌边盯着茶杯的梅根说道，"你还年轻，梅根。""你应该试着再要一个孩子。"她补充道。

梅根根本就不想回答。她想对婆婆大喊大叫，想对她起誓，并告诉她"闭嘴"。不过，她并没有这么做，相反，她把脑子里想象的音量调低了，所以她所能听到的都是"废话，废话，废话"。"她想说什么就随她说吧，"梅根心想，"我反正不听就是。"

萨姆告诉他的父母，他和梅根还不想给梅森举行葬礼。不过，父母亲根本没理会他的话，而是和鲍威尔先生一起安排了葬礼。那天，鲍威尔过来的时候，穿着黑色西装，手里推着一辆金属手推车，手推车上放着一个前面有拉链的黑色厚塑料袋。萨姆说他还没准备好让梅森走，不过，他父亲告诉他要保持理智。

"你不能把一具尸体留在家里，孩子。"安德鲁用权威的语气建议道。

"看在上帝的分上，爸爸，这不是死尸……是梅森！"萨姆两眼愤怒地盯着他父亲大声吼道。

"很抱歉，儿子……我只是，嗯，我只是觉得这不健康，而且对你和梅根都不好，对格蕾丝也不好。"他坚定的回答让萨姆流下了眼泪，让格蕾丝平静了下来，没那么大的脾气。梅根把自己锁在浴室里，打开了花洒，这样她就可以安心地哭泣，而不用听婆婆唠唠叨叨，不停地告诉她，要看在格蕾丝的分上，控制自己的情绪。由于在浴室里，所以，她完全不知道房子里其他地方发生了什么情况。

"你不要把梅森带走，你这个坏蛋……不要！"格蕾丝对鲍威尔先生大声尖叫着，鲍威尔先生没有办法，只好向安德鲁投去求助的目光，等待他的进一步指示。

"您只管做您该做的，布莱恩。我会处理这件事。"他一边指示，一边从地板上抱起格蕾丝，把她带到花园里，此时，小女孩还在挣扎和尖叫着要和她哥哥待在一起。

萨姆跟着丧葬承办人进了他儿子的房间。他把儿子的小身体抱起来，放在手推车上，然后用床上的被子给梅森盖上。

"很抱歉，"鲍威尔戴上乳胶手套后轻声说道，"我需要把孩子放进袋子里……出于卫生等方面的考虑，你明白吗？"

"您能给我一分钟吗？我和妻子想跟他道个别。"

"最好还是等会再说，等会我可以安排一次探视。到那个时候，我们会给他清洗好身子，并给他穿好衣服。"这个言谈举止严苛的男人，尽可能和谐地这样建议道。

安德鲁还安排了弗雷泽牧师来做葬礼这项服务。他们这个小家庭以前没有人见过这个人，直到那天下午他出现在了他们家的门口。弗雷泽看起来人很好，不过，他并没有真正过问萨姆或梅根关于他们儿子的事情。他更感兴趣的似乎是弄清楚他们家想在教堂摆放什么鲜花，下葬后在教堂大厅举行"祭司活动"时需要什么样的三明治。

牧师没有停留太久，但当安德鲁看到他出门时，他们一起站在门廊前耳语了一会儿。萨姆听不到他们在说什么，不过，随后，他就不在乎了。他觉得自己好像与周围发生的一切完全脱节了。此时此刻，他满脑子的注意力，都在注视着只有狄更斯小说里才有的表情严肃的鲍威尔先生。他戴着橡胶手套，正在把他的小男孩塞进一个黑色的大袋子里，就像是带去垃圾场路上的某种垃圾。

尽管梅根对萨姆没有去叫她感到很愤怒，但是还是得谢天谢地，至少没让梅根看到儿子这最后侮辱性的一幕。其实萨姆心里很清楚，梅根只是想在梅森被带走之前和他吻别。萨姆能容忍她的愤怒，但他不能容忍她受到比现在更大的伤害。

此后，他们再没有去见过梅森。萨姆试着按照鲍威尔先生的建议安排一次探视，但他的父母劝他们都不要去探视了。

"这不是什么愉快的经历，"安德鲁说，"我后悔在我父亲死后去看他。他的尸体只不过是一具空壳而已。"

"我不在乎，我想去……"但是没等梅根说完，贝琳达就打断了她。"天哪，梅根，你难道不知道他现在会变成什么样子吗？""他的身体已经在腐烂，他会发出臭味，他的皮肤……"

"妈妈……够了！"萨姆插话道。梅根泪流满面，坐在沙发上，来回摇晃着。

"我觉得你们俩现在最好还是回家去。你们已经做得够多了，我们需要给我们自己一些时间。"萨姆补充道。

这一切看起来像是一辈子以前发生的事情，然而，它才仅仅过去了 30 个小时。梅根很清楚。她已经用心数过了。

葬礼车在灵车后面的教堂前停下。梅根径直走向鲍威尔先生，此时他正忙着和弗雷泽牧师交谈。她走上前去，想打断他们的谈话，但是他们没有理会，继续交谈着。她焦虑地环顾四周，看着聚集在一起的亲朋好友成群结队地走进教堂。她的父母——科林和曼迪，看到她在人群中游荡，于是，穿过哀悼者人群，向她走了过来。

"梅根，你还好吗？"她的父亲小心翼翼地问道。

"爸，"她回答道，尽量使自己不哭出来，然后举起梅森的泰迪熊说，"我想把这个给梅森送去。"

她的父亲搂着她的肩膀，和她一起走向仍在交谈的弗雷泽牧师和鲍威尔先生。

"打扰一下，先生们。"他果断地说，没有等他们结束谈话。

"什么事？"丧葬承办人回应道。

科林把泰迪熊举在男人的面前。"我女儿想把这个放进棺材里。"

"恐怕……"鲍威尔先生开始说道。

"不要说什么'恐怕'，"科林厉声说道，"把它放进去！"

鲍威尔先生皱起眉头。"但是，棺盖已经……"

"我不管，"科林插嘴说，"现在就去放！"他转向女儿，他能感觉到女儿在他的保护下颤颤发抖。"别担心，宝贝。你去带格蕾丝进来，放心，我会让他们把它放进去的，好吗？"

父亲吻了吻她的头，梅根无力地笑了笑，然后离开了她的父亲，去了她母亲那边。母亲此时正站在台阶上，牵着那个穿着蜘蛛侠服装的小女孩的手。

三代女子一起走进教堂，梅根走在她母亲曼迪身边，身子显得有些僵硬，而小格蕾丝则紧跟在她身边，不过，她的小手仍然紧紧地拽着外婆的手。坐在长凳上的人们，转过身来，看着她们三人走过，眼中充满了怜悯之情。梅根和她的母亲眼睛直视着前方，被某种无形的力量吸引到了萨姆的母亲贝琳达已经坐在那里的前排座位上。贝琳达不情愿地挪了挪位置，这样才让梅根、格蕾丝和曼迪坐在座位的边缘，离萨姆、科林和安德鲁即将抬进来的棺材所放置的地方最近。

梅根的丈夫、父亲和公公在鲍威尔先生和弗雷泽牧师的带领下，抬着白色小棺材走进了过道。梅根不想看，但是，她发现，随着风琴音乐预示着棺材凄凉地进入教堂时，她还是禁不住转过身去。她不知道他们为什么要一个老太太弹风琴。对她来说，这音乐听上去有些怪异。不过，可以肯定，是她的婆家安排好的，就像他们安排的其他一切事情一样。

梅根突然发觉，她多么希望自己的妈妈和爸爸在过去的几周时间里都在自己身边。虽然她需要他们，但是，他们去了海外，要把她的奶奶转移到养老院，并安排人出售奶奶的房子。当时是梅根坚持要他们去的，因为她知道奶奶的痴呆症有多严重，所以他们最后还是勉为其难地去了。

大家都觉得梅森还能挺一段时间，所以先要她的父母去处理奶奶的事情。他们离开的这段时间，萨姆的父母成了一股不可忽视的力量，萨姆和梅根都没有力气也没有兴趣和他们争论。谢天谢地，曼迪和科林昨晚终于回来了。至少现在她和萨姆多了一些遇事可以商量的帮手。与他自己的父母相比，萨姆和她的父母更亲近。

梅根在想，时间真是个奇怪的东西，你不想它的时候，它会快速溜走，而当你想要某件事情尽快结束时，它似乎又在故意拖延，故意刁难你。萨姆他们将白色棺材安放在祭坛前的金属支架上，似乎花了不少时间。不过，他最后还是坐到了她身边。他紧紧握住了她的手，仿佛那是他唯一的生命线。

梅根紧盯着那具白色的小棺材，这是他们无权决定的另一件事。贝琳达坚持说他们需要给他买一具白色的棺材。"选用白色棺材，表示洁白无瑕。"她说。梅根想给他买一个柳条篮子，把梅森放进柳条篮里，这样梅森就可以像摩西一样漂到他要去的任何地方。梅根提出想买柳条篮这个建议的时候，贝琳达却说这个想法很可笑，所以，他们最终还是选用了一具白色的棺材。萨姆不知道白色代表纯真，他认为白色是女孩专用的颜色。尽管如此，但是决定已经做出，买卖合同已经签订，再争论也没有用。

葬礼这项服务似乎漫无目的地持续了很长时间。在风琴演奏的音乐声中，大家做了祈祷，还朗读了赞美诗，不过没有人唱歌。萨姆曾想播放梅森最喜欢的歌曲《摇摆乐》，但弗雷泽牧师告诉他说那首歌曲不适合这种场合。弗雷泽是一位思想非常保守的牧师。萨姆确信这就是为什么自己父亲和他相处得这么好的原因。

"如果你觉得非常有必要的话，你可以在你家的大厅里播放轻佻的音乐。教堂是用来做礼拜的，不能播放如此轻佻的音乐。"他坚持道。

科林对这个热爱足球、《史莱克》和喜欢收集昆虫的小男孩发表了感人的悼词。在悼词中，他讲到了梅森在过去的 12 个月里面对一次又一次手术的勇气。他讲到了梅森跟他说雷声是由巨人放屁发出的响声这样一个故事。这个故事让大家都笑了起来，但是，很显然，却让弗雷泽牧师很不高兴。随后，他又慷慨激昂地讲述了梅森短暂的一生对每一个认识他的人的影响。讲述期间，他时不时地停下来用一条又大又白的手帕擦擦眼泪。最后，他以朗读一首梅森自己的《小熊维尼》书里有关告别的诗作为悼词的结尾。念完悼词后，他走下讲台，停在棺材旁，缓慢地弯下腰，亲吻了棺材边缘。

梅根不记得那之后发生了什么。但是，当棺材被从教堂抬走的时候，她不由自主地站起身来，把她的公公推到一边，站在了她的丈夫旁边，然后用胳膊搭在他的肩膀上，代替她的公公举起了棺材。安德鲁试着在她耳边低语，不过，梅根只是啐了一口："他是我的儿子！"随后，开始按着科林在棺材前所定的步调行走着。她对棺材如此之轻感到很惊讶，甚至怀疑梅森是不是在里面，怀疑棺材是不是空的。

当他们到达墓地时，天已经很冷了。风轻轻地吹着，带着寒意吹到梅根脸上，让她流出了鼻涕。她和萨姆站在地上的洞穴旁，格蕾丝站在她的一侧，正尝试着从棺材旁探过身去，看看洞穴到底有多深。

"妈妈，那个洞真大啊。"她大声说道。

"格蕾丝，等时间到了的时候，我们每个人也都会有足够的空间的。"梅根没多想，很自然地如实回答道。

"我也是吗？"格蕾丝开始号啕大哭起来，一想到要和哥哥一起被拖进又大又深的洞穴里，她就害怕。

曼迪走了过来，来到女儿身边，把格蕾丝抱在了怀里。

"我们去走一走，好吗？"

"不，外婆，我想看着梅森的盒子被放进洞穴里。"

因此，她们没有走开，而是选择与周围的亲戚和朋友站在一起，听着弗雷泽牧师做着更多的祈祷，看着牧师把泥土撒到白色的棺材上。

"他在弄脏它，外婆。为什么那个家伙要弄脏梅森漂亮的白色盒子？"格蕾丝焦急地问道。

"没事的，格蕾丝。事情都是这样子的，不过，我有一些花，我们可以把它放到盒子上。你愿意一起吗？"她问道。

"当然愿意，外婆。"

当钢架上的粗绳子开始松开，棺材开始缓慢地下降至地下时，每个人都哭了。萨姆搂着梅根，他们一起悲伤地抽泣着。曼迪牵着格蕾丝的手，把她带到洞穴边，然后两人一起抓起一把干玫瑰花蕾，闻了闻，把它们撒向了躺在洞穴里的棺材上，直到她们俩把一整袋干玫瑰花都撒完为止。萨姆把梅森的足球套衫抛进了洞穴，梅根把她从后院沙坑里收集的一袋沙子也撒了进去。接着，亲朋好友们一个接一个地从洞穴旁走过，往洞穴里扔进了鲜花和一把把泥土。贝琳达和安德鲁往洞穴里扔了一本书，梅根第一次看到他们两个都哭了。这对他们来说也很难吧，她心里这么想着。

当其他人开始向他们的汽车走去时，科林有目的地走到了这个小家庭跟前。他将随手拿着的一个顶部有洞的白色盒子，递给梅根和萨姆。

"现在是时候让他自由了，亲爱的，"他说，"这只是给我们家人准备的仪式。"他补充道。他所指的家人，包括了目前正站在他们儿子悲痛欲绝的背影后面的贝琳达和安德鲁。

"外公，盒子里是什么？"格蕾丝好奇地问道，她此时听到盒子里面传出来了轻柔的咕咕声。

"自由。"她外公一边回答，一边解开绳子，小心翼翼地取下放在稻草床上的纯净的白鸽。外公小心翼翼地把鸽子递给她，此时，萨姆和梅根两人赶紧在格蕾丝身边蹲了下来，担心她会把鸽子抓得太紧了。

"这是给我的吗？"格蕾丝问道。

"不，是给梅森的，"科林哽咽了一下，"我们让他走，好吗？"

随后，格蕾丝把手举到空中，松开了手指，鸽子飞走了。它落在不远处的树枝上，回头看着他们。

"它在看着我们，外公。走吧，小鸟，去找梅森吧。"她喊道。鸽子叫了一声，从树枝上跳下来，拍着翅膀飞走了。他们站在原地，看着鸽子飞向远方，直至它消失在了视线里。而后，他们不约而同地转身离开了墓地。

## 一定要举行葬礼吗？

关于葬礼，我们首先要弄明白，它并不是强制性的。

人死后，不一定要举行葬礼。事实上，许多人选择举行私人葬礼或火葬，然后，经过一段时间后再举行追悼会。

有些人选择不举办任何正式的葬礼仪式。最近，大卫·鲍伊就选择了这种方法。他的家人没有给他举办任何葬礼仪式。相反，他要家人把他秘密火化，然后，再把他的骨灰撒在一个没人知道的地方。每个人的想法都不相同，有的时候，垂死者的愿望可能与悲痛的家庭成员的不相同。

## 人们举行葬礼的原因

**选择举行葬礼的三个主要原因：**

向死者告别。

高度评价死者的生平和事业。

给广大的社交圈子和更广泛的社群支持这个悲伤家庭的机会，并确认这个死者的死亡对整个社群造成的影响。

当我们身边的亲人死去时，在最初的几周内我们都会感到失落、脆弱和震惊。我们将在第十五章中进一步探讨这种感觉，届时，我们会讨论悲伤这个概念。

死者家属出现了这种压倒性的情绪反应，在匆忙举办葬礼时，会使他们对葬礼计划如何演变以及葬礼仪式的具体内容几乎失去了控制权。除非出于宗教或文化方面的原因，葬礼需要在死后的指定时间内或以特定方式举行，否则，我们可以选择在适合我们家庭个人需要的时间举行葬礼。

　　从历史经验来看，死者的葬礼最多在其死后三天举行，这主要是出于对实际原因的考量。如果没有在这个时间窗内下葬死者，那么过了这个时间窗口，他们的身体就会开始腐烂，因为那个时候我们没有现代的冷藏技术条件。

　　不过，随着现代冷藏技术的兴起，死者不需要这么匆忙地下葬。当代研究告诉我们，让家庭能够营造出一个既能满足死者需要又能满足死者家属需要的葬礼的最佳时机是七天左右。在这段时间里，能让家人有时间接受亲人死亡的这个现实，也有机会让他们规划出一个既能反映死者的生平又对那些死者家属有意义的葬礼。

　　众所周知，一场婚礼需要数月的计划、大量的研究和详细的预算准备。即使是最简单的婚礼也需要我们努力去规划。然而，我们却尝试着在极短的时间内，在我们情绪最低落的时候，计划出一个仪式同样繁重的葬礼。

　　如果我们考虑到了这种比较，并希望有一个对我们有意义的葬礼，那么很明显，需要留给我们足够的时间。首先，我们需要接受亲人死亡的这个现实，然后我们还需要承担安排葬礼的所有任务。给家庭成员分配任务，有助于减轻他们的精神压力。不过，要确保像婚礼一样，提供一份详细的财务预算（或者，至少是最大金额数的预算），从而在葬礼举行后，不会给家庭带来经济负担，在接下来的几周和几个月里，可以让他们暂时有经济能力应付，让他们不承受更多的负担。

然而，令人遗憾的是，处于高度悲伤状态的人，经常会被他人利用。仅仅几个月后，他们就会明白自己做出的不明智选择或者他人代表自己做出的选择所带来的财务影响。由于亲人突然死亡，家庭经常会欠下大笔信用卡债务，这笔债务可能需要死者家属几个月甚至几年的时间才能还清。

成本是规划葬礼时需要考虑的一个重要因素，因为它们可能非常昂贵。如果家庭或死者的社会背景不好，或者经济能力低下，有些州和国家会提供政府援助。家属可以通过搜索当地政府网站，在网上找到葬礼、土葬或火葬的财务支持信息。

如果是事故造成的死亡，通常由负责交通事故的国家机构提供援助。另外需要记住的是，死者可能有涵盖死亡和丧葬费的保险单，比如人寿保险或退休金。

举办一场葬礼可能会花掉不少钱，尤其是在你没有做好前期规划的情况下。将亲人的丧葬业务全权委托给一个你不认识的丧葬承办人或承办公司，这样做可能有些冒险，而且很不明智。如同任何其他服务一样，殡葬业也是一项业务，它的成本费用可以附加到整个流程的每一个小环节，包括申请和提供死亡证明。

最大的单个成本可能是灵柩或棺材。普通木材棺材或纸板棺材的价格非常合理，而实心木材或铅衬里棺材的价格却非常昂贵。灵柩和棺材的区别在于形状，灵柩的头和脚呈锥形，棺材呈矩形。另一个会增加成本的东西是配件，比如附在灵柩或棺材上的手柄和十字架或铭牌。简单的绳子、木材或银色外观的塑料配件远比纯银或纯金的实心配件便宜。

**在选择灵柩或棺材时，一定要记住，最重要的是，购买它们的价格并不能反映出你有多爱这个人。**有些家庭为了给死者提供最好的东西，他们经常会因为购买远远超出他们预算范围的灵柩或棺材而给自己带来巨大的经济负担。他们的这种心情可以理解，不过，我们需要注意的是，殡葬公司一般都会通过尽可能多地出售最昂贵的棺材来赚取收入。这就是为什么当葬礼进行得很匆忙的时候，家属经常被迫做出他们本来不会做出的选择，因为他们仍然沉浸在悲伤中，仍然很麻木，所以无法做出明智的决定。

现在，大多数国家和地区都要求使用既环保又可持续的"绿色"棺材。要求棺材的制作材料为可回收的材料，其本身不包含在土壤中分解后会对环境造成危害的化学物质。这类可持续的棺材材料，不会在燃烧时释放有害气体。采用再生纸板、人工林木材、柳树或柳条等天然纤维制成的棺材，可进行生物降解。

人们可以购买那些已经装饰有与死者相关场景的环保型棺材（比如为喜欢冲浪的人设计的海浪，或者为高尔夫球手设计的高尔夫果岭）。当然，买回棺材后，人们也可以通过涂漆、剪纸或绘画对棺材进行装饰，使家人能够以对他们有意义的方式，对棺材进行个性化的装饰。

此外，你还需要很好地了解一下当地政府的法律法规，看看是否允许自己选用这些不太传统的棺材。然而，一定要切记，大多数殡葬公司（除非他们推广绿色葬礼）出于对他们自身利益最大化的考虑，会建议你选择传统的棺材，因为棺材的销售收入是他们的主要经济来源。同样，通过搜索"＿＿＿＿＿＿＿"绿色葬礼服务项目，你会发现，互联网很有帮助（在虚线处插入州/国家）。

## 指定一名葬礼负责人

就像梅根和萨姆的情况一样，他们对梅森的葬礼没有投入多少精力，因为萨姆的父母接管了所有的葬礼安排事务。如果某个家庭的大家族成员希望通过减轻仍然还没有从失去亲人的悲痛中走出来的这个家庭成员的压力，从而来帮助他们，那么就会出现大家庭成员接管整个葬礼安排事务的现象。

我们都是个体，不是团队，因此，不可避免会出现如下问题，即承担这一角色的人可能不理解死者家属的需求。对萨姆和梅根来说，出现了这种情况，就表明他们完全没有了承担葬礼计划安排的机会。其实，只要他们有机会，梅森的葬礼就会按照他们的意愿举行，而不是萨姆父亲为他们规划的那样。

指定一名值得信赖的葬礼负责人是一种确保悲痛的家庭能够制订葬礼计划、葬礼仪式以及埋葬死者方式和地点的方法。葬礼负责人可以是家庭成员，也可以是其他独立人士，如司仪或葬礼负责人。最重要的一点，葬礼负责人必须是你信任的人，他能倾听你的想法、担忧、价值观和恐惧，并能为之付诸行动。指定了葬礼负责人，这场最后的告别就变成了一次盛大的集会，它能给你这个失去亲人的家庭提供精神方面和经济方面的支持和帮助。

如果我们自己没有精力制订葬礼计划，负责葬礼的安排事项，那么，只要我们事先有指定的替代决策者，我们就可以要求这个替代决策者来完成这些任务，但不包括可以代表我们做出医疗决策的传统角色。这也是我们需要在面临濒死亲人之前了解具体情况并由此做出选择的原因。如果我们已经做出并讨论了所有这些决定，而且还将其整理成了文字，那么，就可以让家人免受额外的压力和痛苦，使他们能够在情感最脆弱的时候不必分心去做出重大的决定。

## 预购葬礼和埋葬计划

有些人决定通过预先购买葬礼计划、债券或死亡保险来减轻家人安排和组织葬礼的压力。他们在制订这些计划时考虑到了自己的家人，他们认为，只要提前安排好了一切，待他们死后就不会给家人带来额外的困扰，因为他们已经把一切都安排好了。

这些保险计划跟任何其他投资一样，都是需要购买的产品。既然是产品，就需要我们仔细研究我们所购买的具体是什么东西。有些保险计划只覆盖最基本的东西，因此，尽管他们的亲人在之前已经缴存了相关的保费，但是，往往多年后，等到家人们试图要求保险赔偿时才会发现，该项计划并没有覆盖他们所希望包括的所有项目，如支付葬礼司仪的司仪费用，购买他们所选定墓地的费用，或乘坐殡仪馆的交通工具的车费。

如果您打算购买这类产品，您应该像阅读任何其他保险或投资文件一样仔细阅读其细则，并计算一段时间内需要缴纳的保费金额。你很可能会发现，将等额的保费存入某个特定的银行账户中，以便在时间到来时使用，这样的成本会更划算。但是，并不是说所有的产品都一样。有些人可能会以你认为合理的价格提供你想要的服务。在购买产品之前，多研究研究产品，然后再做出明智的决定，这样就可以使我们少走弯路，免去没必要的教训。

## 土葬还是火葬？

对于大多数西方文化来说，土葬是过去埋葬已故亲人的传统方式。在有些特定的信仰或文化社群，他们会将已故的亲人安葬在陵园中专门为他们的家人建造的大型陵墓中。虽然这样做会花掉一大笔的钱，但是，有些家庭并不在乎，因为他们仍然认为陵墓很重要。

火葬也很普遍。尸体火化后，有些人选择将他们亲人的遗骸保存在他们带回家的容器中（比如一个骨灰盒），而另一些人选择将骨灰撒在一个对死者或家人有着重要意义的地方。

随着越来越多的人对保护环境感兴趣，"绿色"或"自然"墓葬也就变得越来越受欢迎。在有些国家，他们设定了特定的可持续性及环境友好型的墓地，而且他们还对埋葬的材料有严格的指导原则。这类环境让人感觉就像一个公园，鼓励人们将其用作社群空地，用来保存死者的遗体。有些地方政府允许人们用简单的铭牌、水晶或岩石来标记墓地。而有些地方根本不允许标识特定的坟墓，不过允许家人在墓地种一棵树，以便将来可以很容易地识别。

在一些主流墓地，会划定"绿色"墓葬的专用区域。这类墓地称之为"混合型"墓地，因为这些空地位于传统的墓葬区域旁边，而且还标有墓碑。这类墓地是我们大多数人习以为常的墓地类型。

最后需要说明的是，有些政府允许"裹上裹尸布"进行墓葬或进行火葬。所谓的裹上裹尸布进行墓葬，就是指有些死者的尸体根本没封装在棺材里，而是包裹在由环保型的天然纤维制成的裹尸布中。在选用这一选项之前，请先查阅一下适用于您居住地的法律法规，这一点也同样重要。

到底是选择墓葬还是火葬，完全取决于个人，而做出这个选择的最佳方法就是了解以下信息：

当地法规和限制；

死者想要什么；

家人是否有"去拜访某个地方"的需求；

需要能够将特定地点与死者联系起来；

对生态友好型选项及保护地球是否感兴趣。

# 防腐处理

在某些国家和地区，对尸体进行防腐处理很常见。而在其他国家，防腐处理很罕见。防腐处理包括通过颈部动脉输入化学物质替换身体的血液，以防止身体的腐烂。防腐处理还包括用订书钉或缝合线固定下巴，在眼睑下安放塑料"帽"，将眼睑粘在一起，还包括给成年男性、成年女性和儿童刮毛，这样可以使化妆效果更好。

完成上述程序后，就要给死者擦拭身体，再给他们穿上衣服（通常在临终护理时穿衣服），然后还要给他们化妆。通常是出于文化或传统的原因，才对死者的尸体进行防腐处理。如果某个家人想看死者或者想在葬礼上让棺材开着供人探视，殡仪馆通常会要求对尸体进行防腐处理。不过，有些宗教（如犹太教和伊斯兰教）却禁止对尸体进行防腐处理，在有些国家，尤其是斯堪的纳维亚，根本不允许进行防腐处理。

如果死者家人正在考虑选用"绿色"的墓葬方式，那么，在大多数环境可持续性的墓地中，墓葬的前提条件之一是尸体需要经过防腐处理。因此，在同意防腐处理之前，一定要查证一下你正在使用的墓地的规则。如果你不想让你的亲人在没有征询你的意见之前就被殡仪馆例行公事般处理，尤其是如果你要求殡仪馆打开棺盖供人瞻仰时，你应该明确地向殡仪馆提出建议，这样做才算明智。

# 丧葬承办人和殡仪馆的选择

如何选择丧葬承办人和殡仪馆，可能是你需要做出的最重要的决定之一。首先，我们需要明白，在许多司法管辖区，法律并没有要求人死后指定丧葬承办人来安排葬礼活动。因此，如果你选择自己负责安排所有的葬礼活动，那么，你可以叫葬礼司仪或葬礼负责人来帮助你。

有各种各样的丧葬承办人和殡仪馆可供选择。有些是大型企业实体，拥有多家国际分支机构，它们每天都会举行数百场葬礼活动。许多大型殡葬服务商同属于一家实体企业。因此，尽管它们的名称不同、品牌不同、网站不同且穿着的服装也不同，但最终它们还是同属于一家需要像其他公共企业一样运作的大公司。它们需要实现它们的目标，需要提高它们的收入，还要满足股东的要求。

各大殡葬服务商同属于一家大型的企业，这并没有什么问题，因为这属于我们资本主义制度的运作方式。不过，你需要明白，如果你选择这些大型殡葬服务商中的一家，那么，来你家讨论葬礼服务的人很可能不是你当天要面对的人。你还需要知道，大多数大型供应商的送葬车数量都有限，你的亲人很可能会被殡葬服务商用普通的商用货车而不是灵车从你家运送到仓储机构。因此，你需要预料到这一点，否则，出现这种情况时，你会大吃一惊。

许多大型殡仪馆也不再有现场存储设施。这就表示，你的亲人将不会被安置在当地殡仪馆，而是被安置在一个大型的仓储机构中。而这类仓储机构，大部分都可以同时容纳数百名死者。因此，如果你想在亲人离开家之后安排一次探视，那么，你需要给殡葬公司的当地分公司留出时间，让它们从仓储机构中找回你的亲人。

遗憾的是，许多人不知道这些事实。他们认为，他们是将亲人委托给了来他们家讨论葬礼的人在照顾。不过，在与大型殡葬服务商打交道时，很少出现这种情况。

小型（通常是独立的）和大型（通常是公司级）殡葬公司都已经建立了它们自己的全套服务系统，可以将葬礼活动安排得天衣无缝。它们的做法是确保葬礼活动能够如期举行，并且还能够满足所有法律和法规要求。然而，如果需要非常个性化的服务，那么，可能需要考虑选择较小型的殡葬服务商。大公司通常都有条条框框的限制，这些条条框框可能会限制家庭选择的机会。由于减少了选择的机会，所以，这些大公司提供的葬礼服务，就会让人感觉葬礼不像是一场真实、有意义和充实的葬礼活动。

农村地区通常有一些小型殡葬服务商，在当地社群中，他们一般都有名气。处在大城市之外的他们，通常会备有现场存储设施。因此，如果你要探视已故的亲人的话，就很容易找到他们。农村地区的小型殡葬服务商，通常能够更加灵活地处理个人的要求，因为他们不像大城市殡葬服务商那样需要处理大量的葬礼。此外，作为当地社群的成员，农村葬礼专业人员通常是死者家人的朋友或熟人。由于双方比较熟悉，所以，失去亲人的家庭在与他们这些人员打交道时就不会感到拘束，能够很自在地洽谈殡葬事务。

越来越多的全套服务式丧葬承办人和殡仪馆，通过为死者准备葬礼提供设备和支持，开始提倡个性化的一条龙式葬礼服务，包括以人为本的安排，支持家庭在一段时间内进行家人守夜（在这段时间内，家人能够准备好并与已故的亲人共度在家的时光）。

全套服务式殡葬服务商可以协助开展可持续和生态友好型的墓葬和处置实践，包括使用再生纸制作小册子、采购当地服务（包括守灵食品）和摘取当地种植的鲜花。全套服务式殡葬服务商将会参与从第一次接触到已故者下葬入土的整个过程，而且他们通常都是一个小团队的成员。所以，从第一次接触到最后死者入土，你经常见到的可能都是同一个人。

对丧葬承办人、殡仪馆或公司的选择，完全取决于个人的偏好。你在电视上看到的葬礼公司不一定是最能满足你需求的公司。询问其他人的经历，注意那些在你过去参加过的葬礼上主持葬礼时你觉得富有同情心的葬礼承办公司，和你的司仪或葬礼负责人交谈交谈。这些都会给你提供很好的信息，让你能够做出更明智的选择。不要仅仅是因为你的家人过去可能选用过某个特定的公司，而你就必须要选择这家公司，这种想法不正确。因为选择权在你手里，你想怎么选就怎么选，这和选择婚礼地点或活动策划一样重要。你需要能够按照自己的方式来选。

# 规划一场葬礼或追悼会

**规划好一场葬礼或追悼会，要花不少时间，还要考虑很多的因素，比如：**

您想举办一场什么类型的葬礼？例如，你是想在教堂举办纪念活动还是想在殡仪馆或更像社区大厅或公园的公共场所举办不太正式的纪念活动呢？对于某些人来说，传统的教堂仪式非常重要，他们可能与当地牧师或祭司有着密切的个人关系。有些牧师、祭司或僧侣很乐意在教堂外举办葬礼活动，不过，你需要在计划初期就询问这个问题。你是愿意在自己家里还是在亲人家里举办葬礼呢？

您是希望让某个宗教牧师还是某个非宗教的司仪来举办葬礼呢？您知道该找谁了解这类信息吗？没有人会比牧师或司仪更糟，因为他们不愿花时间去认识死者及其家人，他们经常会在葬礼上犯一些基本错误，比如，使用不正确的名字，胡乱解读死者的生活，看起来对死者及其家人很不关心，感觉与他们根本没有关联。法律上并不规定一定要在葬礼上使用司仪，不过，只要人们愿意，可以由家人或朋友主持葬礼。这个决定会对家人产生终身影响，所以，选择合适的人主持葬礼至关重要！

你希望葬礼看上去是怎么样的？你希望当棺材在现场时举行追悼会，还是在死者被埋葬、安葬或火化后举行追悼会呢？

你希望的葬礼仪式是什么样的？

您如何通过社交媒体或个人电子邮件向人们告知葬礼的日期、时间和地点？例如，在报纸(纸质版或电子版)的葬礼通知栏上发布公告。

会提供祈祷或朗读吗？如果提供，它们会是什么内容？谁会朗读它们？

会播放音乐吗？如果会播放，那么播放什么类型的音乐？你如何确保出席的每个人都能听到？

如果你希望播放现场音乐，那么你需确保播放音乐无须获得许可证。如果需要获取许可证，那么需要有人负责获得许可证。此外，你还需确认演奏家能否提供设备，或者你是否需要为他们租用设备。

你是否需要葬礼小册子、明信片或书签？如果需要，你希望它包含什么内容？

你是否有反映死者生活的幻灯片或视频演示文稿？如果有，谁会把这些放在一起？

会有悼词吗？如果有，谁将读这些悼词？死者生活中哪些重要的方面需要被包括在这些悼词内？

您需要什么设备？例如，您是否需要麦克风、音响系统、视频或互联网接入设备、投影仪和屏幕或其他设备？

你需要引座员在会场给人们引座吗？

如果在仪式上需要展示棺材，那么谁负责把它带到会场并带走？他们是抬棺材还是用手推车推棺材？你有抬棺者吗？如果有，那他们是哪些人？

葬礼期间棺盖是打开还是盖上？

棺材将如何到达会场，并如何从会场到墓地？

直系亲属如何往返于葬礼会场、墓地和守灵点？

你是否想放飞气球、鸟、蝴蝶？如果想，则可能需要考虑一些有关在何处执行这类操作的规则。

葬礼仪式结束后，是否会有送葬队伍前往火葬场或墓地？如果有，火葬场或墓地的服务会是什么样子？会涉及哪些方面？你将如何确保人们知道去哪里（尤其是在那些每天都发生数百起土葬和火葬活动的大型城市墓地）？

是否会为人们提供花瓣或其他物品（如果是葬礼的话），让他们抛入坟墓？谁会提供这些东西？

之后你会举行某种形式的守灵或纪念活动吗？如果举行的话，这种纪念活动会在同一个地点还是在别的地方举行？人们怎么知道去哪里？如果是在酒吧、餐厅或其他活动场所，人们是否需要为他们的酒水或食物付费？是否会有人免费提供？你如何将这些安排告知他们？

有些垂死的人选择举办一场"活着的葬礼"，一场在他们死前庆祝他们生活的葬礼。这是一场他们能够参加的葬礼，而不是一场他们死后不能参加的活动。对于参加这场葬礼的人来说，这可能会有点矛盾。不过，请记住，垂死的人已经有意识地做出决定，他们要成为自己庆祝活动不可或缺的一部分，这就是他们的选择。即便是举办过了一场"活着的葬礼"，死者家属仍然可以在死者去世后举办一场常规的葬礼活动。

# 第十四章

## 仪式和纪念活动

"不要再这样了。"汉娜心里这样恳求道，希望所有可能在倾听她的神灵都来帮助她。她根本不在乎能帮助她的神灵到底是谁，不过，她相信，超自然的干预，无论来自何方，都会将她从不可避免的困境中拯救出来。

腹部剧烈的疼痛再次撕裂着她，她疼得受不了，只好紧紧摁住自己的腹部。她掀开被单，低头往床上看去，发现她两腿之间的红色斑点像真菌一样在生长。她吓坏了，尖叫着，希望有人来帮帮她。

大家都是那么善良、和蔼可亲，他们总是拿那些陈词滥调千篇一律地开导她，比如"你还年轻，还有足够的时间再要一个孩子""嗯，他们说，这肯定是什么地方出了问题"之类的话。

"她……她不是那个'它'，她是一个婴儿，是我的孩子，现在，我的孩子没了。"

不到两年的时间，这已经是第三个孩子。这一次她以为一切都会好起来的。试管婴儿生殖技术，对他们的家庭来说，成本太高了。虽然要花一大笔钱，但是她和乔迪还是要尝试一下，因为他们非常想要一个孩子。他们想方设法，为了凑齐这笔钱，他们搁置了所有不必要的开支。"肯定不会那么难吧？每天都有女人生孩子的。"她心里这么想着。她在婚姻早期经历了4次流产后，妇科医生建议他们尝试试管婴儿，因为试管婴儿成功的概率会更大些。

汉娜在怀孕第十四周结束时在日历上画了一个红色的大钩，他们两人都兴奋地为此庆祝过。不久之后，她就开始感受到了大家告诉她应该在第十六周才会发生的小蝴蝶在扇动翅膀似的那种感觉。她的乳房有些酸痛，很快她就能触摸到一个"婴儿肿块"。她非常兴奋，开始向所有关注她的人炫耀。

"已经过了十四周了，还剩二十六周。"乔迪说。然而，第二天晚上，汉娜腹部开始疼痛，下面开始流血。在去医院的路上，气氛很是严肃，两人都没有说话。汉娜把毛巾夹在两腿之间，收紧大腿和臀部的肌肉，试图让自己的孩子保持在安全的子宫里。

汉娜坐在医院的病床上，胳膊上还打着点滴。从手术室回到病房后，汉娜就一直心神不定，心里感到很空虚。乔迪陪护在她身边，表情坚忍，没有说话。她想说些什么，但她又不相信自己。虽然她不知道该说些什么，但是，她知道她想把自己的小宝贝带回家去。

汉娜语气坚定地告诉康复室的护士："我想要我的孩子。别让他们把她带走！"她不知道自己为什么会认为是个女孩，但从确认怀孕的那一刻起，她就在脑海中看到了她的小脸。一张小巧、微笑的小女孩脸，胖乎乎的粉红色脸颊和玫瑰花蕾般的嘴唇。她最后一次进行超声波检查还是在第十二周的时候，所以，现在知道婴儿性别还为时过早——并不是他们想知道，而是他们期待着这个惊喜。不过，毋庸置疑，汉娜很确定这一点。

助产士蒂芙尼尽可能温柔地向她解释，"从她子宫里排出来的东西"主要是血块，而胎盘在这些血块当中。"不过，很难确定胎儿在这些血块中的具体位置，汉娜。"助产士很难过地告诉她。

汉娜皱起眉头。"她不是胎儿……她是我的孩子，我要带她回家。"她坚持说道。汉娜抓住助产士的胳膊，朝康复室的门口瞥了一眼，然后低声补充道："求您了，蒂芙尼，不管你们把她丢在垃圾堆还是丢在其他放死婴的地方，都请您把她救出来。"

蒂芙尼若有所思地点点头。她很清楚"子宫排出物"会在哪里被处理。如果要满足汉娜的要求，她就必须尽快去落实，把排出物找回来。"我看看我能不能帮到你。"她答应道。蒂芙尼走到角落桌子旁，与坐在那里的护士交头接耳了一番。整个过程，汉娜一直都目不转睛地看着，直到蒂芙尼离开房间。随后，她闭上眼睛，眯起了瞌睡，心中升起了一丝忧郁的满足感。

妇科医生过来了，汉娜和乔迪都不约而同地抬起了头，心中充满了期望。他们希望医生能给他们带来一些安慰、一些鼓励，至少带来对这次出了什么问题的解释。然而，遗憾的是，经过一段漫长而又尴尬的谈话后，医生便离开了。除了知道婴儿在十二周半时停止生长，表示它可能在汉娜开始流血前两周就已经死亡这件事情之外，医生几乎就没有告诉他们更多的信息。

妇科医生告诉他们，汉娜的子宫形状很奇怪，给她维持妊娠带来了困难。不过这并不是什么新消息，他们一直都知道这个情况。就是因为这个情况，所以他们才选择接受试管婴儿，希望并祈祷植入的卵子有更多机会附着在安全的地方。他们本以为医生会想到一套替代的解决方案，一些其他的方法，可以确保汉娜能够顺利怀孕到足月。但是医生并没有什么好的解决方案。更糟糕的是，他曾建议他们考虑收养，无知地认为他们还没有探索过这些选项。

乔迪把头枕在汉娜躺着的床上。他疲惫不堪，情绪非常低落。他心里很清楚，汉娜有多想要一个孩子。可是，他不知道自己是否还能再承受一次压力和创伤，他也不知道该如何跟她说这个事情。汉娜是他一生的挚爱，看着她受苦，让他很心碎。他会尽一切努力减轻她的痛苦，不过，他又感到无能为力。还没等汉娜用手抚摸他头，他就已经感觉到了她的手，他的呼吸开始变得急促，好像卡在了他的喉咙里。他不会哭，他也不能哭。为了她，他必须坚强，他还要保护和支撑她。这是他们结婚宣誓那天他向她所承诺的。

"乔迪？"

听到汉娜试探性地叫他，乔迪抬起头来。

他深情地望着她那双被麻醉剂的残留物弄得仍然模糊不清的眼睛。"嗯？"他不情愿地答道，希望她不是建议他们再试一次。

"我想带她回家。"她小心翼翼地说道。

他睁大了眼睛，有些震惊。很显然，她所说的并不是他所想的那个意思。"谁？"他问道，说话的声音略微有些沙哑。

她用怀疑的目光看着他。"当然是我们的孩子。"她惊叫道，"我想带她回家，好好安葬她。"她满脸疑惑地看着他。"像个真正的婴儿一样。"她坚定地补充道。

乔迪被她的这项宣布吓了一跳。他知道，为了不给她带来进一步的痛苦，他是不能反对的。然而，一想到带回家的还不是一个真正的婴儿，而是包裹在血块里的一堆发育不全的细胞，他就感到一阵恶心和寒意。

反正上次也是这个样子。汉娜没有看到上次流产的结果。上次流产时的那天，他发现她时，她已经躺在浴室的地板上昏迷不醒。随后，他便叫了救护车。后来，他不得不自己动手，清理掉浴室地板上的烂摊子。而后，他又不知该如何处理那些东西，只好把它埋在了花园里的柠檬树下。

他从未将此事告诉过汉娜。当时，她病得很重，在住院的一周时间内，由于失血过多，输过很多次血。那事过去还不到一年，当时她已经怀孕十周了。当然，即便这次多了四周怀孕时间，也没有带来太大的改变。

他若有所思地点点头，努力保留住他好不容易才辛辛苦苦营造的那份平静的氛围。"你是说，你要办个葬礼？"他试探性地问道。

"不，我只是想带她回家，然后安葬了她。"她使劲吞咽着，努力控制住自己不哭出来，"我们可以做一个小盒子，把她埋在一个特别的地方。"然后，她补充道，眼泪开始不停地掉下来，"这样，她就知道有人一直爱着她，乔迪。"

还没等他来得及回应，就有人敲门进来了。是蒂芙尼，她走进了房间。

"汉娜，我只是来采集你最后一批'数据'，采集完成后，你就可以回家了。不过，如果你感觉不舒服，一定要记得打电话给我们。"她说。汉娜皱了皱眉，用眼神向她问着一个无法用言语表达的问题。"你放心好了，一切都已经按你要求的那样安排好了。"助产士一边将血压计套在她的胳膊上，一边看着机器加大压力，一边向她保证道。汉娜如释重负地松了一口气，重重地靠在枕头上。

蒂芙尼推着轮椅穿过医院入口的玻璃门，来到医院外，然后她踩下轮椅的刹车，等待着乔迪把车开上坡道来接汉娜。汉娜坐在轮椅上，感觉很不舒服，她挎着轻便旅行袋的手，正在护着一个棕色的小盒子。

在为这个家庭承担了最后一项任务——将汉娜扶上车后，蒂芙尼向他们挥手告别，而后，转过身来，背对这对悲伤的夫妇，回到了产后病房，希望在这里，能够享受到那些开始了解其新诞生的健康宝宝的快乐家庭的欢呼。

这是一个艰难的下午。当有夫妇失去不管有多么小的孩子时，总是这样。她很同情这些夫妇，尤其是当她非常清楚地听到从她经过的每个房间里传来的细小的哭声时。

她一直认为让流产后的妇女回到产后病房特别残忍，因为，你让她们如何忍受得了同一个病房内他人新生儿的哭啼声。尽管这只是一个小医院，但是，医院应该为这些失去孩子的可怜母亲设置一个远离新生儿啼哭声的病房区。虽然她们的孩子已经死了，但是，她们仍然还是母亲，她们曾经拥有过婴儿。

乔迪他们回到家的时候，房子里静悄悄的，让人感觉很是孤寂。虽然因流产而感到很疼痛，但是，汉娜还是轻手轻脚地走进客厅，小心翼翼地把那个棕色的小盒子放在餐具柜上。她能感觉到腋下开始渗出汗珠，她也注意到了灯光开始在她眼前晃动。随后，她便无力地跌倒在长沙发上，闭上了眼睛，深深地呼吸着，希望能够让自己保持清醒，避免失去意识。

还没等她意识到乔迪来到了她身边，就听到乔迪开口问她了："你还好吗，亲爱的？"他焦虑地问道。

不知何故，她突然感觉自己很不适应家里这个环境。一阵恶心从她头上涌向了肚子，她屏住呼吸，停了一会儿，好让自己撑过去这种恶心感。"只是有点晕。"她终于回答道。

乔迪警惕地看着他的妻子，她的脸色苍白得如同死人一般，可以清楚地看到她额头上渗出了大颗大颗的汗珠。他走到她身边坐下，把手放在她的额头上，查看她是不是在发烧。而后，他非常谨慎地继续问道："我应该把盒子放在冰箱里吗？"

汉娜没有动，也没有回应。

见汉娜没有反应，他急了，再次喊了她一声："汉娜？"然后，用手捏起她的眼睑，发现只能看到她眼睛的白色部分，虹膜已经缩回到了下面的安全黑暗处。她终究还是晕倒了。他摸着她的手腕，感觉到她的脉搏平稳而有力。她那稳定的心跳，让他放下心来，随后，他再次坐在她身边，等她苏醒过来。他知道，如果她在流血，那她的脉搏会变得又弱又快，上次就是这样。

他坐在旁边等着，仿佛等了一个世纪。当她睁开眼睛皱起眉头时，他开始焦虑不安起来。"发生什么事了？"汉娜问道。

"我想你是晕过去了。"他站起来离开房间时回答道。"我去拿块湿毛巾来。"他回头说道。

汉娜觉得有些迷迷糊糊。她把手放在肚子上，确保肚子里的宝宝一切都好。然而，当她看到餐具柜上的盒子时，可怕的失落感立马笼罩了全身。乔迪拿着一块湿毛巾回来，轻轻地把它敷在她的额头上，此时，发现她在悄悄地啜泣。

"她走了，乔迪。"她悲伤地说。

为了安抚她，或许也让自己安心，他若有所思地点了点头。"不，亲爱的，她在这儿……在餐具柜上。"

"我说的不是这个意思。"汉娜有点不耐烦地说。然后，意识到这也是乔迪的损失时，她伸手抓住他的手，把它们放在她的腹部皮肤上，腹部下面是他们的孩子应该待的空间。"从这里走了。"她补充道。

乔迪将头放在她的胸前，将自己的手从附在她空洞子宫上的皮肤上紧握在一起的像老虎钳似的手指中轻轻挣脱了出来，然后把手指缠绕在她的手指上。他能说什么？他能做什么？从他的眼角，他可以看到侧面印有药品品牌的小盒子，这可能是助产士在这么短的时间内所能做的最好的事情了。他不能再问自己的妻子了，因此，他决定暂时把它放在原处。毕竟，小盒子所包含的希望和梦想，不会发生其他糟糕的事情了。他并不后悔自己与她意见不合。

汉娜第一次告诉他说她想把孩子带回家时，他震惊得目瞪口呆。他认为这个想法太残忍了，太令人毛骨悚然了，而且还认为他并不后悔当初不赞同她的这个想法。直到他出去喝咖啡，碰巧遇到助产士，他才改变了主意。助产士不仅为人和善，而且还对他们夫妻两人的两种观点均表示理解。他告诉她说，他自己知道那只是一堆血块，就像上次他必须清理掉的那些一样。听完他说的之后，她便向他解说了一大堆他不知道的道理。

蒂芙尼已经把孩子给他看了，不过，他没有将此事告诉汉娜。那是一个小小的东西，不超过两英寸半，有一个球状的头和一双闭着的眼睛——它是一个有胳膊和腿、有手指和脚趾的婴儿。乔迪用手掌捧着仍然由液囊包着且连接着发育不良胎盘的小女孩。这绝对不是"它"。这是他的孩子，他因感到痛苦和遗憾而悲伤地哭泣了起来。

他知道自己无须再做什么决定了，因为，她在和他们一起回家。

回家的第一天晚上，他们都睡得不安稳。汉娜的肚子仍然有绞痛感，但更糟糕的是她感觉到很空虚。晚上睡觉的时候，乔迪听到她在哭泣，于是把她搂进怀里。最后，她疲惫不堪，流干了眼泪之后，终于在他怀里睡着了。早上汉娜醒来时，乔迪已经起床了，不过床上仍然还有他的余温。她将自己蜷缩成他那沉重的身躯缩进床垫时空出的身形，闻着他那令人欣慰的气味，她又昏昏睡了过去。

当她被厨房里做早餐的声响和散发出的气味再次唤醒时，阳光正透过窗帘，暖暖地照射在床上。她拖着疲惫不堪的身体，从床上爬起来，径直向浴室走去。她认为最好是洗个热水澡，换上干净的衣服，这样才能面对新的一天。否则，她会禁不住诱惑，一直赖在安全的床上。

乔迪给她榨了新鲜橙汁，煮了鸡蛋和培根，这些都是她最喜欢吃的。尽管内心很痛苦，但是，汉娜还是意识到了自己的肚子空空如也。平底锅里冒着气泡的培根的香味唤醒了沉睡的饥饿巨人，而这种饥饿感一直在默默地啃噬着她的内脏。当她走进厨房时，肚子因饥饿咆哮着，让大家知道了它的存在。

"听上去你好像饿了哟？"她的丈夫深情地笑了。

"一定是的，虽然食物是我最不想要的东西。"她在餐桌旁坐下来，伸手拿胡椒和盐撒在鸡蛋上时承认道。她已经几个月没吃盐或培根了。事实上，她已经大刀阔斧地从菜单上划掉了许许多多的美味佳肴，其目的的主要就是希望通过遵循每一个可能的健康选择，确保自己安全健康怀孕。

"你起得很早啊。"她咕哝道。咸培根的味道满盘复活了她的唾液腺，让她不禁流起了口水。

"我早起是想去买点东西，"乔迪一边回答，一边把自己的早餐放在桌子上，然后在她旁边的椅子上坐下。"我有几样东西要给你……呃，实际上是给我们两人的。"他试探性地补充道。

"买了什么？你出去，难道是给我们买了个孩子？"她酸溜溜地回答。刚说完，她立马就后悔了，她不应该这样无情地回应。"对不起，亲爱的，我知道你也和我一样心里难受。"她补充道，说完往嘴里塞了一叉培根和鸡蛋，希望能阻止自己说出更多的尖酸刻薄的话来。她知道乔迪也很伤心，但他永远也不会理解她内心的空虚感，那种无论吃多少东西都无法填满的空虚感。

"早饭后我再给你看。"乔迪温和地补充道。他意识到自己永远也干不好事情。虽然他们的孩子已经死了，但他可以尽最大努力为他们留下一份记忆。他不确定是否要问问汉娜，看她是否想看看装着那个有胳膊和腿、有手指和脚趾的小女孩的盒子。虽然他担心，这可能会让她觉得很痛苦，但是，他强调要给她起个名字。毕竟这个小女孩是他们的孩子，她应该有个名字。

乔迪在医院的时候给汉娜的父母和他自己的父母都打了电话。除了汉娜的母亲布蕾迪，其他人都用惯常的陈词滥调回应了他。布蕾迪理解他们，她之前也有过类似的情况。在汉娜之前，布蕾迪经历了三次流产。后来，在汉娜三岁的时候，她给生下来的一个死胎取名为杰里迈亚。她忍受了为死去的婴儿感到悲伤的空虚和孤独，其他人仍然认为那个婴儿不过是个胚胎，至多也就是个胎儿而已。就布蕾迪的意思，他们应该举行某种正式的仪式，跟他们的小女孩告个别。随后，在去商店的路上，乔迪坐在车里，和她在电话里进一步讨论了这件事。

"空虚将永远持续下去，乔迪……在你们身上。"她伤心地说道。"我和科尔姆到现在都还在说杰里迈亚——他是我们唯一的儿子。你们需要一些东西来留住她，一些让她活在你们心中的东西。"她建议道。正是考虑到这一点，他才做出了安排。现在他只需要告诉汉娜，这就是让他紧张的原因。

最后，他意识到他的紧张是没有事实可以依据的。那天下午，当他和汉娜坐下来解释他想做什么的时候，汉娜张开双臂抱住他的脖子，哭了起来。他克服了自己的悲伤情绪和对让事情变得更糟的极度悔恨，向她保证道："很对不起，汉娜……我们不要这样了。我不想你难过。"

她将自己的胳膊从他的脖子上拿开，然后双手捧住他的脸。她深情地凝视着他的眼睛，凭直觉回答说："我以为你……嗯，我以为你不理解，乔迪。我以为，如果我把她带回家，你会觉得我很残忍，我很怪异。我一点也不难过！我之所以哭，是因为，你知道的，你知道做某事对我来说意味着什么……对我们来说意味着什么？！"

这些都是她脱口而出的话，没有经过深思熟虑，直接从她心底说出。乔迪笑了，他简单地回答了一句："我很高兴。"

于是，那天晚上，他们装饰了乔迪从工艺品商店买的粉红色小盒子。他们在盒子外面贴上蝴蝶和仙女的贴纸，在盒盖上写下母亲和父亲的私人信息，然后在中间留出一个矩形空白处，供写名字。

他们先在盒子里面的底部放一些稻草，做一个小窝。然后，汉娜在盒子里装满了五颜六色的薄纸，这些薄纸都是用乔迪从工艺品商店买来的特殊模板冲头切割成的微小的形状，比如心形、蝴蝶形和天使形。装饰好盒子后，乔迪试探性地问："我们要给她起什么名字呢？"

"你想给她起什么名字，乔迪？"

汉娜回答道，抬头看着她的丈夫。她的丈夫此时在还装着他买的其他东西的包里翻来翻去，他在寻找一支他知道在包里某个地方的特殊银色钢笔。

"这听起来可能很疯狂。"他咕哝着，继续寻找着他的银色钢笔。

"我敢肯定那不会……快告诉我。"

"好吧！"乔迪举起银色钢笔喊道。然后他吸了口气，"嗯，我想叫她'星尘'。"他小心翼翼地承认。

"星尘。"汉娜疑惑地看了他一眼。"星尘……"她沉思着，重复了几遍这个名字，然后赞叹道，"星尘这个名字起得好！她来自星星，现在她又要回归尘土……他们都说我们都是由星星组成的，你知道的。"

"嗯，他们说过，"乔迪回答，"这就是为什么我想……"

汉娜向他靠了过来，又一次摸了摸他的脸。"这个名字起得很棒。就它了，星尘！"

乔迪将银色钢笔递给她，然后，她拿着银色钢笔在盒盖上的空矩形里用粗体大写字母写下了他们孩子的名字 —— S-T-A-R-D-U-S-T。

"我们现在就把她放进去吗？"汉娜紧张地问道。

"不，我们还是把她留到明天早上再放进去吧。如果可以的话。"

乔迪回答道。

那天早上，乔迪把棕色的盒子放进冰箱，向汉娜解释让她保持冰冷的必要性已经够难的了。要是把她带走，就更难了。如果要带走她，那就意味着他自己又不得不把这个小小的家伙握在手中，他觉得自己还没有完全准备好来做这项工作。此外，在上床睡觉之前，他还有其他几个任务要完成。随后，他给汉娜做了一个热敷包。把她安顿下来之后，他就退到小屋去了。

第二天早上，他们有点忙。经历了又一个噩梦般的不眠之夜之后，汉娜醒得很早，双手保护性地移动到自己的腹部，然后才想起自己的子宫是空的。她想哭，但是，她已经没有时间可哭了，而且眼泪早已经哭干了。她想知道，在眼泪一次又一次地被掏空之后，身体需要多长时间才能储满泪管中的眼泪。

他们洗完澡、穿好衣服之后，乔迪向汉娜建议，是时候把"星尘"放进那个粉红色的小盒子里了。

"我们需要一起放。"汉娜坚定地回答。乔迪一直担心这个，就怕自己的妻子看到她。她还没有看到过他们的小婴儿，他也不想给她看，目的就是不想给她增加更多的痛苦。他搂着她。

"我想应该由我来放，亲爱的。"他尽可能温柔地说，希望她不要争辩。

"乔迪，你还没见过她。应该由我来放。"她坚定地补充道。

"汉娜……我见过她，"他极不情愿地承认道，"我们把她带回家之前，我在医院里用手掌握过她了。"他低下了头，为之前没有告诉她这件事而感到愧疚。"我不知道你是否会……"

汉娜打断了他的话。"你握着她，乔迪？你为什么不告诉我？"她问，他没有和她分享这件事，这让她很困惑。但在他回答之前，她兴奋地继续说："这么说，你看到了她的小脑袋、胳膊、腿、手指和脚趾……哦，那她很完美吗？"

　　"是的，"他伤心地回答，"她很完美。"

　　随后，他们一起把棕色的盒子从冰箱顶层架子上的位置取下来。乔迪捧着它，虔诚地把它带到客厅。客厅里，他们昨晚一起装饰的粉色盒子敞开着，正在准备迎接它的新住户。他们面面相觑。

　　汉娜打开这个从医院带回来的冰冷的棕色盒盖，把手伸进裹着白纱的小身体下面，把她拿了起来。她吻了吻女儿的额头，把苍白、瘦小的身体递给了丈夫。丈夫重复了一遍发自内心的手势，然后把她放进粉色盒子里，让她躺在纸心、蝴蝶和天使中间。而后，他们坐在一起，手拉着手，凝视着盒子里躺着的小婴儿。她那紧闭的眼睑因其下面长出来的黑眼珠子而变了色，一只小小的胳膊伸出来，五个完美的手指紧握成拳。

　　"我们的小星。"汉娜悲伤地低声说道。

　　"星尘·加拉格尔。"乔迪补充道。随后，他最终下定决心，将盒盖盖上。刚盖上盒盖，他们又伤心地落下了眼泪。

　　汉娜的父母科尔姆和布蕾迪，不久后就来了，还带来了烧烤食物。乔迪的父母诺曼和玛格丽特，将会晚些时候到达。汉娜瘫倒在母亲的怀里，哭了起来。科尔姆以一种只有男人才能接受的方式拥抱了乔迪。虽然他话不多，但说的每句都有意义。布蕾迪手里拿着那个粉红色的小盒子，静静地祈祷着，这是她母亲传给她的古老的告别祈祷。科尔姆远远地看着，虽然不知道该做些什么，但也不想去打扰她。

"是时候了。"汉娜宣布。随后，四个人没有太大的声势，庄严地走出后门，走到汉娜和乔迪一起设计建造的大花园的尽头。乔迪虔诚地用双手捧着那个粉红色的小盒子，将其放在胸前。汉娜左手拿着一支点燃的蜡烛，右手护着火焰不被微风吹灭。当他们来到他们在池塘边种植的茂密的白桦林时，汉娜看到了乔迪挖的那个洞，就在药草丛的旁边。虽然洞很深，但它似乎有点太小了，不过，随后她转念一想，"星尘"毕竟还只是一个小婴儿，不必挖太大的洞。

四个成年人，怀着沉痛、悲伤、心碎的心情，围站在洞口，乔迪一直静静地站着，不愿采取进一步的行动。最终，科尔姆用一首歌打破了这种僵局，他用那富有韵味的男中音嗓音，唱起了一首他出生国家的古老哀歌。歌声停止后，布蕾迪重复了一遍她的祈祷，祈祷"星尘"一路平安，来生快乐。乔迪吻了吻盒子，把它递给了汉娜，汉娜接过盒子，也吻了吻，然后把盒子放在乔迪铺了稻草的洞底。

"她在里面会很舒适，会很暖和的。"汉娜一边心不在焉地说着，一边将从花园里摘的一大束百里香放进了洞里。

科尔姆举起铁锹，开始往洞里填土。乔迪和汉娜并肩站着，他们手拉着手，什么也没有说。洞口被填满后，乔迪放下他妻子的手，捡起他前一天晚上做的白色小十字架，把它放在小坟墓头。然后，他们一个接一个地回到了房子里，不久之后，布蕾迪独自一人站在另一个她永远也抱不到的外孙女的墓旁。

汉娜和乔迪与汉娜的父母告别时，已经过去了漫长的一天。小仪式结束后，诺曼和玛格丽特才赶到。不是乔迪的父母不想参加这种仪式，而是玛格丽特刚刚安葬了她的母亲，她还不能面对另一场葬礼，尽管这是一场非传统的葬礼。

尽管诺曼不太理解事情整个过程，但他爱他的儿子和儿媳，并且很欣慰他们能够以对他们有意义的方式来纪念这个小婴儿的死亡。遗憾的是，他另一个还只有二十多岁的儿子贾斯汀，对此一点也不理解，还跟他父亲说，与去参加一个胎儿的假葬礼相比，他周末要做的事情更重要。

乔迪和汉娜的一些朋友来过，但都没待多长时间。虽然他们都带来了鲜花，但聚会却显得过于庄重，所以客厅看起来真的像是举行了一场葬礼。

父母走后，汉娜已是身心疲惫不堪。虽然她婆婆临走前做了饭、打扫了卫生，减轻了她这方面的负担，但是，在精神上，她仍然还是筋疲力尽。

她现在明白了，星尘对他们来说也是一种损失。一段时间以来，双方父母都热切地期待着他们的第一个孙辈的到来，然而，死神却又一次夺走了他们的第一个孙辈。

汉娜泡了一杯茶，热了热她的热敷袋。她穿着睡衣，背着热腾腾的热敷袋，坐在长椅上，想读一会儿书。她把同一段话朗读了多遍，至于具体多少遍，她自己都懒得数了。乔迪听得都烦了，急急忙忙冲进了房间。

"汉娜，跟我来一下，我要给你看点东西！"他气喘吁吁，好像刚跑完马拉松似的。他牵着她的手，带她沿着长长的小路走到花园的后角。如果在太阳光的照射下，可以在离女儿坟墓很远的地方看到那个白色的小十字架。

"快看！"她的丈夫催促道。

她倾身向前，立刻注意到十字架上垂下来一个木制的标牌。木牌边缘呈细致精准的波浪形，木牌用编织带悬挂在垂直立着的木材上。

她蹲下身来，将膝盖搁在潮湿的草地上，然后眯起眼睛，仔细读起木牌上面的文字来。

突然，夜空中的云层散开了，满月照亮了整个花园。

她又看了看木牌。上面用漂亮的老式字体写着："星尘在这里，永远不会被爱她的人遗忘。"

碑文的下面写的是他们所有梦想化为尘土的日期，就是两天之前。

"你爸爸？"她问乔迪。

"在我看来，像是他的作品。"他一边回答，一边把妻子从地上扶起来，站在她身旁，两人沐浴在月光下。

"太精致了。"汉娜回答道。随后，他们不约而同地转过身去，沿着花园里那条长长的小路走回空荡荡的房子。


## 为什么要为新生儿死亡举行仪式？

对汉娜和乔迪来说，又一个新生儿的死亡不仅无法解释，而且也不公平。为了让他们从这种悲痛中走出来，他们需要做些有意义的事情，认识到他们孩子已死亡这一现实。除了给婴儿建造小小的纪念碑之外，他们还举行了一种告别仪式，向世人宣告这个小人是他们的，她的生命无论多么短暂，都是值得认可的。

如果怀孕不到 24 周，胎儿就死了并从母体内分娩出来，我们通常称之为"流产"。流产这个词本身就可以暗示胎儿的父母，尤其是母亲，她无法再"携带"或"保护"她子宫里生长的这个小生命了。对于我们这些从未经历过这种损失的人来说，失去孩子的母亲和父亲经常遭受的负罪感可能让我们很难理解。毕竟，那不是一个"真正的婴儿"，对吧？嗯，但对孩子的父母来说，他们当然是！孩子的父母已经为他们自己设想了一个包括这个小人在内的美好未来。因此，他们的损失不仅仅是失去了孩子，而且还包括他们想象中的未来。我们将在下一章更详细地探讨这个概念。

出现早期流产（医学上也叫作"自发终止"）的情况时，通常很难在胎盘和流产时排出的子宫内容物中找到婴儿。一般情况下，孩子的父母没有机会将孩子带回家，因为每家医院都会安排处理怀孕早期流产的胎儿。

在后期的流产中（怀孕 14 周至 24 周），发生意外分娩时，母亲怀孕时间越长，婴儿越容易被辨别。在这种情况下，父母有可能真的会从医院抱走他们死去的孩子，并留下脚印或手印，同时，也更容易整理他们孩子的照片和其他纪念品。

在大多数国家，法律并没有要求对怀孕 24 周之前出生的婴儿进行记录登记。但是，现在许多医院通过提供出生证明来帮助父母确认他们失去的东西。不管孩子的生命有多么短暂，只要有了出生证明，孩子的父母就能够给他们的孩子取名，并保留他们存在过的正式记录。

父母也可以给孩子安排土葬或火葬。在这种情况下，医院可能会安排出具一份证明，证明婴儿在 24 周前出生时"已经没有了生命迹象"。

婴儿在 24 周后死亡的，我们称之为"死胎"。出现这种情况，我们鼓励死胎的父母花时间和他们的孩子在一起，安排一些有意义的可能是私下的也可能是公开的仪式，不过，具体情况还得看单个家庭的意愿。有些家庭成员可能想要抱抱孩子，并给他装扮装扮。而有的家庭成员可能根本不想看孩子。不过，鉴于我们已经探索过的经验，看到孩子并抱着他，可以帮助父母认识到他们失去孩子的这一现实。

葬礼仪式不仅仅适用于婴儿出生前的死亡。然而，之所以采用这个例子，是因为社会经常将流产和死胎视为不幸，而不是真正的丧亲之痛，其结果常常就是，这些父母根本没有机会承认其子女曾经有过生命。

就像汉娜和乔迪一样，许多父母不得不忍受家人和朋友毫无用处的评论。以安慰为目的的陈述，可能会给失去亲人的父母带来极大的伤害。像"你还年轻，还有足够的时间再要一个孩子"或者"这样可能最好，他们可能是出了什么问题"这样的建议，不仅对失去孩子的父母没有任何的帮助，而且还会伤害试图接受失去孩子这一现实的父母。

# 为什么要举行仪式呢?

根据人类学家的说法,我们的祖先在他们的日常生活中都会举行一些固定的仪式,为了一个特定的目的,他们会把整个社群的人都聚集在一起。在现代社会,我们举行各种仪式,用来感恩、庆祝和纪念我们的个人生活,以及更广泛社群生活中的所有里程碑事件。

通过举行仪式活动,人们可以对可能具有历史、社会或个人意义的事件进行反思。这些仪式不仅有情感和象征价值,而且还有实用价值。从出生到死亡,从结婚等改变人生的大事到退休,我们都会庆祝和感恩这些里程碑事件,如成年或达到《圣经》中的"4 个 20 年再加 10 年(90 岁或说一辈子)",我们会赞扬人生成就,如从学校或大学毕业,获得工作晋升或获得某种奖励或荣誉。

事实上,在现代西方文化中,我们会举行某种仪式,来庆祝我们人生中所有的里程碑事件,比如基于特定信仰传统的宗教仪式,或者是更世俗的如订婚夫妇结婚前的巴克之夜或单身派对等仪式。

我们会将更大社群的人们都聚集在一起,举行纪念世界变化事件、灾难和悲剧的仪式。我们有纪念 8 小时工作制的仪式,在个别国家还有庆祝独立的仪式和纪念悲剧的仪式。

最近,在世界各地,我们纪念了在第一次世界大战的国际冲突中丧生的人们。在 100 周年纪念日,人们举行了国际纪念活动和仪式,以表达对一战死伤男女的感激和尊重,告知他们那些爱他们的人的生活已经永远改变了。尽管纪念活动和仪式的形式多种多样,但是,这些仪式的最终目的都相同，均是向世人表明，即使100年后，我们也没有忘记他们。

仪式根植于我们的生活中，因为它为我们提供了认可事件、庆祝成就或记住损失的机会，让我们与那些有着共同信仰、关系或意识形态的人走到了一起。仪式主要是突出日常生活中的事件，赋予它们象征性的意义。随着时间的推移，这种意义得到了传统的支持，成为公认的方式。

有些仪式，特别是宗教仪式，它们都有着严格的规则来管理仪式如何运行。就事件中发生的活动而言，其他的仪式表现得更加个性化。比如大家在一起分享一顿饭，它的象征意义就很清楚，各分享者彼此关心，他们在餐桌上平起平坐，没有贵贱之分。

许多仪式都有它们明确的历史和传统，比如在圣诞节摆设和装饰圣诞树（即使你不相信基督教信仰），在复活节赠送巧克力蛋，或者庆祝新年活动，包括为来年制订计划。最近还有一些其他的仪式活动也蓬勃发展了起来，比如在情人节给你感兴趣的人寄贺卡，庆祝"疯狂毕业周"，或者在高中毕业时庆祝"间隔年或空当年"。

仪式根植于我们现代的西方文化中，因为它们通过承认重大事件的重要性，通过把我们的社群聚集在一起，让我们感觉到自己是一个更大整体的一部分，从而帮助我们对我们的世界有所了解。我们并不孤独，我们的经历，无论好坏，都被别人分享。这就是仪式的力量所在。

# 仪式是什么样子的？

每个家庭的纪念仪式各不相同。尽管它们可能标志着一个更大规模的公认事件，例如国家独立日，但是家庭和社群可能选择完全不同的方式来表达这种纪念。

死亡仪式同样也是个人行为。正如我们之前所讨论的，死亡过程中的任何时候都可以举行死亡仪式活动。待这个人死后，可能还会举行一场正式的仪式或者一次非常私人的实践活动，标志着这个人从生到死的转变以及家庭因失去亲人而改变的未来。

**仪式中包含的重要元素：**

创造一个举行仪式的"神圣空间"。这可能意味着要找到一个合适的场所，采用如代表这个人的物体、鲜花或对更大社群有意义的象征性物体等，以特定的方式，对这个场所进行装饰。

一种标志着进入神圣空间的方式。它可能代表着从个体化的视角向更大整体的视角的转变，而这个更大整体，就是你正在进入的使你融入其共享情感联系当中的社群。你只需进入一栋建筑、跨过一个门槛或进入一个花园，就有可能实现这种转变。

对所标记事件的正式认可。它既可能是一次演讲，也可能是一段"祝酒词"。如果是死亡事件，那它可能是一篇悼词，也可能是人生价值的反思。

识别从一种状态向另一种状态转变的过程。例如，在婚礼上，新娘和新郎交换誓词；当有人去世时，他们是准备土葬还是火葬。

如果有人即将死去，需要他人进行床边守夜时，我们可以通过包括给这个人特定的祈祷或祝福、念诵、分享祝酒词，一系列旨在"帮助这个人上路"的不同实践活动以及为其家属准备一段哀悼时间等仪式，来认可这个人从生到死的转变。

一次反思的机会或留出安静的时间，用来思考、感受、记住过去的事件和经验，并将当前的仪式经验嵌入到未来的记忆中。

终结或"结束"仪式的过程或指示。仪式必须达到一个终点，尽管将来某个时候可能还会再次举行仪式，但到时候仪式又会有所不同。终结或结束仪式的一种象征性方式就是离开神圣空间，举行最后的告别仪式（例如，在离开坟墓前撒一把泥土在棺材上），或者陈述一个结束语，说明是时候让社群人们散去了。

## 为什么人死后值得为其举行悼念仪式？

仪式为我们提供了一个认可改变或转变的工具。人死后，所有与之有关的事情都会随着他们的离去而改变。举行悼念仪式就像是一次朝圣之旅，从你的现实生活到另一种你别无选择的新现实生活。当然，你可以选择如何标记这种改变。

通过举行一些悼念仪式，让我们能够作为一个群体走到一起，共同分享某些价值观和信仰。这些价值观和信仰，虽然很有可能会随着时间的推移而发生演变，但它们通常会由我们的家庭世世代代传承下来。当我们的亲人去世时，我们认可和庆祝他们的价值观和信仰，也正是这种庆祝仪式，对那些通过接触了死者生活中的元素而卷入进来的相关人员产生影响，这些元素会让我们受到启发，并告诉我们相关的信息。

仪式活动，因为一件共同的事情——有人死亡，将我们作为一个家庭、一个社群和一个更大的群体聚集在了一起。通过分享这个共同的身份（我们与死者的联系），我们也能够相互分享、相互支持。通过和那些也在为失去亲人而感到悲伤的人在一起，我们有了一个安全的空间，可以用来表达和展示我们强烈的情感，讲述我们的故事，分享我们的回忆，此外，我们还通过倾听那些在不同环境中认识死者的人的经历，开始树立起死者一个更加丰富的形象。


## 纪念活动


纪念是一个过程，通过这一过程，可以确认大规模的、经常是暴力性的社会事件，并为子孙后代保留对事件的记忆。大型纪念场所、纪念建筑和纪念公园，作为暴力冲突、悲剧、种族灭绝和自然灾害的遗产，在世界各地随处可见。

在大多数小城镇，你会发现专门为世界大战以及其他国家冲突和国际冲突中战斗过的军人修建的纪念碑，纪念碑上刻有阵亡将士的名字。每年的阵亡将士纪念日，当地居民都会在纪念碑旁摆放鲜花和花圈，以此来纪念时间的流逝，但并不是纪念他们在集体社会性记忆中所牺牲时间的流逝。社会纪念是子孙后代保留为建立其国家而造成大规模人员死亡的一段历史记忆的一种方式，这种社会纪念活动主要发生在世界各地的小城镇和大都市中心。

纪念也是有关个人的一个过程。纪念某个人时，需要找到一种有意义的方式来纪念这个死去的人。对有些人来说，纪念某个人，你可能需要到一个特定的地方去参拜，而有的情况，你也可以保存这个人的骨灰。对其他人来说，纪念可能是一件更灵活的事情，比如以他们的名义创建一个奖学金或者写一本关于他们生活的书。纪念的本质是在人死后人们仍然能够保持对死者的良好记忆，而最简单、最廉价、通常也是最令人欣慰和最有效的方式就是经常谈论他们！

## 纪念方式

如果只是要求我们通过保存对他们的良好记忆来最好地纪念我们所爱的人，那么，有多种纪念方式可供我们选择。我们可能会决定选择多种纪念方式的组合。同时，我们也有可能发现，随着时间的推移，我们会采用新的方式来记住他们。

有些人需要到一个特定的地方去探望和照料垂死的亲人。在这个特定的地方，随着时间的推移，他们可能会觉得和他们的亲人很亲近。而其他一些人，则想着要他们已故亲人的记忆永远存在下去，以供新的一代拜访和了解他们的祖先。随着人们对家族史和家谱越来越感兴趣，带有详细墓碑的标记性墓地，作为传承家族史的一种手段，正在重新流行起来。不过，这并不一定是实现这一目标的唯一途径。在接下来提到的纪念方式中，你可能会发现一些对你更具有吸引力的东西，一些比传统墓地里的大型墓碑便宜得多的东西。这份清单绝非详尽无遗。事实上，我鼓励你去想一些对你和你身边的人来说有意义的独特方式，用来纪念你的已故亲人。这些只是一些建议。

## 传统的纪念方式

### 在墓地举行葬礼或埋葬骨灰后的遗憾：

如果选择此选项，那么需要制作一块非常简单的墓碑，上面写好详细的个人信息。不过，请注意，当您购买土葬或安葬骨灰的地块时，您需要检查该场地的租赁所有权期限。实际上，你从未真正拥有过这个地方，因为它通常是当地市政当局或公墓信托基金方的财产。随着人口老龄化，许多大城市的墓地缩短了你拥有该地块的土地所有权的时间，从最长100年到最短25年不等，而在一些欧洲国家，你拥有它们的时间甚至更短。在此之后，如果亲属或后代不续签租约，墓地当局可以再次挖掘坟墓，移走坟墓里的遗骸并把它们放在坟墓底部的骨棺中，然后把腾出来的这个空间再出售给一个新的家庭。你必须定期更新一些详细信息，包括负责该地块的维护人员以及死者家庭法定代表人的当前联系方式和地址。如果你想知道你所在地区的租地合约情况，你只需在搜索引擎中输入这样一个问题：你在……墓地拥有一块地多长时间？或者：你在……拥有一块地多长时间（在此处，填写你所在的地区、市、县）？

将火化遗骸收入骨灰盒中：

首先，如果选择该选项，则要求您指定火葬作为你首选的处理亲人遗体的方法。其次，如果你想收集遗骸带回家，大多数殡仪馆或公墓信托方会要求你选用骨灰盒，用来盛装你亲人的遗骸。骨灰盒是一个传统的容器，用来存放已故亲人的遗骸。就像棺盒或棺材一样，骨灰盒的价格也相差悬殊。在与殡仪馆或公墓信托方讨价还价购买骨灰盒之前，你需要根据自己固定的预算做出购买的决定。骨灰盒品类繁多。有些家庭选择特制的骨灰盒，这样各家庭成员就可以共同分享骨灰，而有些家庭则考虑将骨灰分成多份而制作多个骨灰盒，其实这样做更容易。当然，也有些家庭选择把骨灰撒掉。如果是这样，你就可以把骨灰收集在一个简单的拉锁袋、咖啡罐、可生物降解的纸袋或玻璃罐里，将它们带到想要撒掉的地方去。您可以购买大量的"新颖"骨灰盒撒骨灰，包括改装的喷壶、饮料瓶和禽舍容器等。

**将你亲人的遗骸收集到骨灰盒里时，要记住以下几点：**

骨灰盒是否与里面的遗骸保持一致？

将骨灰装入骨灰盒的目的仅仅只是为了撒骨灰吗？

如果是为了撒骨灰，是在简单仪式中撒骨灰，还是将遗骸分发给家庭成员？

如果想把骨灰盒埋起来，那么是不是需要长方形的骨灰盒呢？

你的购买预算是多少？

纪念的绿色环保选项因墓地而异。有些公墓允许使用天然墓碑，例如大型的直立水晶。而有些公墓则允许在入口或花园周围的碑座或建筑物上放置牌匾。如果你选择绿色环保选项埋葬或撒骨灰，你可能会选择一种另外的形式，确定这个亲人埋葬在青山绿水之间。

可以在你的花园里种一棵树或大灌木丛来纪念这个人。你也可以在地上贴一块匾额，上面记载着他们的生平事迹。

向人们经常光顾的当地公园或俱乐部（如保龄球俱乐部）捐赠一条刻有铭文的长凳。

为已故亲人写一个讣告，并发表在报纸或互联网上，这样可以让你有机会向更多听众讲述他们的故事。

为已故亲人打印一张照片，并将其嵌好，放置在家里的荣誉场所，这是纪念已故亲人的好办法。通过突出显示照片并谈论此人，将此人介绍给家庭的后代，让年轻的家庭成员能够记住他们。

创建已故亲人喜欢的音乐播放列表，并在重要的日子（例如生日或周年纪念日）播放这些音乐。

在学校或大学以他们的名义设立奖学金或捐赠基金。

用其遗产中的资金以他们的名义为社会企业捐款。

用其遗产中的资金以他们的名义，资助社会弱势群体、环境改良项目或你已故亲人非常关心的事业。


## 关于纪念仪式的新想法

火葬首饰属于一项相对较新的创新。利用死者的骨灰（和头发）制作钻石或其他宝石，然后将其镶嵌到戒指、耳环或其他珠宝中，也可以制作出内含骨灰的吊坠或小盒状珠宝等其他小物品。虽然不可能像大多数人的茶杯那样随处可见，但事实证明这类物品对某些人来说很受欢迎。

可以通过烟花或氦气球释放骨灰，可以将骨灰装在铁罐里作为种植种子的肥料，可以将其发射到太空中，可以用来建造珊瑚礁，也可以混合在绘制肖像的颜料中。

如果想以另一种形式保存骨灰，你可以将其融入泰迪熊中，混入铅化合物中制成铅笔，包含在手工吹制的玻璃纪念品中，嵌入乙烯基唱片中，组合成彩色玻璃窗，混入文身墨水用于创建个性化文身，也可以包含在玻璃镇纸里。这里列举有限，人们能够以任何形式保存骨灰。真是应验了那句老话："只有想不到的，没有做不到的！"

购买任何物品时，尤其是在网上购买物品时，请确保完全了解了自己要买的物品，确保自己的投资物有所值。纪念物品正在成为公司的一种有效的商业模式，所以一定要花些时间考虑自己真正想要的纪念物品。因为有些纪念物品非常昂贵，虽然当时看上去很不错，但是到了将来，它们可能就不一定适合你了。

如果决定纪念某个人，则主要由某个家庭成员根据其情绪做出这个决定。在家庭内部，对于如何最好地纪念已故的亲人，可能会有多种复杂的意见分歧。纪念亲人时最重要的是要记住，不管你如何处理这个人的遗骸，记住或缅怀他们才是你和他们关联的本质。无论选择哪种方式，培养和保持这种记忆，对你和对他们都同样重要。

记忆或缅怀他们的主要容器是你的心灵、思想和未来。你可能不必去某个特定的地方，就能够与他们建立起心里的联系。你可以在冥想、锻炼、坐在花园里的安静时光，讲述他们的生活故事，或者将其有趣的话语或观察结果融入你的词典中，找到这种联系，从而让他们的精髓活在你、你的子孙后代身上。

对乔迪和汉娜来说，他们需要在他们的花园里找一个地方静静地沉思，那么，对你来说，什么才最重要呢？

第十五章

了解悲伤、失去和丧亲

过去三年，理查德一直和他母亲住在一起，作为一个 60 岁的老男人，又搬回到父母家里来住，总感觉有那么点奇怪。但是，自从他婚姻破裂，父亲去世后，搬回来住似乎是明智之举。

　　他的母亲爱丽丝，虽然已经 81 岁高龄了，但仍然精神饱满，是一位不可多得的伟大厨师和好伙伴。大家都说她绝顶聪明、思维敏捷，没错，她至今依然如此——她不会忘记任何事情，她会把事情考虑得非常周全。她一直都在关注世界上发生的一切，从国际政治到最新的名人八卦。每天早上给理查德做好早餐后，她总会一整天从头到尾地看报纸。尽管理查德已经正式退休，但是他还是每周花三天时间帮助弟弟格雷格做家具生意，而让爱丽丝独自一人享受着那些安静的日子。

　　即使理查德不在家的日子里，也不只是她独自在家。尽管她现在已经不再是当地草地滚球俱乐部的委员，但她仍然还是坚持每两周打一次草地滚球。自从丈夫艾伯特去世后，她就再无心担任草地滚球俱乐部的委员了，而是把这个权力移交了出去。在俱乐部里，她继续给成员们做着她拿手的咖喱鸡蛋和莴苣三明治。虽然她已经不止一次提出不干了，但是，俱乐部的成员中没有一个人同意让她退出这个角色。

　　她仍然自己出去购物，每次都是小心翼翼地开着她那红色小轿车去当地的超市，超市里所有的员工都认识她。其中一个年轻人总是帮她把她购买的货物从超市里搬出来，然后替她装进车的后备厢里。爱丽丝很喜欢运动，身体相对来说还很健康。大家都喜欢和她在一起，因此，她的社交生活过得有滋有味。

理查德决定搬回他童年时代的家里来住的时候，他跟母亲说，是因为他现在独自一人住在一所大房子里，他感到很孤独。他的妻子走了，他的孩子也长大了。事实上，他是想照顾爱丽丝。不过，如果这么说，她肯定不会同意，因为她不想让自己成为别人眼中的麻烦。因此，他才说自己搬回来住，不是为了别的，而是为了让自己不感到孤独。爱丽丝其实心里很清楚他要做什么，不过，最终还是同意了。因为，她也知道自己已经老了，很快就需要有人来帮助自己了。她坚持要住在她和艾伯特结婚头几年买的房子里，不像她的一些朋友一样都搬进了养老院。她可不愿意搬进养老院，那是她最不想要的结果！

理查德和爱丽丝组成了一个很好的团队。他们分担家务，理查德负责维护房子和花园，以省去他母亲的麻烦。爱丽丝负责做饭，还坚持打扫厨房。不过，洗碗时她不得不坐在水槽边的椅子上，因为最近她的腿似乎有点累。到了周末的时候，孙儿们，有时还有曾孙们，都会过来看看。所以，一到了周五，爱丽丝就会开始在家里烤东西。她总为自己能够在橱柜里塞满给他们每个人烤好的他们最喜欢吃的蛋糕而感到自豪，也总为自己从不忘记他们的个人喜好而感到高兴。

爱丽丝已经卖掉了艾伯特饲养的大部分金丝雀。照顾这些金丝雀太花时间了，而她根本没有饲养方面的知识，也没有饲养的热情，所以很难维持金丝雀的繁殖计划。她确实把两只年轻的雄性金丝雀分开饲养在后院的鸟舍里，因为她喜欢听它们在阳光明媚的时候唱唱歌。这两只金丝雀，让她想起了艾伯特。

爱丽丝和理查德在一起的生活很平常，但对他们来说都很舒适。

有天早上，理查德去了格雷格的商店后，爱丽丝也准备出门。正当她准备穿上鞋子出门时，她听到了金丝雀拍打着翅膀，在惊恐地鸣叫着。于是，她急忙丢下要穿的鞋子，穿着拖鞋冲出后门。原来是隔壁房子里的猫正虎视眈眈地坐在鸟舍顶上，发出低沉的咆哮，吓得鸟儿们惊慌失措。爱丽丝从晒衣绳上抓起一条毛巾，尽快赶到花园里鸟舍所在的角落。

“滚开，你这个该死的家伙！”她尖叫着，用手在头上挥舞着毛巾。那只猫挑衅地望着她，一动也不动，仍然盘坐在铁丝网上，恶狠狠地盯着她。

“我叫你滚开，该死的家伙！”她轻蔑地大叫起来，把毛巾的一端用力拍向巨大的龟壳“公猫”身上。那只猫意识到她是认真的后，终于敏捷地跳下鸟舍，越过了栅栏，消失在角落里。

爱丽丝弯下腰，双手撑在大腿上，气喘吁吁。刚才因为跑向鸟舍，随后又疯狂地挥舞着毛巾，她有些喘不过气来。

“噗噗……”她噘起嘴唇，呼出一口气，试图减缓呼吸。她注意到自己的手在颤抖，她的心脏在怦怦直跳。

“该死，我太老了，不适合做这个了。”她自言自语道，随即环顾四周，寻找着编织花园椅。找到椅子，她就可以坐下休息休息了。她从鸟舍旁边的葡萄藤下把编织椅子拽了出来，然后一屁股重重地坐在系在座位上的那破旧、风化的垫子上。她把头垂在胸前，仍然尝试着减缓自己的呼吸。太阳暖洋洋地照在她的头上，金丝雀又开始快乐地唱起歌来了。突然，她感到胸口一阵剧痛，然后便失去了知觉。

理查德下班后回到了家里，由于一整天都在帮格雷格搬家具，所以早已经是筋疲力尽。"我太老了，不适合干这个了。"他走进厨房时心里这么感叹道，同时希望能看到爱丽丝像她每天晚上做的那样在为晚餐剥着蔬菜。然而，他随即发现，厨房里没有人。

他回到客厅，发现她的鞋子，乱七八糟地扔在地板上，一只直立，另一只侧躺着。

"真奇怪。"理查德一边朝爱丽丝的卧室走去，一边想着，以为她还在休息，因为她经常在下午休息。"或许，她睡过头了吧？"他想去看看。但是，床铺得整整齐齐，没有动过的痕迹。蓬松的枕头上罩着漂亮的锦缎床罩，床罩是她结婚时从娘家带来的嫁妆，她一直不愿意用现代的东西更换这个床罩。

理查德开始感到有些焦虑不安起来。她的车停在车道上，所以，她应该没出去。或许，她出去散步了？他知道，她通常有晚饭后出去散散步的习惯，同时，他也知道，她每天都是6点钟准时吃饭。不过，现在已经5：30了。理查德心里感到很是困惑，也越来越担心。于是，他向后院走去，希望能在后院找到自己的母亲。

他看到了她的背影，她瘫坐在他父亲看金丝雀时曾经坐过的户外旧椅子上。他注意到了她旁边地上有一条很好的浴室毛巾，正是因为这条毛巾让他加快了脚步。尽管每晚到这个时候，太阳就已经落下树梢很久了，但是他还是自我安慰，她应该是在太阳没下山之前在阳光下睡着了。太阳落山后，空气中总会弥漫着一股寒意。

他快步走到椅子前，把手放在她的肩膀上，然后试探性地轻声喊了一句："妈妈？"他不想站在她面前去。然而，在他看到她毫无生气的胳膊自然地跌落在椅子旁，双腿以一种她永远也不会坐下的姿势弯曲着时，他立马知道出事了。

他仍然抱着最后一丝希望，轻轻地拍了拍她的肩膀。但是，她的头只是摇晃了几下，没有抬起来。他深吸了一口气，很不情愿地查验了几下，证实母亲的确是走了。随后，他调整好心态，不再恐惧，而是坦然面对母亲的去世。

爱丽丝死后的几天时间里，大家都忙开了。不仅理查德是如此，家里的其他人也是如此。既然爱丽丝和艾伯特都已经走了，房子也就没必要再留下来。理查德的妹妹温迪和她的丈夫肯急于把房子打扫干净，这样他们就好趁早卖掉房子。爱丽丝死后的第二天，他们就从国家另一边的地方急急忙忙赶了过来，协助筹划母亲的葬礼。他们想赶在他们自己必须回家之前，帮理查德和格雷格把这座旧房子打扫干净。

理查德并不想这样，他在尽量拖延时间。一是因为他暂时没有地方住，之前为了支付前妻钱，他卖掉了自己的房子。其二就是，正如他告诉他妹妹的那样，如果他们想卖一个好价钱，就要对房子进行维护和保养。艾伯特一直都是爱丽丝的好丈夫，但他不太会做杂工。虽然理查德尽了最大努力来维护房子，但爱丽丝却拒绝让他做任何她认为太"过分"的事情，比如粉刷墙壁或更换破旧的地毯。

在安葬母亲几天后的一个晚上，他们坐在餐厅里吃晚饭。这时，理查德跟温迪说："小妹，可能需要 6 个月的时间，才能让这个地方焕然一新。"

"肯可以帮忙，理查德。只需要刷一层油漆，稍微再做些整理就行了。"她回答道，语气有些刻薄。

"需要做的工作不仅仅是这些，亲爱的。"肯打断她的话，努力不让他们所担心的事情轻而易举地成为他们之间的一场争论。"首先，阳台的柱子都烂了，需要补修，地板也需要更换，这些都需要时间。理查德说得没错。"他强调道。

"拜托，我们不需要全面翻新。"她厉声说道，眉头皱得越来越紧。

温迪转过身，瞪着她的弟弟，问道："格雷格，你觉得怎么样？"

格雷格对是否要参与谈话犹豫了片刻。就卖房子这件事情，他和妻子帕姆进行过同样的争吵。帕姆只想把房子卖掉，然后，他们就可以得到他们应得的那份钱，还掉生意上的一些债务。

"抱歉，温迪，我支持男人们的意见。维修房子有大量的工作要做，我们总不能自己维修它吧。让装修工来做，就需要花钱。说实话，我们大家又出不起钱。"他不情愿地透露。

晚餐在令人不快的气氛中结束。温迪和肯离开了，回去陪他们的大儿子及家人一起过夜去了，而格雷格则回到一直在照顾他们最小孙子的帕姆家。

理查德独自一人坐在他母亲最喜欢的破旧扶手椅上，回味着一家人晚餐时的谈话。一家人最终什么都没有谈成，对此，他感到很宽慰。毕竟，这座房子里满满都是他们一家人的回忆，他不想为了图个方便而把所有的东西都装进卡车扔掉。

他这并不是只为自己考虑。他心里很清楚，如果他们鲁莽行事，最终他们肯定都会后悔，包括一心想在回家之前把这里的一切都处理好的温迪。其实，他也明白她的心思，她是觉得大家摆脱一切后，好"继续前进"。父亲去世时，她就这样。

理查德挣扎着从扶手椅上站了起来。看着自己的膝盖越来越肿胀，他知道，自己需要尽快接受关节置换手术了。他心不在焉地缓步走上通往母亲卧室的凹凸不平的过道，而后来到母亲卧室，坐在床上。他环视了一下房间，发现房间里平时一尘不染的各种物品表面已经开始覆盖上了一层薄薄的灰尘。于是，他便决定，明天早上起来要打扫一下。"如果妈妈一想到满屋子都是灰尘，她一定会不高兴的。"他心想。他拿起母亲用钩针编织的护膝毛毯和她的一瓶香水，然后跌跌撞撞地回到走廊，边走，边嗅着充满熟悉香味的瓶子。

理查德把手伸进餐具柜顶上的空花瓶里，拿起放在底部的旧铁片钥匙。他用铁片钥匙打开橱柜，取出一个水晶玻璃杯和一瓶他母亲为特殊场合准备的昂贵雪利酒。理查德给自己斟了一大杯酒后，准备去把酒瓶放回原处，不过，经过再三考虑，他决定还是等会再去放。随即，他便小心翼翼地把酒瓶放在母亲椅子旁边的上面已经放了香水瓶和照片的胡桃木桌上。

他虔诚地坐回到椅子上，把爱丽丝的彩色钩织毛毯裹在肩头，细细品味着她身上的气味，还有她在电视机前睡着时，他经常把棉线塞到她膝盖上的那种熟悉的感觉。他拿起酒杯，举到灯光下，注视着五颜六色在铅水晶里面和金色液体上的跳动的光。随后，他将酒杯放到嘴边，抿了一小口。随着雪利酒流入他的喉咙，慢慢地他心里暖和了起来，他轻声地笑了。他记得母亲曾经在非正式场合说过，她允许自己喝一点。她还跟他说："你得当心点酒，理查德。如果喝得太多，你可能就要尝到它的苦头了！"

他俯下身，捡起了15年前父母结婚50周年纪念日时拍的照片。照片上，他们看上去都很年轻，不过，当时的他们可能比他现在的年龄也大不了多少。为了这个特殊的日子，他父亲还专门做了精心的准备。那天他穿着自己最好的礼服，胸前的口袋里插着一块折叠的手帕。他母亲让人用她最喜欢的蓝色染发剂将头发染成了蓝色，然后又做成完美的卷发，为了不掉一丝头发，还在卷发上喷洒了一层定型发胶。那天，母亲穿着她自己制作的一套深紫色优雅西服。母亲还将这套西服的角边进行了手工缝制，因此，根本看不到任何的线头。西服的翻领上别着一个金色黄玉大胸针，那是艾伯特为庆祝他们在一起50周年送给她的。

理查德端起酒杯，又尝了一口雪利酒，这次口感非常不错。他用心地吞咽着，眼睛环顾着四周，试图抓住房间里的每一个细节。他细心观看了石膏板上的每一条裂缝，门框上的每一处划痕，然后将目光转向壁炉台上收藏的老照片，那是他早已故去的祖父母和曾祖父母的照片。

他盯着多年没有烧过柴火的壁炉看了又看。由于木头涨价得厉害，壁炉里已经有很久没有生火了，取而代之的是一个电热器。而后，他的目光停留在母亲做得精致的蕾丝窗帘和挂在窗户两边的厚重的蓝色天鹅绒窗帘上。他把光秃秃的头靠在覆盖着通花碟巾的椅子靠背上。在靠背上罩一块碟巾，可以用来保护椅背免受发胶的伤害，同时也可以让他母亲的头发始终保持整齐，不会被压平。他眯起眼睛，注意到了天花板上以前从未真正注意到的许多痕迹。"这么多工作要做，到底为了什么？"他在想，"难道就因为这些，然后就有人可以用推土机推平这个地方，建造公寓了？"

他知道这是事实。理查德心里非常清楚，离城市很近的土地有多值钱，而且时代也完全变了。当年，他的父母在这里购买房子的时候，这里还是工人阶级的郊区，而且由于靠近工厂，所以，这里的住户基本上都是年轻的家庭。可是，现在不同了，这里已经成了商业银行家和后起之秀企业家的时尚的城内天堂。他们不会在乎这座房子的历史和爱情故事。他们不会对艾伯特建造的鸟舍感兴趣，也不会对他母亲深夜在孩子们睡觉时俯靠在缝纫机上所做的窗帘和陈列品感兴趣。他咽下最后一口雪利酒，忧郁得难以自已，他把照片抱在胸前，紧紧地抓着毛毯哭了起来。

悲伤是我们一生之中都会面对的一种经历。然而，在现代西方社会中，不知何故，出现了一种观点，即，有些悲伤的表达是"正常的"，而有些则不是。许多人认为，悲伤是需要被"克服"的事情，也有人认为，为了正确地从悲伤状态中解脱出来，人们必须要经历一系列明确好的步骤。人们努力寻找"终结"，然而终结不仅是不可能的，它还表明，除非我们"放开"死去的人，否则我们将无法继续生活。错！

## 什么是悲伤？

悲伤是我们对丧亲事件的一种反应。"重大丧失"是指我们所珍视的某样东西没了或被人拿走了，而我们没有能力阻止这种事情的发生。丧失是指某个事件，而悲伤是我们对这个事件做出的反应。一旦我们理解了这种区别，我们就能够明白为什么人们不仅会在他们所爱的人去世时感到悲伤，他们也会为失去身体健康、失去经济保障或生活环境的改变及所有失去的事物而感到悲伤。

## 悲伤是对重大丧失事件的一种独一无二的、个人的和主观的反应

关于悲伤，我们需要了解三个主要因素。

其一，悲伤独一无二。这表明我们每次的悲伤反应都不相同，因为我们与每次损失的关系都不相同。例如，我父母去世时我感受到的悲伤与我因事故致残时感受到的悲伤会完全不同。我和父母的关系与我和自己作为一个健康、快乐的人的关系又完全不同。这并不是说某种悲伤反应必然会比另一种更好或者更坏，而只是说明它们是两种完全不同的概念，因为我对自己生活方面赋予的价值观已经发生了改变。

其二，悲伤属于个体行为。这表明我们每个人的悲伤方式都不相同。对我来说正常的东西可能对你来说并不正常。我可能会通过一段时间的自我隔离和与世隔绝来表达我的悲伤，而其他人表达悲伤的方式可能是大哭一场并与他人分享他们的痛苦。我们都是个体，每个人的悲伤方式都不相同，我们会利用一切可能的应对策略来表达我们最

自然的悲伤。

其三，悲伤是主观的东西。这表明我是唯一能感受到我自己悲伤的人，而你是唯一能感受到你悲伤的人。这就是为什么即便损失几乎相同的情况下，我不知道你的感受，你也不知道我的感受。很遗憾的是，人们通常会通过说"我知道你的感受。当发生在我身上时……"这样的话语来安慰别人。

这种善意的评论对于一个在悲伤中的人来说是极其痛苦的，因为它假定了一种除经历损失的人之外其他人都无法明白的理解水平。


## 什么能引起悲伤？

正如我们所讨论的，要引起某个人产生悲伤反应，这个人需要经历一次重大损失。例如：

**亲人的亡故：**

这是引发悲伤反应的最常见损失，但也可能很复杂。虽然我们经常与身边的亲人有着共同的依赖关系、在别人看来非正常的关系或彼此破裂的关系，但是，这并不表示我们不爱他们。我们可能并不特别喜欢他们，但我们仍然爱他们，因此会为他们的死感到悲伤。

**肢体或部分身躯或身体机能的丧失：**

截肢或意外事故导致的肢体丧失，会让我们周围的人都能看得很清楚，但是其他身体变化也可能引起人们同样的反应，只不过没有那么明显，例如：

因癌症导致的乳房丧失（即使乳房是直接再造的）。

子宫切除术、睾丸癌、前列腺手术、泌尿生殖道其他疾病导致的生育能力丧失，这些疾病影响到我们怀孩子或生孩子的能力或影响我们对自己作为"整体"人的看法。

感觉功能的丧失，如听觉、视觉、味觉、嗅觉或感觉（如神经肌肉疾病，其症状是触摸麻木）。

尿失禁或膀胱或肠道的控制能力的丧失。某人因为肠癌、膀胱癌等其他疾病不得不进行腹部结肠造口术或外部造口术的时候，可能会发生这种情况。通过手术，医生会将肠道的内容物拿出来放入袋子中收好。

**健康的丧失：**

我们身体的整体健康状况反映了我们如何看待自己作为一个人。如果发生诸如肝脏、肾脏疾病或糖尿病之类的慢性疾病，那么，对身体进行诊断，则意味着我们必须忍受一个我们自己从未想象过的未来，包括不得不吃药、持续治疗以及可能缩短的寿命。出现精神和情感方面的疾病，也会引起我们的悲伤反应，尤其是，如果这些都是诸如抑郁症、精神病、癫痫或其他会影响我们未来生活方式的疾病之类的慢性疾病的时候。

**职业的丢失：**

我们的职业生涯往往对我们如何看待自己作为一个人及我们在世界上的地位等方面起着重要作用。裁员、解雇、降职或公司倒闭都会使我们对自己的看法产生疑问，并引起悲伤的反应。良好职业的明显改变，比如升职或退休等，也会引起悲伤的反应，这看起来似乎很奇怪。除了积极的改变因素之外，还有朋友、同事的丧失，在退休的情况下，人们往往会经历人生目标的丧失。

**感情的丧失：**

从我们年轻时候第一次谈恋爱开始，我们就经历了当一段感情破裂或结束时的痛苦。哪怕是我们自己选择结束这段恋爱关系，我们也会经历这种痛苦。夫妇两人分居、离婚、家庭成员的分散，甚至一段重要友谊的破裂，都会引起悲伤的反应。

**确定性的丧失：**

随着人们开始接受主要医疗程序（包括器官移植）并进入尤其是癌症治疗结束之后称之为可悲"存活期"阶段，这种确定性的丧失变得越来越普遍。尽管我们的未来充满了未知数，但是，我们却活在一种未来早已确定的幻觉中。对于那些经历了重大疾病和治疗后被送回家作为幸存者生活着的人来说，已经没有了这种确定性。每当他们发现身体某个地方有肿块、发烧或感觉身体不舒服时，他们一开始都担心会是这些重大疾病的复发或是身体对某种情况的排斥。他们对未来持有的确定性不再有把握。

**性能力的丧失：**

随着年龄的增长，受到疾病的影响或接受影响我们性能力的治疗，我们不仅会丧失参与性活动的能力，还会经常丧失任何身体上的亲密接触感。这又一次影响了我们如何看待自己是一个充满活力、令人向往的人。

**角色的丧失：**

当一个人非常投入一个角色，以至于他的整个身份都被这个角色所定义时，可能很难接受丧失这个角色。在我们到目前为止所看到的许多故事中，你会注意到护理人员的角色是多么地耗费精力。当被照料的人即将故去而被安置在疗养机构中时，这个人的主要照料者往往会觉得他们不再有价值，他们对这个人也没有什么可贡献的了，到了这个时候，他们都会挣扎着如何打发时间。

**信仰或信念的丧失：**

通常被称为"生存危机"，导致人们深入质疑并拒绝长期持有的价值观念或信仰的情况，会引起悲伤的反应。有关信念的丧失，最典型的一个当代例子就是，成千上万的人在受到宗教或政府机构的关照时成了被愚弄的受害者，结果就是他们不再相信其自从童年以来就遵循的信条或制度。此外，这种对信仰的丧失，往往还会导致他们被逐出他们自己认为是其中一员的信仰团体。

**失去家园或国家：**

无论是自己选择还是因为其他原因，那些被迫离开故土的人往往不得不抛弃他们的家庭、语言、文化和国籍身份。尽管找到了避难所让他们松了一口气，但这些人仍然会为他们身后留下的东西而感到悲伤。有的时候，在难以找到一个新家的情况下，比如对于来自战乱地区的难民来说，失去了家园或国家可能会引起复杂的悲伤感。

**青春的流失：**

随着年龄的增长，我们都经历了未能实现人生目标所带来的遗憾，身体机能和外貌方面的变化，以及对不可避免地陷入依赖和无能的恐惧。对一些人来说，随着时间的流逝，他们越来越担心自己成为家庭的负担，失去独立性。

**机会的丧失：**

当我们的生活状况发生变化，我们原本以为可以获得的机会从我们身边溜走时，就会出现这种失去机会的情况。例如，一个专业人士逃离自己出生的国家后，可能会发现在他到达的新国家，不认可他的资格和经验，所以他最终只能从事非技术性的工作来养家糊口。

**预知未来的丧失：**

当我们所想象的未来因为我们经历的丧失而永远改变时，就会发生这种丧失。（稍后我们将进一步讨论这个概念。）

**安全感的丧失：**

由于这一损失，我们的经济、情感或身体安全不复存在，生活似乎变得更加不确定。

从这些例子可以看出，人们经常会因为一次重大事件而同时遭受多重丧失。当某个可能是他们家庭经济支柱的人去世时，让这个家庭感到悲伤的还包括伴随着这个人的死亡而来的安全感、角色、职业的丧失，以及最有可能的这些悲伤者所认为的这个家庭的未来的丧失，因为那个已经去世的人很有可能在他们未来的生活中扮演了很重要的角色。

# 时空连续体的中断

从我们很小的时候起，我们就为自己设想了一个未来。为了这个未来，我们投入了大量的时间、精力和情感。我们看到未来在我们面前展开成一条长长的线，人生中的里程碑事件点缀在这条线上，成为庆祝和欢乐的时刻。当我们身边的人死去时，突然之间，未来变得不再是我们所想象的样子，因为，这个未来失去了其中不可或缺的一部分。

我们中的大多数人都会理解 20 世纪 80 年代电影《回到未来》中有关时空连续体的中断这个概念。当时，一个十几岁的男孩回到了过去，改变了对未来产生深远影响的事件。这是对我们身边亲人故去时会发生的情况的一个明喻。当某个重要人物突然故去的时候，我们曾经设想的未来突然间就灰飞烟灭了。由于这个人的故去，家人们所设想中的那个未来已经变得不再可能。我们投入大量精力、物力的那个未来变成了我们未曾考虑过的另一个未来。如果没有这个重要人物，家人们需要花不少时间来重塑另一种未来的样子。

上述比喻同样也适用于任何让我们感到悲伤的改变生活的重大事件。癌症或其他晚期疾病的诊断、关系的破裂或失去家园，都可能导致时空连续性的中断。出现这种中断之后，就要求我们接受我们已经丧失了感知的未来以及我们曾设想和投资过的未来。除非我们接受我们所感知的未来已经变得不再可能这一现实，否则我们很难开始编织一个考虑到环境变化的新未来。

## 悲伤的过程

有多种学术模型可以勾勒出"正常"悲伤是什么样子。起初，人们认为悲伤的人必须经历许多"阶段"才能步入正常悲伤当中，而且在进入"接受"的最后阶段之前，需要完成之前的每一个阶段。其他模型谈论的是与悲伤相关的"任务"，人们需要完成这些任务，以此来"消除"他们的悲伤。现在，我们终于明白了悲伤是无法预测的。悲伤过程并没有标准可以参考，每个人都会以自己的方式悲伤，这主要取决于他们失去的个人影响。

我们都知道，悲伤影响着整个人，不仅影响他们的情感自我，也影响他们的心理、精神、身体、文化和社会自我。有些人经历的感情如此强烈，以至于他们需要单独的时间来处理它们。有些人觉得与周围的人太疏远了，完全隔绝了，他们可能会暂时失去食欲，也有可能会难以入睡。但也有一些人，他们可能会哭得很厉害，他们有一段时间会感到身心疲惫。

在重大死亡后的最初几周，人们通常都会感到很困惑，感觉与周围的世界完全脱节了。身体会产生一系列的荷尔蒙和化学物质，这些物质在最初的几天时间里，会使我们麻木，从而保护我们免受失去所带来的痛苦。这就是发生重大死亡事件之后的几天并不适合做出重大决定的原因。不过，我们经常发现自己就是这样做的，尤其是在葬礼和追悼活动方面，当我们最无能力做出明智选择的时候，却往往都要求我们对这些方面做出重大决定。

我们中的大多数人都以一种不可预知的方式，在诸如悲伤、震惊、愤怒、后悔、内疚、否认、痛苦、恐惧、焦虑、不安、希望、羞耻以及任何其他你可能想说出名字的情感或思想之间左右摇摆。我们花在感受这些情感或思考这些思想方面的时间也从短暂的瞬间到一次几个小时不等。不过，我们所能确信的是，随着时间的流逝，我们开始从对死者的记忆中找到安慰。

起初的时候，这种安慰可能比较短暂。不过，当我们在最初几周内经受住死亡造成的冲击时，我们开始认识到这个人已经死亡的现实。尽管我们可能仍然会下意识地期待他们在晚上走进家门，尽管我们可能在打电话给他们时才想起他们已经故去，但是，随着时间的推移，这些反应会让我们觉得越来越没有那么心痛。我们开始适应他们不再与我们在一起的这个新现实，而且，在回忆他们的时候，我们偶尔还会感到很安慰。尽管已经见不到死者的肉身，但我们的感官仍然能够帮助我们维持与他们的关系。

过去人们认为，为了让人们"克服"或"消除"悲伤，他们需要"继续"过他们自己的生活，把死去的人留在他们的记忆里。现在，我们明白了，我们与死者的联系，不可能简简单单地被割断和遗忘。如果我们能够继续和他们保持联系，那么，即使事实上他们已经不再以肉身的形式与我们在一起，他们仍然将是我们生活故事的一部分。

在我们所爱的人死后，我们试图割断与他们之间的联系，这样做，对我们来说既无益又有害。为什么？因为我们没有在怀念他们的这个过程当中找到快乐和安慰，而是花了所有的时间尽量不去想他们。这样做的结果，不仅让我们身心疲惫，而且还会严重影响我们创造新未来的能力。哪怕那个人已经故去，他们也将永远是我们生活的一部分，因为他们是我们的一部分。认识到这种内在联系并在我们的记忆中找到安慰，为我们的生活继续前行提供了新的维度。

# 在你所爱之人死后，如何继续与他们建立关系

在将我们与自己的无论好坏的记忆联系起来的整个过程中，我们的感官扮演着重要的角色。我们都记得我们过去的景象、气味、触感和声音。这就是为什么对于患有创伤后压力心理障碍症的人，或者那些目睹过暴力或悲剧的人来说，是感官上的提醒将他们直接带回导致他们痛苦的事件，使他们一遍又一遍地重温该事件。

同样，我们的感官把我们和美好的记忆联系在一起。也许夏日傍晚的蝉鸣会让你想起和祖母一起坐在门廊上剥豌豆的情景。也许炉子上炖牛肉的味道让你想起了童年的冬天，一家人在一起等着妈妈做晚饭。或许，收音机里听到的一首特定歌曲会让你想起某个已故的亲人。味觉、触觉、嗅觉、视觉和听觉为我们生活中已故的重要人物提供了直接的接触途径，并使我们能够在未来继续与他们保持联系。

对本故事中的理查德来说，正是这些感官钥匙开启了他对母亲的记忆，使他能感觉到与母亲很亲近。盖着她的膝盖毛毯的感觉，看到她和父亲的合影，闻着她用的香水的味道，品尝着她最喜欢的雪利酒，以及能够留在她家里直到他准备离开，所有这些都给了他一种和她亲密的感觉。

这就是某人去世后，在你有机会冷静地评估那些对你保持这种联系最重要的东西之前，不要轻易处理掉它们的原因。遗憾的是，家人们通常认为，他们越早处理掉已故亲人的个人财产问题，他们就能越早"过上"自己的生活。事实上，几个月或几年之后，当人们仍然面

对死亡带来的冲击时，他们会对当初没有经过深思熟虑就进行这种财产"清理"而感到深深的遗憾。

为了保持与死者之间的持续联系，你可以选择多种方式，就像你和他们的关系一样。不过，以下这些建议可能对你的选择有所帮助：

在你准备好这样做之前，请勿"清理"他们的财产或出售他们的房屋。

保留对你有特别意义的个人物品。它们可能是一张照片、一件或多件保持着感觉和气味的衣物、一件家具、个人物品（如珠宝、钢笔或手表等）、花园里的一株植物或代表该人生活的其他纪念品（如他们的出生证）、可能获得的奖励或给他们的感谢信。

要经常回想他们。当你想他们的时候，就在心里跟他们说说话（在你的脑海里或者大声说出来）。有人去世后，与他们说说心里话，这没有什么大惊小怪的。大多数人都这样做，只是他们做了没有告诉别人而已。当你难以做出某个决定或者正在考虑改变生活时，想象他们会给你什么建议，这会很有帮助。

播放死者喜欢或能让你想起他们的音乐。

把这个人的照片放在家里，和你身边的人谈论这些照片。可以把他们的故事讲给可能从未见过他们的孩子或孙子、新老朋友听。尽管他们去世了，但他们仍然是你家庭的一部分。

心里开始慢慢接受他们缺席家庭聚会、宗教等活动，如圣诞节或生日庆典。

随着时间的推移，慢慢开始确认他们的生日、周年纪念日或其他特定的里程碑事件。

进行对你有意义的精神和文化实践。这可能意味着要庆祝万灵节、亡灵节（或死亡之日）、清明节（中国的清明节）、盂兰盆节（日本的佛教节日）或祭祖节（印度教徒庆祝的两周祭祖节）。

所有宗教、国家和文化都有纪念死者及其祖先的特定仪式。世界各地的土著文化都有自己独特的传统，标志着从生活到精神世界的转变。你可能想参加一个对你自己的文化背景和信仰传统有意义的节日。

将他们的遗产融入你的日常生活。这可能需要阅读有关他们父母或祖先的信息资料，整理一本家谱，或是从事一项他们喜爱的项目。父亲去世后，他把小提琴留给了我。几年后，我把它修好，开始学习凯尔特小提琴。现在，每当我拉起小提琴，演奏他以前演奏的旧曲子时，我就会从音乐的声音、乐器的感觉和演奏的冥想中感受到与他的那种亲近感。

如果要就某事下定决心时，想象他们就和你在一起。大多数人都会有一种间歇性的感觉，觉得自己离他们很近。

可能是你在脑海里听到了他们的声音，或者你在街上看到了一个长得像他们的人。当你处于困境时，也许你能感觉得到他们在你身边。所有这些事情都是完全正常的，它们能够让我们与这个人保持一种纽带关系。在这些时刻，能够给我们带来一种舒适的感觉。不过，人们不常谈论这些经历，因为他们担心别人会以异样的眼光看待自己，这一点，着实令人遗憾。

# 如何支持悲伤的人

如果你在工作场所或社交圈中认识一个经历过重大创伤的人，在事件发生后第一次见到他们时，你可能会感到很尴尬。你可能不知道说些什么或做些什么。因此，与其说错话，还不如选择回避这些话题。人们有这种反应，很正常。不过，如果我们了解了这种回避行为会对这个人产生多大的影响，我相信，我们所有人都会更加努力地面对自己的这种不适应感，从而从各个方面支持他们。

其实，我们并不是唯一一个回避这些悲伤者的人，只是我们自己通常意识不到这一点而已。社会孤立是悲伤的人最常见的经历。其实，他们心里很清楚人们为什么会回避他们。事实上，在过去面对类似的情况时，他们可能也有同样的表现。然而，这种回避会让悲伤的人感到自己被他人忽视，得不到他人的理解和支持。

悲伤的人需要能够讲述他们的个人故事，往往是讲了一遍又一遍。对于因距离遥远或不和睦而造成分离的家庭来说，这可能有些困难。如果一个人在没有被建议"忘掉这个事件"的情况下，没有一个让他能够尽可能频繁地讲述这个故事的支持性社交网络，那么，他开始接受死亡这个现实并因此开始创造另一个未来的能力就会受到影响。

如果某位同事家发生了令人悲痛的事情，作为一名同事，你可以做一些事情来帮助他：

在该同事返回工作岗位之前，与其他同事讨论如何在他返回的当天以及之后的几周内尽最大努力帮助他。

如果你是团队领导，请确保在他返回工作岗位前，与他通通电话，了解一下该做些什么才能让他觉得比较舒服。他有可能会喜欢独自工作一段时间（如果可能的话），或者想多休息一段时间。

当你再次见到此人时，马上跟他确认这个事件。请务必私下确认，而不是在走廊里或会议上。根据你和这个人的关系，你可能不知道具体情况。在这种情况下，你可以说："莎莉，我听说你丈夫最近去世了。简直无法想象你回来工作会有多难。"这种同情的表达证实了这个人的经历，也表明了你的关心。有的时候，诸如"你还好吗，莎莉？"之类的并不太具体的一句很简单的话，虽然也可以确认这个人经历过的困难，但是，这类话，可能会让悲伤的人难以理解，会让她感到很困惑。你到底是在向她问好，还是真的在问她心情恢复得怎么样呢？

如果你看到其他人在回避这个人，你可以私下跟他们说说道理，告诉他们不排斥这个人的重要性。不过，在开始的几天时间里，大家可以私下和他交谈。请务必保证交谈的时候，能够跟往常一样，让他参与进来。如果需要，始终让他有机会选择退出。

有朋友悲伤的时候，首先需要确认这个事件，然后给这个朋友谈论他想分享任何的东西的机会，这两者一样重要。他可能想谈论死亡，他也可能会关注葬礼或者他现在的感受。如果你从他的角度进行谈话引导，那你一定会满足他的需求。

请记住，要为你与他的谈话创造一个相对安全的空间，因此，不要在像超市这样的公共场所问他引导性的问题。熟人之间的一句简单的"你好吗？"也许更合适，接着再邀请他将来私下谈谈："有时间我们一起喝杯咖啡怎么样？"如果他需要你，这些小小的动作会让他知道你就在身边。

持续的联系对悲伤的人来说很重要。因为，他们经常表示，在亲人死亡后的最初几周，由于给他们提供帮助和支持的人太多，他们被这些帮助和支持压得喘不过气来。不过，随着人们回到自己的生活，所有这些都逐渐消失了。在接下来的几个月里，那些悲伤的人最需要持续的社会和情感支持。这就需要亲朋好友们通过电话或面对面地定期与他们联系。就算是简单的事情也可能帮上忙，比如给他们发一封电子邮件或者在网上发一篇私人帖子，说："想着你。你想聊聊吗？"

悲伤可能是一种极度孤立的经历，尤其是在这个人认为没有人理解他的感受，或者他没有一个可信任的人可以倾诉的时候。真正的朋友会随时准备着，让悲伤的人感到舒适，或者陪伴在他们身边，会倾听悲伤的人诉苦，表达情感，反思他们改变的环境。

相反，悲伤的人并不希望你为他们找到解决办法，他们也不想让你"化解"他们的痛苦。他们只希望你认可他们的损失，听他们讲讲故事。你不需要接受任何特殊的训练来倾听朋友的心声，你只需要保持一颗开朗而又乐意的心，随时准备在适当的时候陪伴他们，在他们需要的时候给他们空间。如果你给他们机会，他们就会告诉你他们需要什么。

第十六章　复杂的悲伤

林乐爱她的丈夫。虽然说是一场包办婚姻，但他们已经幸福地生活在一起四十多年了。在两家人商定订婚事宜之后，她才在新加坡见到了欢。尽管她对移居到一个属于西方的新国家心存疑虑，但是，她还是同意了这桩婚事，因为她很快就喜欢上了这个文静、温柔的男人。

她原来一直都不知道自己的丈夫没有使用他的本名，直到她以一名已婚妇女的身份来到她的新国家。相反，他取了一个英文名字"艾德"，意思是"幸运"，和他的中文名字含义一样。大家都这么叫他。作为移民的第三代，他的信仰和行为非常西方化。起初，这让她感到很震惊，不过，随着他们对彼此的爱越来越深，她也越来越爱这个新的国家。她保留了许多家庭的传统，但和她丈夫一样，她也接受了这个新家的文化。

他们一共生了两个小孩，大的是男孩，小的是女孩。当孩子出生后给他们取名字时，他们夫妇花了不少工夫。他们给小孩取了可以简称的英式化名字。他们的儿子德伦简称"德"，女儿路易简称"露"。为了纪念他们的出生地，他们有意识地决定和孩子们说英语。因此，林乐只在孩子们睡觉的时候才和欢说中文。

现在，两个孩子都已经成年了，都有了他们自己的家庭。在这个国家，没有父母包办婚姻一说，因此，孩子们的婚事，他们也管不了。

孩子们后来都选择了西方伴侣。现在，她有些后悔，后悔她的下一代忘掉了她自己的母语。她的孙辈们都取了西方名字。虽然她试图传承古老的传统和故事，但是，她确信年长懂事的孙辈会认为她有些古怪。

露最小的女儿叫艾米。虽然她只有 6 岁，但她却对祖先的故事最感兴趣。她帮林乐把香火点燃，让香火在走廊的祭坛上燃烧着。她知道这样做是对祖先的尊敬，能让祖先们开心。她喜欢问一些问题，比如：为什么房子里的东西都要以特定的方式摆放？她也喜欢坐在林乐的膝盖上，听着外祖母讲有关老人、鬼魂和恶魔的故事。她甚至还学会了一些林乐家乡的普通话。

林乐的丈夫去世时，事情很突然。还没有来得及进行传统的床边守夜（最好的方式是由佛教僧侣诵经），她丈夫的遗体就已经被带回家守灵了。他的棺材摆放在花园里，面对着房子，等待着家人们给他洗干净身子、他穿好衣服后入棺。此时，家中的神像都用红纸盖上了，镜子也被拿走了。门口放着传统的白布，门口左边摆放着锣。

后来，僧侣们确实来了。他们诵着经，做着祈祷，全家陷入一片哀悼声中。尽管欢的观念已经很西方化，但是，家里还是进行着所有的古老仪式。死亡来临时，林乐不会与传统背道而驰。她想确保自己的丈夫能过"奈何桥"，让他从一个鬼魂变成一个祖先。

欢因严重中风而死。他当时刚被抬上救护车，还没来得及送到医院，就停止了呼吸。林乐很自责，她应该阻止他抽烟。不过，这是他做的她唯一不喜欢的一件事。晚年的时候，为了让她开心，他只在花园里抽烟。即使在那时，孙子孙女们在身边的时候，他也从来没有这样做过。但她知道，这对他不好，照顾丈夫是她作为妻子的职责。她没有好好地照顾他。

现在，她的丈夫与他的祖先们住一起去了。他的遗像、骨灰盒和刻有他名字的灵牌就摆放在祭坛上，紧挨在他父母和她父母的旁边。他的火化遗骸与父亲、母亲和祖父母的遗体一起被安葬在家族墓地中。每天早上起床后，林乐会穿好衣服，把"孝"字袖章别在外套的左袖上，然后在家里的祭坛上为丈夫做祈祷。她不再使用传统的供品，而是竭尽所能地做着各种仪式，希望她所爱之人能够有一次安全而吉祥的来世之旅。

不过，这些仪式并没有给她带来多少慰藉。每天，她都怀着一种孤独和孤立的心情，完成这些仪式。对她来说，她的丈夫就是整个世界。现在，她的世界没了，她变得孤身一人。每当她静下心来，她就会怀念他那带有他祖父母母语普通话痕迹的轻快的声音，怀念他那温柔的笑声。尽管他已经不能再多吃一个饺子了，但他总还是说再来一个饺子，那种情景让她很是怀念。他实在是太喜欢吃她做的饺子了！她很怀念能够用她自己的语言跟他交流。她甚至怀念香烟烟雾的余味，这种余味有时会像云一样从花园飘进屋里。

家人们一直都非常照顾她。事实上，有的时候，她倒希望他们都给她一些空间。因为她渴望独处，不想让人打扰，她只想一个人静静地待着，这样，她就可以回想和怀念她的丈夫欢（她永远也不会叫他艾德）。她心爱的欢，曾越洋过海来找她，将她拥入怀里，把她带到他为迎接她的到来而花了多年时间建造的新家。

他们在这个家里住了 40 年。起初里面很稀疏的花园，现在已经是郁郁葱葱，到处都是绿树和开花植物。池塘里满是五颜六色的鱼和睡莲。在他们结婚 25 周年纪念日，他还在池塘上为她建造了一座弧形桥，看上去就像一只巨大的睡龟。在阳光照耀下，原木色的弧形桥闪闪发光。

在这一切之中，有一尊佛像像哨兵一样站立着，守护着每一种生物。每一株植物、每一根树枝、每一片树叶都能让她想起欢。她只想坐在池塘边他制作的木椅上，凝视着水的深处，看着鱼儿在开花的植物间游来游去，看着它们过着平淡无奇的生活。但是，生活并没有人们想象的那么容易。

林乐理解家人的担忧。现在，她已经是一个寡妇了，他们对她爱护有加，对此，她很感激。毕竟，照顾她是他们的工作。起初，德和他的妻子艾莉森每天晚上都会带着他们的双胞胎儿子哈利和杰伊来家里看望她。这两个男孩现在都在读高中，他们都不想在这里待太久。随着时间的推移，林乐最终说服了德，让他相信让两个孩子在家学习比来这里更重要。

"他们需要集中精力学习，我的孩子。"她说。"你总是这样强迫他们来探望我，你会让他们厌倦他们奶奶的。"她补充说道。

"他们爱你，母亲。"他回应道。他以前很少用"母亲"这个正式称呼。今天这样用，是为了让她明白他所说的话的重要性。

她深深叹了口气。"该怎么说才好呢？"她在心里问自己。"我知道，但是，一周来一次就足够了。"她劝导儿子道。

"如果你确定了的话，妈妈。"他回答道。他又开始叫回"妈妈"了，他小时候一直都这么叫她。

他很担心她。她在这里没有任何直系亲属。她的姐妹们仍然住在她的家乡新加坡，她在这里几乎也没有朋友。她的整个生活基本上都是围绕着他们的这个大家庭。现在，她似乎也在远离他们。他为自己没有在大学里学习普通话而感到很懊悔。如果他在大学选修了普通话，那么至少他能用她自己的语言和她说说话，这样，他也许能更好地理解她的感受。用英语跟她交流，达不到理想的效果，因为她的英语从来都不是很好。

"需要给她一些时间。"艾莉森在回家的路上安慰他道。接着她又说："她崇拜你的父亲。真是太令人震惊了，德。她需要时间来适应没有他的生活。"

"我知道，"他若有所思地点点头回答道，"但我是长子。她应该和我们住在一起。"

艾莉森皱起眉头。她还没准备好再次进行这次谈话。"德，这个问题我们已经讨论过了。她并不想跟我们……而且我们也没有多余的房间！"

几个月过去了，林乐独处的时间变得越来越多。露和西蒙邀请她去他们家住，不过她拒绝了他们的这个提议。虽然她很喜欢他们，但是，她想要自己独处的空间。除此之外，如果非要她和自己的一个孩子住在一起的话，那这个孩子应该是德。"因为他是长子。"她心想。

每到周末，她都会找借口不去参加他们的传统茶会。不仅如此，她会不断提醒孩子们，她还在服丧。露还专门花了一些时间上网，查阅了母亲老家所在地的传统悼念仪式和那个地域的悼念文化，她从网上了解到，如果按照最严谨的传统，服丧时间要持续 100 天。服丧 100 天之后，他们都要在墓地的圣殿里参加最后的祈祷仪式。此后，他们父亲的牌位将被安放在家族坟墓的祖先祭坛上。可是，满了100天之后，她母亲仍然穿着白色的棉制丧服，每天仍然把"孝"字袖章别在袖子上。随着时间的推移，林乐变得越来越孤僻，这让露越来越担忧。

每天晚上临睡前，林乐都会在祭坛前祈祷。她会抬头凝视着丈夫那双炯炯有神的棕色眼睛，而那双眼睛似乎在有意无意地回望着她。她能感受到他的体贴和慷慨大方。她知道他很快就会穿过冥界，获得一个快乐的重生或终极启示的来世——他值得获得重生。她感受到了他那刻在石碑上的灵气。随后，她低下了头，口中默默念词，用她自己的语言请求他的指引和护佑。

此后，林乐开始变得睡得少、吃得少了。她将自己封闭了起来，回到了自己的那个宁静的内心世界。每天看到那个丈夫的衣服曾整齐排列挂在里面的空衣柜时，她都情不自禁，暗自伤心起来。

虽然她知道他的衣服已经不在那里了，因为是她坚持让德用传统的方式把它们烧掉了，但是，她仍然有一种非常不理性的强烈欲望，想去查看查看，看它们是否还挂在里面。有的时候，她会钻进去，将自己关在柜子里，希望能闻到他去世几个星期后一直遗留在那里面的淡淡香味，不过，柜子里已经没有了那种香味。有的时候，她又会坐在衣柜里，在黑暗中一次待上好几个小时，不想离开只有衣柜里才有的那种舒适的回忆。因为在衣柜外面，似乎只有无穷无尽的空虚。有天早上，露一直找不到她，最后在搜查完房子后，才在衣柜里找到了她。

"妈妈，你在干什么？"她惊恐地推开柜门，大声说道。

她母亲把枕在膝盖上休息的头抬起来，奇怪地看着她的女儿，好像不认识她似的。

"妈，是我。"露平静地说道，她注意到了母亲眼神中的茫然和恍惚。"来，出来吧！"她一边鼓励性地把手伸向黑暗的柜子里，一边催促道。

林乐不情愿地抬起手，搭在了这只伸进来的手上，让女儿帮她摆脱衣柜那种让人感觉很舒服的拥抱。她还穿着睡衣。露搂着她从衣柜里走出来的时候，发现母亲的身子已经变得非常消瘦。透过她穿的薄睡衣，露能感觉到她的骨头。注意到母亲的手如此之冷，她赶紧从床尾抓起一条毛毯，将它裹在母亲的肩上，然后，搂着她的肩膀，慢慢地引导她走向客厅。房子里很冷，于是，露打开了煤气炉，让母亲坐在炉火旁边的扶手椅上。

"我去给你泡杯茶，妈妈，然后，我们坐下来谈一谈。"她边说边走向厨房。经过祭坛前，她不自觉地停了下来，向着她父亲的灵牌鞠了三躬。

看到母亲这个模样，露很是自责。最近，由于西蒙终于设法请到了一段时间的假，所以，她和家人外出去度了三周的假。她原以为，自己不在家的这段时间，哥哥德应该会去看看他们的母亲。然而，让她没想到的是，直到昨晚他们回来时，才发现德这个时间段也没在家，去了一次他无法推迟的意外的工作旅行。嫂嫂艾莉森曾告诉她，叫她放心，说她已经给母亲林乐打过电话了，还到家去看过。而后，艾莉森又兴致勃勃地告诉露说，母亲她一定是"出去散心"了，因为她没有接电话，而且上周去她家看望她时，她也没在家。

露端着茶杯回到客厅，林乐一直坐在那里，一动也没动。她茫然地凝视着炉火，望着跳动的火焰及其在地板上留下的阴影，陷入了沉思。

"嗯，妈妈，怎么啦？"她问道。她母亲接过递给她的茶杯，慢慢地呷了一口浓茶，而后又专注地看着茶杯。"我是问，为啥，你为什么在衣柜里？"露不耐烦地重复道。

母亲慢慢抬起头来，深吸了一口气，开始娓娓道来。"我辜负了你们可敬的父亲和你们，他的孩子们。"她开始说道。"我不再值得被尊重。我做人太失败了。现在，家中也没有了我的位置。"她悲伤地补充道。

露知道母亲非常注重她作为妻子和家庭主妇的角色。不过，对母亲的这番话，她不知道自己该说些什么。于是，她只好靠向母亲，把手放在母亲的胳膊上。

"妈妈，请解释一下好吗？我不太明白你的意思。"她试探性地接上母亲的话。她知道，母亲看待世界的方式与她及哥哥的方式大不相同。

甚至就连父亲，思想上也比母亲更加现代，没有她那么陈旧。和母亲聊天时，露总是觉得，自己仿佛是生活在 18 世纪而不是 21 世纪。多年来，母亲一直都坚持对古老传统的传承。显然，这对她来说很重要，不过，却因此疏远了他们。传统的恐惧和迷信，不再适合现代社会。正是因为这个，露才不喜欢让林乐向小艾米灌输有关鬼神、魔鬼和冥界的故事。

母亲把目光从茶杯上移开，又开始盯着炉火看。她一言不发，静静地坐在那里。露知道，这个时候，自己没有必要催她。

"他就死在地板上，"林乐说，"就在那里，当时我应该和他在一起的。我在打电话，在给医生打电话。他发出了可怕的声音，等我回到他身边的时候，他已经走了。他走的时候，是睁着眼睛的，只不过他已经没有了呼吸，没有了气息，没有了生气。"

"妈妈，他是在救护车里走的，"露插话道，"护理人员是这么说的。"

"啊，他们会知道什么，"她母亲皱起眉头，"他升天了，走了，就在这里。"

"告诉我，妈妈，快告诉我是怎么回事。"她乞求道。不过在询问母亲的同时，她又害怕听到结果。母亲在椅子上挪了挪屁股，顺从地向女儿道出了一切，包括纵容丈夫吸烟而辜负了他，丈夫抱怨自己头痛得越来越频繁时，她没有鼓励他去看医生。她把自己的失败比作是原告在法庭上输了官司一样，她甚至想一死了之，因为活着太痛苦了。

向女儿倾诉对自己的不满后，林乐疲惫不堪地瘫倒在椅子上。作为母亲，她的工作是保护女儿，而不是给她增加负担。这又是自己人生的一大失败。

"是的，"露坚定地说，"你需要得到一些帮助，就这么定了。"

"女儿，你什么意思？"她母亲很谨慎地问道。

"首先，我觉得你整个人看上去很沮丧。所以，我决定为你预约张医生，让他先给你检查检查。其次，这些都不是你的错，但我知道你不会听我的，所以，我会安排你去见一个人，也许是寺庙里的一个和尚？"

她母亲张开嘴想争辩，但看到女儿的那份固执后，知道自己这是在浪费时间，于是，她选择了沉默。

"最后，妈妈，如果你不按照我的建议去做，你会和我一起生活的，对吗？选择权在你手上。"

"嗯，是的。"林乐喃喃自语，心里很清楚她真的别无选择。露说的没错，她不能再这样继续活着、等死，她醒着的每一刻都被记忆和遗憾笼罩着。她的家人需要她……她也需要他们。


## 复杂的悲伤

根据最新研究，10% 至 15% 的人经历过复杂的悲伤。对这些人来说，治疗和个性化支持是他们康复的重要组成部分。复杂的悲伤常常因其他并存的诸如抑郁、精神病或焦虑症等精神健康问题所混淆。然而，并不是说经历复杂悲伤的人都会出现这些问题。

有精神病史的人在承受压力时通常会造成症状的加重。我们可以理解，如果出现重大的亲人死亡事件，会给经历过这种疾病的人带来压力。尽管有精神病史的人的症状原本已经得到了很好的控制，但是，随着亲人的死亡，所造成的压力也会导致这类人的症状出现复发或加重，引发诸如严重抑郁症或焦虑症等疾病。

大脑中化学物质如果出现失衡，就会让人产生抑郁症，可能会导致持续的消极和悲伤感、食欲不振、失眠、社交退缩以及缺乏活力或缺乏对生活的热情。抑郁症的症状因人而异，但也可能伴有精神病（包括幻觉）、焦虑、不安和躁动。过去曾遭受过精神疾病、有其他压力源（死亡除外）、对死者有情感依赖或有药物滥用问题的人，更有可能经历复杂的悲伤。对于那些以前从未经历过精神健康问题的人，他们所爱之人的死亡所带来的压力，会导致他们第一次经历精神健康问题，尤其是焦虑症和抑郁症。如果是这种情况，这些精神问题需要由医生进行诊断和治疗（可能包括药物治疗或其他治疗方法），以帮助他们康复。

虽然复杂的悲伤与抑郁症或焦虑症完全不同，但是，复杂的悲伤可以与这些临床诊断的病症共存，也可以单独存在。

复杂的悲伤是一种长期的、强烈的哀悼状态，不会随着时间的流逝而减少。事实上，症状还可能会恶化。正如我们在前一章所讨论的，悲伤是对重大损失的一种独一无二的、个人的和主观的反应。在失去亲人后的最初几周和几个月时间里，悲伤的人表现出来的情绪可能会非常强烈，表现出与平常完全不同的行为，他们还会退出社交活动。随着时间的推移，这些变化会逐步开始减弱。这个悲伤的人会逐渐开始在生活经历中找到他们自己的快乐时光，在回忆他们所爱的人时找到安慰。

遭受复杂悲伤的人们，会对未来感到持续的无助和绝望，会对去世的人产生一种强迫性的关注，因而会忽略对周围其他人的关注。这种忽略可能会导致他们个人价值观和信仰体系的断裂。

截至目前，人们已经对有可能导致一个人经历复杂悲伤的风险因素，进行了充分记录和研究。

**产生复杂悲伤的风险因素：**

猝死（瞬间发生的不可预料的意外死亡）。

孩子的死亡（无论孩子年龄有多大——这可能适用于流产或死胎，也适用于六七十岁的孩子先于八九十岁的父母而死的情况）。

死亡时间过长（当某人死亡持续了很长时间，他们认为该人正在遭受痛苦时）。

具有创伤性的见证（当死亡对目睹该起死亡事件或其后果的人产生创伤性的感官刺激时，例如在事故后目睹同一辆车内的人死亡）。

并发危机（除死亡外，还发生了其他危机，如家庭争执、财务压力或其他家庭成员生病）。

感知上的中心化（他们认为死者对悲伤者的生活有多重要）。

重大损失的累积（如果死亡只是短期内连续损失的一部分时，这些连续损失包括其他重大死亡、失去家园、搬进寄宿护理机构、失去工作或有残疾儿童）。

可预防性（悲伤的人认为，他们没有做足工作来防止死亡或保护这个人免于危险）。

没有见到尸体，或无法承认死亡的事实（如果没有找到或发现该人的尸体，例如，当某人是"失踪人员"或卷入无法辨认尸体的悲剧时）。

被剥夺权利的悲伤（当某人的死亡可能被污为自杀，或者当悲伤的人没有被社会承认有权悲伤，例如在婚姻破裂时）。

从上面的列举可以看出，这些风险因素中的每一个都会让悲伤的人对其价值观、信仰以及公正和公平方面产生怀疑。跟林乐一样，如果他们觉得自己因为没有阻止爱人从事威胁生命的活动或者没有充分承担自己的责任，而对爱人的死亡负有某种责任，那么，他们内心的与这种责任相关的负罪感，会导致他们对这个人为什么会死做出不理智的思考。

林乐对自己没有让欢戒烟，在他头痛时没有强迫他去看医生，在他去世时没有陪在他身边而感到很内疚、很自责。她觉得，确保欢的安全和健康是她作为妻子和家庭主妇的职责。因此，她认为，她应该为他的死承担责任。她变得过于迷恋对他的回忆，排斥了其他的一切，包括她自己的健康、卫生及对家庭的护理。她变得越来越孤僻，不再参加日常生活中的正常活动，包括社交活动，无法集中精力处理事情，而且还经常感到很困惑。

作为在传统文化中扮演着重要角色的这个家庭的女性长者，林乐不再愿意与她的子女和孙辈们进行接触。她觉得，自己没有了丈夫，她的未来变得一片空白，没有了任何的希望。随着时间的流逝，她的这些感觉和行为变得越来越糟糕，以致于她不仅身体消瘦了不少，而且性格也变得越来越孤僻。

## 如何判断某人是否遭受复杂的悲伤？

记录在案的复杂悲伤特有的症状主要包括：回想到已故亲人时，你会觉得全身一阵酸痛（甚至是身体上的疼痛），对已故亲人持续痴迷，忽略了正常的日常活动，感觉自己很麻木，与周围的世界完全隔绝，对亲人的死去感到很痛苦和怨恨，失去了生活的动力，失去了对家人、朋友和社会支持的信任，而且还失去了在生活中获取快乐的能力。

对于某些人来说，悲伤过程早期的这些症状可能是完全正常的。不过，我们需要了解让悲伤变得复杂的情况，即如果不进行治疗和支持，这些症状会在亲人死后持续数月甚至数年。

需要认识到的另一个因素是，在复杂的悲伤过程中，悲伤的人无法让自己停止试图对死亡进行合理化的解释，因此，他们也就无法理解失去的含义。如果得不到合理解释，他们就会变得全神贯注地努力寻找答案。他们所遭受的悲伤，会在很长一段时间内对这个人的内在（自身）和外在（社交、工作或娱乐圈）运作能力产生整体影响。有时，我们称之为延长哀伤障碍。


## 如何治疗复杂的悲伤？

第一步是需要对复杂的悲伤进行诊断。要诊断出复杂的悲伤，并非易事，因为这还是一个相对较新的概念。它属于一个专业领域，通常需要一名治疗师、医生或顾问定期与悲伤的人一起工作，才能识别出来。在识别这种疾病时，需要排除患者患有临床抑郁症、精神病或焦虑症的可能性，这一点至关重要，因为这些疾病与复杂悲伤的治疗方法完全不同。如果一个人既患有精神疾病，又患有复杂的悲伤，那么，需要对其精神健康状况进行诊断和治疗，并结合精神疾病的治疗方法来解决其复杂的悲伤。

复杂性悲伤疗法是基于一系列针对个人设计的特定方法。针对这种疾病，目前为止，还没有"一刀切"的治疗方法。研究表明，复杂性悲伤症最好由专门研究悲伤和丧亲之痛的人来进行治疗。治疗的方法有很多，可以采用叙事性疗法。叙事性疗法为人们可以根据需要经常讲述死亡故事提供了一个安全的空间，还可以采用写作练习或其他基于艺术的方法，如绘画或音乐。

另一个重要的因素就是，在即便死者已经故去，没有了实物存在的情况下，我们要帮助悲伤的人保持他们与死者的联系。保持与死者的联系，并不是说鼓励悲伤的人拥有任何强迫性的想法或行为，而是允许他们将记忆及与已故爱人的联系融入他们为自己构建的新未来当中去。

如前一章所解释的，时空连续体中断的比喻，要求我们支持这个人为他们的未来编织一个新的生活叙事，包括他们与死者的联系，但是，采用的叙事形式应该与死者生前时的不同。有时，我们称这种想法为"续债"。有些人通过现场或在线参加一些支持性团体，受益匪浅。但是，传承有意义的家庭和文化传统及获得社区提供的支持，对于患有复杂悲伤的人与周围的世界重建联系至关重要。

让我们一起来看看林乐的经历。很明显，她无法在文化层面与能说她的语言和理解她的文化习俗的人进行沟通，这让她的经历变得更为复杂。在这种情况下，与当地的遗产中心、宗教团体或新加坡华人社区的社会俱乐部进行接触，可能会对她有所帮助。不过，当务之急是让她的医生对她进行一次综合评估，然后再安排文化和语言上合适的咨询顾问为她提供咨询支持服务。

如果担心自己或你所爱之人表现出复杂性悲伤的体征，那么，首先要做的就是去看医生，让医生评估你的心理健康，然后转诊悲伤和丧亲治疗专家（你可以通过网络搜索找到一位合格的医生）。

请记住，悲伤是对重大损失的一种完全正常的反应。然而，如果亲人死后几个月，你的情感强度和思维的强迫性影响了你的身体整体健康、幸福和工作能力，那么，你就该采取行动了。

第十七章

社交媒体上的死亡

今天是霍莉的生日。她本来应该是 26 岁。不过，很不幸，她此时已经躺在了城市中心的一个巨大公共墓地里，距离她的未婚夫布兰登现在独自居住的地方有 15 个小时的车程。

布兰登从他们的床上爬了起来。尽管现在只有他一个人睡在这张床上，但他仍然叫"他们的"床。他穿上运动裤，套上针织套衫，系好跑鞋的鞋带，从桌子上抓起手机塞进口袋，然后从后门离开公寓，走向木板路。他想出去跑跑步，忘掉自己的忧伤。

晨跑已经成为他的一个习惯。虽然他从来就不是一个优秀的运动员，但是，自从霍莉去世后，他就觉得自己内心变得非常焦躁不安，总是坐不住。因此，他朋友亚当建议他出去跑跑步。起初的时候，布兰登只能从他住的地方跑到木板路，然后再跑回去。不过，现在不同了，他每天能跑 5 公里。至于自己到底是在逃避自己的感受，还是在消耗多余的精力，他并不太清楚。有那么几天，他总是幻想着自己正朝霍莉跑去。不过，随后，思绪又把他拉回到撞上水泥杆的蓝色小车里。撞车的地方离他们的公寓只有一个街区。最近，他总是责怪自己以前没有学会跑步。

或许，他可以救她的。他以一种令人欣慰的轻快节奏在人行道上小跑着，待到达水边时，他已经变得汗流浃背了。他昂着头，目光呆滞，这样他就不必看着从他前面跑过的其他早早起来跑步的人们。他们这些跑步者大多是夫妇。最近这几天，他心里特别反感和厌恶夫妇。跑步过程中，他感觉口袋里传来了手机收到短信的"砰、砰、砰"的声音，不过，他不在意，还是继续跑着他的步。他并不想回复他的家人，他知道他们今天都会给他打电话和发短信，看看他是否没事。他当然有事。因为未婚妻不在了，他现在成了孤家寡人了。

回到家后，布兰登来到浴室。他站在淋浴间的淋浴头下，享受着水从他头顶顺着他的身体流下的舒畅感。他的运动服凌乱地堆在地板上，他最关心的是，霍莉不在了，没有人给他刷洗这堆运动服，他应该把它们堆放在哪里才好。他把脸偏向淋浴头，让一连串的凉水与他一直允许在此自由流淌的泪水混合在一起。在浴室里，除了霍莉，没有人能看见他。

有的时候，他觉得霍莉就坐在浴缸边，在注视着他。而有的时候，他相信她一丝不挂地站在镜子前，头发裹着毛巾，在涂睫毛膏。待他看向她时，她又消失了。他知道这是自己的想象，不过，他并不在乎。他一直尝试尽可能长时间地保持住这种场景，不过，它最终还是消失了，让他又一次陷入了孤独。他睁开眼睛，让水狠狠地冲击他的眼球。他不在乎眼球是否会刺痛。他只希望让自己的视觉变得模糊起来，这样他就能够看到霍莉，至少能看到她的幻象，就在今天。不过，她今天却选择不露面。

布兰登吃早餐的这会，极不情愿地从长凳上拿起他的手机，开始浏览手机上的信息和短信。手机上有父母、兄弟和两个姐妹发来的短信，他知道，他们都会给他发来短信询问他的情况。霍莉的母亲克莱尔给他收件箱里发来了一封附有附件的电子邮件。要不要打开它，他有些迟疑。不过当他打开附件时，他立马就被附件里的一张霍莉墓碑的近照惊住了。照片中，墓碑前摆着一个她最喜欢的向日葵大花瓶，整个场景显得温暖。

尽管他不想念出她的名字，但是他还是没能忍住。不知怎的，他感觉到了某种奇怪的安慰感，他的眼睛一直盯着那个题词"挚爱的未婚夫布兰登"。他点击了网页右上角的"×"符号，关闭了照片。他不忍心再读下去了。他吞下最后一口什锦牛奶，伸过手去，拿来咖啡壶，往牛奶杯里倒了一杯浓浓的黑咖啡。然后他打开自己的社交媒体账户，开始寻找着那些毫无意义的消遣。

日程表上第一个帖子是他不认识的一个人发的。上面写着："希望你没有忘记霍莉的生日。"后面是"哈哈大笑"表情符号。

"什么……"他大声咒骂。随后，他看到了网页"墙上"的提醒，告诉他今天是霍莉的生日。"我……知道！"

布兰登点击链接转到霍莉的个人网页时，他又在心里骂了一次。他想在她死后把她的个人页面删掉，可是克莱尔想留着它。她告诉布兰登，她一直在看霍莉的个人网页，这让她觉得霍莉还在身边。他不忍心和她争论，因为他自己也时不时地浏览这个网页，特别是在某个地方"见到"她后她却又在自己面前瞬间消失时，他就会浏览她的个人网页。

最后，当他再也无法忍受其他人在他的新闻动态消息板块中评论她页面上的内容时，他"解除了"与她的朋友关系。这是彻底与其网页断联的最后一步。既然她已经走了，那就解除了关系吧。他已经好几个星期没看她的页面了，每看一次，心痛一次，实在是太痛苦了。与其看她的网页，他宁愿在自己脑海里多回想一下她，回想起她那飘逸的短发，就像她早上醒来时那样，会不受控制地伸出来。

他往下翻看着她的网页，突然看到了无数的帖子。这些帖子是他从未听说过的人送给她的生日祝福。这些人很显然并不太了解她，因为他们都没有注意到她已经去世了。

"生日快乐，朋友"，这句话后面紧跟着"心""心""生日蛋糕""鞭炮"表情符号。这是一个叫斯潘南玛娜的人发送的祝福。

"26 岁了吧？最好继续好好活着——你离死又进一步了。"随后是"哈哈大笑""生日蛋糕""鞭炮"三个表情符号！这是一个叫奥拉布迪科的人送的祝福。

帖子越看越多。布兰登疯狂地浏览了一个又一个祝福霍莉生日快乐的帖子，最后，他看到了霍莉母亲送的祝福。

"宝贝，在你 26 岁生日的时候，我的心都碎了。"克莱尔·贝尔。

布兰登把手机丢在了桌子上，用手挠了挠头，然后用力拽着发尖，拽得他眼睛都湿润了，流下了眼泪。他搞不明白，人们怎么能够未经允许就在霍莉的账户上乱发帖，尤其是他知道她并没有把编辑权分配给甚至包括他在内的任何人。不过，她后来也没有想到，自己会在半夜下班回家的路上就死了。他坐在餐椅上来回摇晃着，既生气又沮丧。他几乎歇斯底里地大声喊道："她死了，你们这些白痴！霍莉已经死了！"

手机没动，也没有任何回应，它就静静地躺在他刚丢下它的地方。一个无生命的物体，一个毫无用处的塑料制品，怎么会让他如此沮丧呢？他为自己有这个想法而感到很苦恼，随后，他在脑海中努力挣扎着，他觉得自己应该做点什么，才能消除心中的这种苦恼和烦闷。于是，他从椅子上站起来，在厨房里踱来踱去。不过，他没走几步，便在灶台边停了下来，开始清洗他的麦片碗、咖啡杯。而后，他又将咖啡壶里剩下的东西倒进了咖啡杯，端着咖啡杯，怒气冲冲地走向他的书房。

当他用电脑登录社交媒体网站并点击霍莉的页面时，他注意到的第一件事就是，霍莉的个人资料图片已经更换了。

"这怎么可能？"他心里这样想着，试图抑制住自己心里那种正在迅速取代其愤怒的不断高涨的绝对荒凉的情绪。他不明白这一页是怎么编辑的，也不知道是谁编辑的。没多想，他便写下了第一篇也是最后一篇帖子，他想把这篇帖子发布在自己心爱女人看得比其生命还重要的页面上。

"我心爱的未婚妻、伴侣和朋友霍莉 6 个月前死于一场车祸。我很清楚今天是她的生日，但是对于那些还一直在这里发送'生日快乐'信息的无知'朋友们'……你们知道了吗——霍莉已经死了。每当你的一篇平庸而充满欢乐的帖子出现在网页新闻动态消息上，我都会感到非常难过。如果你不知道她已经死了，你显然不太了解她。因此，你只有一个选择——离开她的页面，把对她的记忆留给这里爱她的人！"发布者布兰登。

后来，他又想了想，把克莱尔那天早上发给他的她墓碑的照片上传到了这篇帖子里。他再次通读了一遍帖子的内容，确保没有错别字。随后，他带着强烈的自我满足感，对"公开"循环目录字体进行了加粗处理，并点击了"发帖"按钮。

为了分散自己的注意力，布兰登决定坐在办公桌前查看他的电子邮件。尽管现在是周末，但他还是不断地收到工作上的紧急请求，而这些请求是周一早上需要优先处理的事项。如果他现在就查看它们，他不仅可以对它们有一个大概的了解，而且还可以驱散他头脑中的一团迷雾。

他刚刚打开电子邮件账户，社交媒体通知就开始一个接一个地出现在他电脑屏幕的底部。接着，他那仍然放在厨房桌子上的手机，也开始无情地"砰"响了起来。一开始，他以为自己一定是设置了一个他已忘记了的提示。不过，随着电脑显示屏上的消息堆积得越来越多，他才有一种不祥的预感，意识到这些可能都是社交媒体的提示声。

他深吸了一口气，将电子邮件的页面最小化，然后打开社交媒体的页面，结果发现满屏都是他人发来的帖子。有些帖子是他不认识的人及明显不认识霍莉的人发布的，自从他发布死亡公告后，他们对霍莉的去世表达出了极度情绪化的丧亲之痛。

"哦，霍莉，你这个可爱的姑娘，没有了你那份甜美的微笑和善良的心，这个世界还有何意义存在下去？"随后是"悲伤的脸"表情符号。这是一个叫杰克的人发的帖。

"这个消息让我心碎！"随后是6个"心碎"表情符号和一个"悲伤的脸"表情符号。这是一个叫比利·巴特的人发的帖。

帖子越来越多，没完没了。这些不认识的人，他们在一个接一个地跟着帖，就像球场上运动员们在传球似的。布兰登很是生气。随后，他看到了一些令人讨厌的跟帖。"天哪，我不敢相信你已经死了。为什么没人告诉我啊？"随后是 5 个"哭脸"表情符号。这是一个叫瓦恰马克卡利特的人发的帖。

"你到底是谁，竟然在网上发布这种消息，你这个没心没肺的混蛋。"随后是四个"恶魔"表情符号。这是一个叫黑客帝国的人发的帖。

"这不是真的，不过是一个恶作剧而已。上周我还看过她的帖子。布兰登，不管你是谁，你就是个垃圾恶棍。"这是一个叫自锡耶纳布的人发的帖。

布兰登背靠椅背，像往常一样，用手挠了挠头发，又一次用力拉扯着纠缠在一起的头发，他甚至因为参与这次谈话而困惑不已。他应该放手，不该管这破事。

不过，他很气愤——对这些愚蠢的家伙感到很愤怒，他们只想着自己，都在想着用他们那虚伪的同情帖子来战胜彼此。同时，他也对自己在霍莉页面上那些更恶毒的粉丝中捅了马蜂窝而感到愤怒。该怎么办呢？他思绪飞转，努力地想着解决办法。他想重新发帖，叫所有这些匿名的虚情假意的悲伤骗子带着他们虚伪的同情心去死。不过，如果自己这么做，可能会激怒这些无知白痴，他们会发布更多的人身攻击。由于想不出合理的解决办法，所以，他只好关掉电脑，离开了书房。

布兰登走进厨房，端起一壶新咖啡准备去煮，就在这时，电话铃响了。他接了电话，是克莱尔打来的，他能听得出克莱尔在哭泣。

"我的天啦，布兰登，我不知道。"克莱尔控制不住地抽泣道。"我不知道是怎么回事。我只想看看她的脸，就这样，"她结结巴巴地说，"很抱歉。我没想到这对你有这么重要。我不知道你还能看到她的邮件信息。我真的不知道……"

"克莱尔，别激动，"他催促道，感觉自己都快要哭了，"社交媒体有时候很讨厌。"

"我真不知道。我以为那些人都是她的朋友。不过，你知道，既然他们甚至都不知道……这个事故，那他们怎么又会是朋友呢？"她继续在电话另一端哭诉。她说这些话，让他对她有些捉摸不透，不知道她到底想表达什么意思。

"我明白了，克莱尔，请……别难过了。"他发现自己在乞求，尽管内心深处想说："我早就告诉过你了。""忘记互联网吧，尤其是今天。忘掉这一切，记住……记住……"他深吸了一口气，试图让自己振作起来。"今天，让我们一起记住霍莉，好吗？"

克莱尔在电话的另一端很响地抽着鼻子。"我只是想着发送一组照片，让你知道我们都在想你。"她补充道。

"我知道，我只是不能……只是对我太难了，仅此而已，"布兰登咕哝道，"我晚上再打电话给你好吗？我现在感觉不……"他停下来，他只是现在没有心情谈这个。

"当然，我理解的，"克莱尔又抽了抽鼻子，"那么就今晚吧。"她挂了电话。

他把电话扔到长凳上，抓起一张纸巾，擤了擤鼻涕。今天是霍莉的生日，他打算独自一人在家度过。没有互联网，没有社交媒体，没有虚伪的朋友，也没有电话……只有自己的一份孤独。

# 社交媒体与死亡

据估计，在未来，只要脸书不再提供服务，那么，光是脸书上的死亡用户数量就将超过活人用户数量。每个社交媒体平台都保存着关于我们个人生活、亲密时刻、商业交易、思想、政治倾向、抱负以及数百万张照片的数据。每个平台都设置有其自己的有关所有权、删除、数据访问、停用和纪念等方面的规则。我们死后，我们的在线个人资料、数据和活动将会如何呢？这是我们20年前从未想象过的一种挑战。

对有些人来说，能够访问他们所爱之人的网络生活，为他们提供了丰富的信息来源。虽然这些信息来源能够让他们像照片、视频和家庭影院一样"继续保持联系"，但是仍然还是有非常明显的区别。

除了这些信息资料或物品的所有者能够访问外，任何拥有在线账户的人都可以访问。在线生活的另一个方面，我们大多数人的个人资料尤其是社交媒体中都标注了重要的日期。因此，当我们去世时，网上的"朋友"或"粉丝"仍然可能会在他们自己的页面上收到提醒他们有关我们生日、周年纪念日、工作纪念日和其他重要生活事件的通知，从而引发他们的回应。

# 我们死后网络形象的管理

用户死亡问题已经成为一个复杂而有争议的问题。当人们对应该发生什么有不同的看法时，特别是当某些家庭成员希望保留社交网络页面而其他人不希望保留社交网络页面时，这可能是引发家庭不和谐的一个根源。

对于希望关闭账户或保留死者页面内容（如照片）的家庭来说，这也可能是引发他们焦虑的一个根源，因为无论是在国内还是在国际上，都还没有一致的法律和监管程序。也有更为复杂的情况，就是当你在某个类型的平台注册账户时，你需要同意这个平台设定的条款和条件，而这些条款和条件通常都比较复杂，且涉及面很广泛。我们经常在没有仔细阅读其细则的情况下就选择了"打钩"，因此，我们可能无意中同意将个人数据的使用权交给了拥有该平台的公司。

现在，某些社交网络平台（仅在一些国家）还设有一个"真心朋友"工具选项。有了这个工具选项，用户就可以指定一个他们信任的人在其意外死亡的情况下访问他们的页面。用户还可以选择将页面"记住"，这意味着可以将页面永久保持在相同的隐私设置中。死者现有的朋友可以访问该网站或在照片中标记死者。标记后，系统将不再自动产生关于该人的提醒，并将该个人资料从公共搜索引擎中删除。当然，死者家人也可以申请"停用"该页面。停用后，页面上的所有内容都会被删除。需要强调的是，任何平台上注册的某个人的网络身份是特定属于他们自己的，在他们死亡的情况下，其他人不能继续使用这个人的网络身份。

目前，正在兴起一种全新的商业模式，我们称之为"数字遗产管理"。这种商业模式可以帮助人们在其死后管理他们的数字数据。有许多公司提供这类服务，其中包括建立一个"继承人"或"执行人"系统。这类继承人或执行人将管理这个死者的全部数字遗产，包括社交媒体、金融账户、博客、电子邮件账户、视频和照片账户，以及他们死后的所有其他网络数据财产和文件。还有一些公司则为重要信息提供了一个大容量存储系统，这些重要信息只能在该人死后由该人指定的收件人访问。其中一些公司提供免费服务，而另一些公司根据个人数字遗产的规模收取固定费用，或者设定了收费标准。

现在还快速兴起了其他一些公司，这类公司可以给某个人提前记录下待其死后才发送给一系列特定人群的数字信息。其中一些服务通过代码予以提供，因此，用户可以将访问代码留给一个可信任的朋友。待他们死后，这个可信任的朋友可以激活死者所记录的消息或电子邮件，将它们发送给指定的收件人。同样，这类服务有些免费提供，有些需要收取一定的费用。

我们的数字财产潜力巨大。在未来的几年里，我们的网络生活将会在几十年内得到衡量。在这一阶段，信息丢失或受到干扰、身份遭到破坏或窃取的可能性只会越来越大。现在建立一个保护你的数字遗产的系统是值得的。因为，如果有了这样一个系统，那么当你的所爱之人或家人们在其最悲伤的状态下试图处理你的物质财富时，就不需要清理像数字图书馆那么庞大的数字数据。

## 设置纪念页面会不会是个好主意?

有时，当一个人去世时，特别是在创伤性死亡之后，一个家庭成员或朋友会建立一个纪念页面，这样其他人就可以发布吊唁信息，发布与这个人有关的回忆和照片。虽然这个主意听起来不错，但是，家庭的其他成员可能会觉得这样做让他们感到很痛苦。不过，他们拿这个没有办法，因为这个页面属于创建它的人。

同样，我们也没有办法监控发布信息的人是否真的认识死者，或者，他们仅仅只是通过对他们不太了解的死者家属表示"同情"来增加他们自己页面上的"点赞"量。他们这些人通常出于他们自己的个人原因，而不是出于对悲痛家庭的真正同情，在纪念页面上冠以各种各样的名字（"悲伤游客"是其中之一）发着帖子。

纪念页面（通常被称为 RIP 页面）也因其发布了侮辱性和破坏性的帖子而臭名昭著。它们上面也可能张贴插入有被称之为"表情包"标题的图片。这些恶搞的表情包，让人看了感到非常痛心，可能让人觉得它们其实就是有人搞的"恶作剧"。发生这种情况后，这种恶搞的帖子可能就会占满整个页面，而那些天真的、通常是真诚的哀悼者就会分不出真假，他们会把这些帖子随意地分享出去。一些评论者形容这种行为不仅仅是恶作剧，还是网络欺凌，因为这对死者家人和朋友的影响可能是灾难性的。

根据近年来关于这一主题的大量主流媒体报道，恶作剧始作俑者瞄准这些页面，目的是为了回应那些不认识死者的人的悲伤游客帖子。

因此，他们的帖子通常被视为自恋，而非真正的吊唁（或者这就是一些恶作剧始作俑者合理化他们活动的方式）。

创建纪念页面的经验教训是，确保该页面的管理权限处于关闭状态，该页面仅对真正的"朋友"开放，不对"公众"开放，此外，所有帖子均由管理员定期监控。冒犯性的内容应该被删除，用户应该被禁止，活动应该报告给平台所有者。有些互联网专家建议建立一个"群"而不是一个页面，因为"群"中有更多的隐私选项，而且更容易监控，在任何人加入群之前，必须申请并授权成员资格。

在线纪念活动的整个领域将继续扩展。在未来的几年里，采取适当的保护措施来保护对死者的纪念及其家人和朋友的福利将变得越来越重要。


# 留下电子遗产

如果你不愿意在网上给家人和朋友留言、留下在线视频和信息，那么也有其他的方式给他们留下这些东西。

**其他的选项包括：**

为你的电脑购买特定的 U 盘或外置硬盘，将所有相关信息下载到此盘存档。你需要对这些信息定期更新，不过，里面可以包含视频片段、扫描的照片、以 Word 或 PDF 格式保存的个人文档和信件，在适当的时候，你身边的人可以访问这些文档和信件。如果你愿意的话，还可以给你的遗产执行人留下有关外置硬盘所在位置的指示说明。

将所有数字资产、相关密码和访问代码的更新副本保存在安全的地方，例如保险箱或执行人手上，请注意，需要再次对它们进行定期更新。千万不要把这些信息放在网上！

你可以将所有相关信息存储在计算机的本地硬盘上，并注意定期进行备份。

当前环境下，如果你所下载的内容你没有版权，那么就表明它们并不属于你，而且在大多数情况下，你也不能将其当作是数字图书馆的一部分进行传递。与硬拷贝书籍、唱片、CD 或 DVD 不同，所购买的电子书和在线音乐等数字产品的版权在大多数情况下仍归它们的生产公司所有。然而，每个公司有每个公司的规定，因此，你需要仔细检查一下有关你希望留给家人的物品的产权。

## 我的网站呢？

域名的所有权和遗赠以及网络托管安排在不同的司法管辖区会有所不同。如果你有一个个人网站，你可能想把它留给一个你信任的人来继续打理你的这个网站。当然，只有当你是独资经营者，并且你需要向你的服务提供者了解这样做的过程时，你才能转让这个网站。在转让域名或托管安排之前，需要提供死亡证明（如果后者有可能的话）。

## 为什么要担心我的数字档案?

　　我们的数字足迹是我们留给所爱的人的重要遗产。我们的数字记录提供了关于我们的生活、爱情、价值观、爱好、兴趣、激情以及我们的家庭传统和遗产的私密信息。多年来,我们通过故事、诗歌或音乐,或通过期刊和文件(包括信件)中的文字,以及通过艺术品和照片的视觉,将这类信息从一代人口头传递给下一代人。现在,我们生活在一个数字时代,在这个时代里,我们会以完全不同的方式表达和捕捉我们最私密的想法。尽管这些信息对我们来说似乎很普通,但对我们的后代来说却是一个启示,值得他们小心对待。

第十八章

知情权、选择权和掌控权

当你所爱之人在大型医院、专科医疗中心（如重症监护病房或外科病房）等急症护理机构，或者甚至在养老护理机构中死亡时，明智的做法是让提供医疗护理的医疗专业人员和工作人员与他们所护理的每个人一样独特。

所有这些专业人士和工作人员都应该掌握有关死亡和死亡过程的理论知识。然而，除非他们是姑息治疗从业者，否则他们在照顾垂死的人及其家人方面的经验可能会非常有限。大多数医护专业人员擅长从新生儿护理到外科手术、从肿瘤学到呼吸系统疾病以及介于两者之间的一系列操作实践。因此，他们提供的大部分护理都集中在疾病患者或外伤患者的治疗性护理上，其最终目的是使患者们恢复健康。

在这些领域工作的医生、护士和专职保健人员通常会与护理目标保持一致，即治愈患者，让他们康复和出院，让他们恢复到原来的健康生活水准。有的时候，如果医生、护士和专职保健专业人员发现自己在照顾一个垂死的人，他们可能对这个人及其家庭的具体需求知之甚少。在没有专科姑息治疗支持的情况下，他们可能对临终关怀中的疼痛和症状处理有完全不同的想法，他们可能会采用与疾病的急性治疗相关的标准做法。如果这样做，就会与绝症患者的需求大相径庭。

在住宅养老服务中，通常也有类似的脱节问题。大家都知道，一旦一个人搬进了全天候护理的养老院,他们最终可能会死在那里。而在这些养老护理机构中工作的护理人员,他们的培训水平或有限经验会影响到对垂死者的护理,这是一个很现实的问题。同时,它们还会影响到如何向其他居民解释死者的死亡情况,以及他们是否有机会向死者告别或参加某种能让他们谈论他们自己对死者的想法和感受的仪式。

支持养老护理机构的大多数医生都是全科医生,有时甚至是老年医学专家,他们的重点仍然是维护老年人的健康和福祉,因此,他们有可能不了解垂死者和悲伤家属的具体需求。

这种知识和经验方面的差距并不是说护理团队就缺乏同情心。同情心是大多数专业护理人员选择医疗保健事业的核心动机。然而,如果我们把"健康"想象成一个和其他领域一样复杂的领域,那么很明显,没有一个人能够在其所选领域的每个方面都成为专家。例如,英国的历史学家可能只是专攻英国历史,但对古希腊历史,他们可能只有非常基本的了解。管道工可能专长于屋面工程,但对排水系统可能只有基本的了解而已。教师可能专长于艺术,但他们在数学或地质学领域可能没有什么一技之长。

这并不是说每个垂死的人都需要接受专门的姑息治疗——他们不需要。病人最好是由最熟悉他们的护理团队进行护理。然而,无论是在医院、病人自己家里还是在养老护理机构中,都必须进行专业的姑息治疗,这对于复杂的疼痛和症状处理都至关重要。

# 作为护理消费者，我们扮演了怎样的角色？

谈到我们自己的健康时，我们都是专家。我们知道自己的病史，因为我们经历过。对我们的需求进行评估的医生或护士，除了知道我们病历中的检查结果外，他们只知道我们告诉了他们的信息。如果我们不把这些信息分享给那些护理我们的工作人员，他们就不会知道我们生活中的疾病、残疾或创伤的经历、我们的价值观和优先事项。

考虑到上述所有情况，临终病人及其身边关系密切的人都必须占据主动权，而不是替他们的专业护理人员着想，假装他们已经深入地了解了情况。我们需要提出问题，了解我们的权利，让他们满足我们的需求。这样做，可能有些困难，尤其是当我们已经在设法应对因我们所爱的人不久即将死去的某些情况而引起的情绪高涨、恐惧和焦虑时。或者，我们面临的是我们自己的死亡。

## "善"终

即便在使人衰弱的疾病面前，我们也有权享受尽可能多的幸福。我们的幸福感可能是源于获得的精神支持和精神指导。我们能够回家或者有人带我们回"家"，让我们的幸福感倍增。我们完成没有时间做的事情的能力，或者我们尽可能长时间保持独立的能力，可能会影响到我们的幸福感。我们也可以通过为我们所爱的人制作诸如信件、相册或艺术品之类的纪念品或物品来增强我们的幸福感。

为了获得真正的幸福感，不管未来会发生什么，我们都需要能够向我们的护理团队提出问题，并坚信他们会给我们提供真诚的答案。我们需要知道我们的疾病可能的进展情况，这样我们就可以对我们希望接受的治疗方案做出明智的选择。如果我们不想知道，那么，我们需要保留"不知道"某些事情的权利。我们需要我们的医疗专业人员充当我们的"啦啦队"，他们必须是一个我们可以依靠的坚实、富有同情心、运转良好的团队。即便我们的护理团队不一定同意我们所做出的选择，我们也有权针对所有治疗方案（无论它们是治疗方案还是舒缓病痛的方案）做出选择，而且我们也有权根据准确的信息做出选择。

归根结底，在面对绝症时若要掌控好我们自己的生活，专注于过好我们的生活，就需要我们去探索对我们来说"重要的东西"。然后，我们可以把时间花在增强我们的幸福感、提高我们为家庭和社群作贡献的能力以及增强我们归属感的活动上。我们是唯一知道这些独特需求对我们来说意味着什么的人，我们有责任将这些信息分享给我们的团队，以获得我们需要的东西。

当我们觉得自己的需求没有得到满足时，我们就必须采取行动。如果我们向其说明了我们的需求后，他们仍然什么也没有改变，那么，这个时候，我们就有了选择。我们并不一定要与分配给我们的护理团队的个别成员纠缠在一起。如果我们对自己得到的护理情况（或者我们爱的人得到的护理情况）感到不满，那么，我们需要告诉别人，这样才能改变状况，才能让我们的需求得到满足。倘若我们觉得不方便讲的话，我们也可以指定一个代言人来代表我们说话。


## 新兴趋势

正如我们在整本书中所探讨的那样，从 20 世纪初开始，人们就不再谈论死亡，将它"隐藏"了起来。然而，随着"婴儿潮"一代开始变老，他们似乎开始意识到自己还没有准备好如何"应对死亡"。现在，越来越多的健康专家开始在他们的专业团体中提出有关我们如何改善对垂死者和悲伤家属的护理问题。过去几十年来，国际姑息治疗专业部门一直在推动这一对话，但往往成效不大。不过，随着 21 世纪第二个 10 年的临近，其他人也开始提出同样的问题。

这类问题的提出，不仅引起了人们在一般医疗保健领域对改善晚期病人护理的兴趣，而且还深入到了老年护理领域，甚至扩散至了整个社会。死亡仍然是"隐秘的事情"，对此，人们已经开始认识到了这一更广泛的含义。有那么一群基层人士，他们发起了希望更好了解死亡和悲伤过程的草根运动，旨在建立人人有知情权、人人有选择权且彼此相互联系的大众社会。目前，普通大众正在探索"死亡扫盲"这个概念，这个词由克里·努南和西悉尼大学的"临终关怀小组"共同创造。

这个概念源于 20 世纪后期的"健康扫盲"运动。健康扫盲运动开始让普通大众参与讨论有关"健康"的含义、影响我们健康的因素

（健康的社会决定因素）、对健康语言的理解以及有关良好的健康和福祉对整个社会健康的影响。

自然而然，作为健康扫盲接下来一步的"死亡扫盲"，涉及了使用相同的社群发展方法，为人们提供知识、技能和机会，让他们能够体验有关临终护理从规划到举行纪念仪式的所有方面并处理与之相关的所有问题。到目前为止，社群知识依然完全依赖于个人经历和人们分享这些经历的能力。造成的结果就是，人们常常觉得自己对如何提供临终关怀没有任何的权利，无法对其进行任何的掌控，也不知道自己有权期待什么，因为只有到了某个危机点，才会有人开始来找他们谈话。

将临终关怀问题纳入健康促进框架，有助于提升更广泛的社群能力，以应对垂死者和悲伤人群的需求。从本质上说，这意味着我们在公共领域掌握的信息越多，社会的知情度、授权能力和参与度就越高，从而形成的社群社会就更强大、更活跃且更具同情心。大众意识日，如 2013 年启动的 Dying to Know Day（垂死之日活动日）、死亡咖啡馆、死亡讨论组、死亡主题的艺术活动和展览、死亡纪录片和电影，都是这种社群兴趣不断增长的证据。有关死亡的这些展现形式，都有利于广大社群人们对临终关怀做出明智的选择。

随着人们对这种兴趣的日益狂热，有些人提出了一系列全新倡议。这些倡议，有可能改变我们在未来对死亡和悲伤的体验。和所有的创新一样，其中的一些想法和服务尚待完善。有些已经被普遍使用，而有些尚处于"边缘"地带。不过，这些处于边缘地带的想法和服务，对某些人来说可能很具有吸引力。

我们已经对环境友好型的可持续葬礼和纪念活动、在线支持团体、在线信息来源、拥护者的使用和规划支持（特别是预先护理计划、指令、情感意愿）的日益普及进行了讨论。同时，我们也看到，涌现出了家庭护理的新方法。

## 死亡之友（垂死者之友）

世界各地越来越多的大大小小的组织都在做宣传，还为那些在垂死者家中起着举足轻重和支持性作用的人们提供培训。在过去的几个世纪里，死亡之友通常是当地社群的一员，由于他们懂得治疗，所以，他们会为死者家庭提供支持，他们通常是与精神顾问合作的乡村"智者"。他们提供这种照护，是他们对当地社群承诺的一部分。

这一古老角色的现代版本有许多名字，比如"死亡之友""助死士""死亡助产士""死亡伴侣""死亡教练"和"灵魂助产士"等。正如任何新角色（类似于为在家分娩提供帮助的未注册的社区助产士）或旧角色的重新发现一样，人们需要注意一系列问题。

首先，许多承担这一角色的人把它当作一项业务来做。因此，他们将收取一笔费用，而到目前为止，对如何确定这类费用还没有明确的规定。不过，也有一些人承担起社区服务的角色，在这种情况下，人们不需要支付任何费用。其次，这个角色并非要求那么专业，在死亡过程中不需要采用医学方法对垂死者进行救治（这是一个有效的论据）。不过，这些人的能力并不一致，没有证据证明他们过去在这个角色上的经历（除非你从他人口中侧面地了解），也没有像所有卫生职业那样定义的"执业范围"。

由于没有有关死亡原因的标准化行为准则、道德准则或执业范围（无论如何命名），所以，所获得的服务类型将因人而异。当涉及垂死者及其家庭理解死亡之友实际上能为他们提供什么以及死亡之友能为他们的护理质量增加什么时，就容易出现疑问，不过，这主要取决于承担死亡之友这个角色的这个人。

我们需要知道的是，目前还没有一个具体的框架，可以用来概述如何评估这些人是否合适，如何对他们进行培训，由谁为他们提供培训，他们如何投保或获得赔偿（如果事实上是这样的话），或如何监督他们。对于死亡之友或死亡伴侣，大多数国家没有出台相关的管理法规或立法指南。

有时，会严格筛选死亡之友，参加由合格临终关怀专家提供的广泛培训课程。在其执业过程中，会有相关机构对其进行定期的监督和支持。在这种情况下，这种角色被认为是半专业的，尤其是当退休的专业护理人员承担这一角色时。

而在有的情况下，死亡之友可能只是简单地学完一次周末的培训讲习班课程（通常由本身不合格的培训师主讲），对于他们是否适合担任该角色并没有得到评估，而且可能也没有人对他们进行持续的监督或支持。如果一个人接受这类培训只是为了更好地照顾身边的人，比如一个在家里奄奄一息的朋友或家人，那这没什么问题。但是，即便是在这种情况下，这个人也应该由一名合格的临终关怀专家进行培训，以便培训学员能够为他们在提供临终关怀时将面临的现实做好充分准备。

这一新角色的出现，能够为垂死者及其家庭增加帮助和支持。不过，你需要确定这个人能为你提供什么，他们接受了多少培训，他们有多少经验，他们将收取多少费用。和你的护理团队的其他成员一样，如果你对这个人感到不满，或者你对他们提供的支持服务不满意，那么，你有权随时终止与他们之间的这种合约。

为清楚起见，我们必须了解，这些新的角色与隶属于社区或专业姑息治疗服务机构的经严格挑选、严格培训及接受监督的志愿者不同。与专业姑息治疗服务机构或社区组织开展合作的志愿者，他们都是专业团队的成员。在给他人及其家人提供服务的工作中，他们展现的个人技能没有区别。他们的角色已明确界定，他们接受过持续的培训和支持。此外，虽然他们以志愿者身份工作，但他们与工薪工作人员一样，受到本组织行为守则和价值观的约束。

我们的生命只有一次，因此，我们所有人都有责任坚持为自己和我们所爱之人提供最好的护理和照顾。每一个垂死之人及其家人都有权得到富有同情心的且以人为本的护理团队的护理和照顾。这不是奢望，而是一种权利。

对于卷入死亡事件的每一个人来说，死亡都是一次需要直接面对的痛苦经历。不过，它也是我们每个人都要经历的一次重大转变。在人生这条道路的每一个点上，我们都有权得到他人的关心、尊重，让我们活得有模有样。我们选择以何种方式活到老是非常个人化的问题，我们不仅需要受到他人尊重，而且需要采取行动找到我们托付照顾的人。

# 致　谢

衷心感谢我的朋友皮娅·因特拉迪、弗兰克·奥托兰、安妮·惠特洛克、拉玛·马贾吉、利比·莫洛尼和卡塔琳娜·德拉祖梅里克，他们对我写进这些故事中的特定文化习俗、葬礼仪式和纪念仪式给予了富有同情心的批评。感谢我的朋友曼迪·吉利，她用那"敏锐的观察力"向我提出了许许多多的建议。我也要感谢我的母亲伯纳黛特·麦克菲，她在语法方面给我提出了许多睿智而又温和的建议。非常感谢我的朋友奥莉维亚·纽顿-约翰，能从百忙之中抽出时间来阅读我的手稿并给我撰写了前言，她一直是我人生中一位了不起的导师，我非常感谢她这么多年来对我的鼓励。

特别感谢在我漫长的职业生涯中与我共事过的所有人，他们为我的个人成长作出了不可磨灭的贡献，同时也激发了我对"将死亡事业做得更好"的热情。感谢艾伦·怀塔克和新荷兰出版社，他们对我有如此的耐心和信心。

最后，特别感谢我们幸福美好的一家人，我的丈夫威尔，我的孩子们肖恩，拉克伦和他的阿里，艾米和她的约翰尼以及我的小宝贝逊尼和奥利夫。感谢你们每一个人能够容忍我穿着运动裤和T恤衫，将我自己反锁在办公室里好几个月时间，总是忙得没有时间陪你们！亲爱的，现在结束了，我有时间陪你们一起玩啦！

**图书在版编目（CIP）数据**

当我们谈论死亡时我们在谈论什么 /（澳）莫莉·卡莱尔著；刘志火译. —长沙：湖南人民出版社，2021.6

ISBN 978-7-5561-2521-0

Ⅰ. ①当… Ⅱ. ①莫… ②刘… Ⅲ. ①死亡哲学 Ⅳ. ①B086

中国版本图书馆CIP数据核字（2020）第144605号

DANG WOMEN TANLUN SIWANG SHI WOMEN ZAI TANLUN SHENME

**当我们谈论死亡时我们在谈论什么**

| | |
|---|---|
| 著　　者 | ［澳］莫莉·卡莱尔 |
| 译　　者 | 刘志火 |
| 出版统筹 | 陈　实 |
| 产品经理 | 刘　婷 |
| 责任编辑 | 李思远　田　野 |
| 责任校对 | 唐雅明 |
| 封面设计 | 刘　哲 |

| | |
|---|---|
| 出版发行 | 湖南人民出版社［http://www.hnppp.com］ |
| 地　　址 | 长沙市营盘东路3号 |
| 邮　　编 | 410005 |
| 电　　话 | 0731-82683357 |

| | |
|---|---|
| 印　　刷 | 湖南凌宇纸品有限公司 |
| 版　　次 | 2021年6月第1版<br>2021年6月第1次印刷 |
| 开　　本 | 880 mm × 1230 mm　　1/32 |
| 印　　张 | 11.625 |
| 字　　数 | 200千字 |
| 书　　号 | ISBN 978-7-5561-2521-0 |
| 定　　价 | 58.00元 |

营销电话：0731-82683348（如发现印装质量问题请与出版社调换）